新装版

正信偈の講話

暁烏 敏

法藏館

正信偈の講話　目次

本書は平成一三（二〇〇一）年刊行の改装第五刷をオンデマンド印刷で再刊したものである。

正信念仏偈

無量寿如来《むりようじゆにょらい》に帰命《きみやう》したてまつる
不可思議光《ふかしぎこう》に南無《なむ》したてまつる
法蔵菩薩《ほうぞうぼさつ》因位《いんい》の時《とき》
世自在王仏《せじざいおうぶつ》の所《みもと》に在《ましま》して
諸仏浄土《しよぶつじようど》の因《いん》
国土人天之善悪《こくどにんでんのぜんあく》を覩見《とけん》して
無上殊勝《むじようしゆしよう》の願《がん》を建立《こんりゆう》し
希有《けう》の大弘誓《だいぐぜい》を超発《ちようほつ》せり
五劫《こう》に之《これ》を思惟《しゆい》し摂受《しようじゆ》す
重《かさ》ねて誓《ちか》ひたまふらく　名声《みやうしやう》十方《ぼう》に聞《きこ》えしめんと
普《あまね》く無量《むりよう》無辺光《むへんこう》
無礙《むげ》無対《むたい》光炎王《こうえんのう》

帰命無量寿如来　33
南無不可思議光
法蔵菩薩因位時　75
在世自在王仏所
覩見諸仏浄土因　77
国土人天之善悪
建立無上殊勝願
超発希有大弘誓
五劫思惟之摂受　82
重誓名声聞十方　92
普放無量無辺光　102
無礙無対光炎王

清浄歓喜智慧光《しょうじょうかんぎちえこう》
不断難思無称光《ふだんなんしむしょうこう》
超日月光《ちょうにちがっこう》を放《はな》ちて塵刹《じんせつ》を照《てら》す
一切《さい》の群生光照《ぐんじょうこうしょう》を蒙《こうむ》る
本願《ほんがん》の名号《みょうごう》は正定《しょうじょう》の業《ごう》なり
至心信楽《ししんしんぎょう》の願《がん》を因《いん》と為《な》す
等覚《とうがく》を成《な》り大涅槃《だいねはん》を証《しょう》することは
必至滅度《ひっしめつど》の願成就《がんじょうじゅ》したまへばなり
如来《にょらい》世《よ》に興出《こうしゅつ》したまふ所以《ゆえん》は
唯弥陀《ただみだ》の本願海《ほんがんかい》を説《と》かんとなり
五濁悪時《じょくあくじ》の群生海《ぐんじょうかい》は
応《まさ》に如来如実《にょらいにょじつ》の言《みこと》を信《しん》ずべし
能《よ》く一念喜愛《ねんきあい》の心《こころ》を発《おこ》せば
煩悩《ぼんのう》を断《だん》ぜずして涅槃《ねはん》を得《う》
凡聖逆謗《ぼんしょうぎゃくほう》斉《ひと》しく廻入《えにゅう》すれば
衆水《しゅすい》の海《うみ》に入《い》りて一味《み》なるが如《ごと》し

清浄歓喜智慧光
不断難思無称光
超日月光照塵刹　103
一切群生蒙光照　109
本願名号正定業　111
至心信楽願為因　121
成等覚証大涅槃　135
必至滅度願成就　144
如来所以興出世　152
唯説弥陀本願海
五濁悪時群生海　171
応信如来如実言
能発一念喜愛心　188
不断煩悩得涅槃
凡聖逆謗斉廻入　193
如衆水入海一味

摂取《せっしゅ》の心光《しんこう》は常《つね》に照護《しょうご》したまふ
已《すで》に能《よ》く無明《むみょう》の闇《あん》を破《は》すと雖《いえど》も
貪愛瞋憎《とんあいしんぞう》の雲霧《うんむ》
常《つね》に真実信心《しんじつしんじん》の天《てん》を覆《おお》へり
譬《たと》へば日光《にっこう》の雲霧《うんむ》に覆《おお》はるれども
雲霧《うんむ》の下明《したあきら》かにして闇無《やみな》きが如《ごと》し
信《しん》を獲《え》て見《み》て敬《うやま》ひ大《おおい》に慶喜《きょうき》すれば
即《すなわ》ち横《よこざま》に五悪趣《あくしゅ》を超截《ちょうぜつ》す
一切善悪《さいぜんあく》の凡夫人《ぼんぶにん》
如来《にょらい》の弘誓願《ぐぜいがん》を聞信《もんしん》せよ
仏《ぶつ》は広大勝解《こうだいしょうげ》の者《ひと》と言《のたま》へり
是《こ》の人《ひと》を分陀利華《ふんだりけ》と名《なづ》く
弥陀仏《みだぶつ》の本願念仏《ほんがんねんぶつ》は
邪見憍慢《じゃけんきょうまん》の悪衆生《あくしゅじょう》
信楽受持《しんぎょうじゅじ》すること甚《はなは》だ以《もっ》て難《かた》し
難《なん》の中《なか》の難斯《なんこれ》に過《す》ぎたるは無《な》し

摂取心光常照護　200
已能雖破無明闇　207
貪愛瞋憎之雲霧
常覆真実信心天
譬如日光覆雲霧　210
雲霧之下明無闇
獲信見敬大慶喜　215
即横超截五悪趣
一切善悪凡夫人　221
聞信如来弘誓願
仏言広大勝解者　228
是人名分陀利華
弥陀仏本願念仏　238
邪見憍慢悪衆生
信楽受持甚以難
難中之難無過斯

印度西天《いんどさいてん》の論家《ろんげ》
中夏日域《ちゅうかじちいき》の高僧《こうそう》
大聖興世《だいしょうこうせ》の正意《しょうい》を顕《あら》はし
如来《にょらい》の本誓機《ほんぜいき》に応《おう》ずることを明《あか》す
釈迦如来楞伽山《しゃかにょらいりょうがせん》にして
衆《しゅう》の為《ため》に告命《ごうみょう》したまはく　南天竺《なんてんじく》に
龍樹大士世《りゅうじゅだいじよ》に出《い》でて
悉《ことごと》く能《よ》く有無《うむ》の見《けん》を摧破《ざいは》し
大乗無上《だいじょうむじょう》の法《ほう》を宣説《せんぜつ》し
歓喜地《かんぎじ》を証《さと》りて安楽《あんらく》に生《しょう》ぜんと
難行《なんぎょう》の陸路《ろくろ》の苦《く》しきことを顕示《けんじ》し
易行《いぎょう》の水道《すいどう》の楽《たの》しきことを信楽《しんぎょう》せしめたまふ
弥陀仏《みだぶつ》の本願《ほんがん》を憶念《おくねん》すれば
自然《じねん》に即時必定《そくのときひつじょう》に入《い》る
唯能《ただよ》く常《つね》に如来《にょらい》の号《みな》を称《とな》へて
大悲弘誓《だいひぐぜい》の恩《おん》を報《ほう》ず応《べ》し

印度西天之論家　260
中夏日域之高僧
顕大聖興世正意
明如来本誓応機　261
釈迦如来楞伽山
為衆告命南天竺
龍樹大士出於世
悉能摧破有無見　263
宣説大乗無上法　265
証歓喜地生安楽
顕示難行陸路苦　266
信楽易行水道楽
憶念弥陀仏本願　269
自然即時入必定
唯能常称如来号　272
応報大悲弘誓恩

11　正信念仏偈

天親菩薩《てんじんぼさつ》は論《ろん》を作《つく》りて説《と》かく
無礙光如来《むげこうにょらい》に帰命《きみょう》したてまつり
修多羅《しゅたら》に依《よ》りて真実《しんじつ》を顕《あら》はし
横超《おうちょう》の大誓願《だいせいがん》を光闡《こうせん》し
広《ひろ》く本願力《ほんがんりき》の廻向《えこう》に由《よ》りて
群生《ぐんじょう》を度《ど》せんが為《ため》に一心《しん》を彰《あら》はしたまふ
功徳《くどく》の大宝海《だいほうかい》に帰入《きにゅう》すれば
必《かなら》ず大会衆《だいえしゅう》の数《かず》に入《い》ることを獲《う》
蓮華蔵世界《れんげぞうせかい》に至《いた》ることを得《う》れば
即《すなわ》ち真如法性《しんにょほっしょう》の身《しん》を証《しょう》せしむ
煩悩《ぼんのう》の林《はやし》に遊《あそ》びて神通《じんずう》を現《あら》はし
生死《しょうじ》の薗《その》に入《い》りて応化《おうげ》を示《しめ》す
本師曇鸞《ほんじどんらん》は梁《りょう》の天子《てんし》
常《つね》に鸞《らん》の処《ところ》に向《むか》ひて菩薩《ぼさつ》と礼《らい》したまへり
三蔵流支《さんぞうるし》浄 教《じょうきょう》を授《さず》けしかば
仙経《せんぎょう》を焚焼《ぼんしょう》して楽邦《らくほう》に帰《き》したまひき

天親菩薩造論説　280
帰命無礙光如来
依修多羅顕真実　282
光闡横超大誓願　286
広由本願力廻向
為度群生彰一心　288
帰入功徳大宝海　290
必獲入大会衆数
得至蓮華蔵世界　292
即証真如法性身
遊煩悩林現神通　293
入生死薗示応化　296
本師曇鸞梁天子　306
常向鸞処菩薩礼
三蔵流支授浄教　307
焚焼仙経帰楽邦

天親菩薩《てんじんぼさつ》の論《ろん》を註解《ちゆうげ》して
報土《ほうど》の因果《いんが》は誓願《せいがん》なりと顕《あら》はしたまふ
往還《おうげん》の廻向《えこう》は他力《たりき》に由《よ》る
正定《しようじよう》の因《いん》は唯信心《ただしんじん》なり
惑染《わくぜん》の凡夫《ぼんぶ》信心発《しんじんおこ》れば
生死即《しようじすなわ》ち涅槃《ねはん》なりと証知《しようち》す
必《かなら》ず無量光明土《むりようこうみようど》に至《いた》れば
諸有衆生皆《あらゆるしゆじようみな》普《あまね》く化《け》す
道綽《どうしやく》は聖道《しようどう》の証《さと》り難《がた》きことを決《けつ》し
唯浄土《ただじようど》の通入《つうにゆう》す可《べ》きことを明《あか》す
万善《まんぜん》の自力勤修《じりきごんしゆ》を貶《おと》しめ
円満《えんまん》の徳号専称《とくごうせんしよう》を勧《すす》む
三不《ぶ》三信《しん》の誨慇懃《おしえおんごん》にして
像末法滅《ぞうまつほうめつ》同《おな》じく悲引《ひいん》したまふ
一生悪《しようあく》を造《つく》れども弘誓《ぐぜい》に値《もうあ》ひぬれば
安養界《あんようかい》に至《いた》りて妙果《みようか》を証《さと》る

天親菩薩論註解 311
報土因果顕誓願 312
往還廻向由他力 313
正定之因唯信心 314
惑染凡夫信心発
証知生死即涅槃 315
必至無量光明土 316
諸有衆生皆普化
道綽決聖道難証 332
唯明浄土可通入 334
万善自力貶勤修 335
円満徳号勧専称
三不三信誨慇懃 336
像末法滅同悲引 339
一生造悪値弘誓 340
至安養界証妙果 341

善導《ぜんどう》独《ひとり》仏《ほとけ》の正意《しょうい》を明《あきらか》にし
定散《じょうさん》と逆悪《ぎゃくあく》とを矜哀《こうあい》して
光明名号《こうみょうみょうごう》の因縁《いんねん》を顕《あら》はしたまふ
本願《ほんがん》の大智海《だいちかい》に開入《かいにゅう》すれば
行者正《ぎょうじやまさ》しく金剛心《こんごうしん》を受《う》け
慶喜《きょうき》一念相応《ねんそうおう》の後《のち》
韋提《いだい》と等《ひと》しく三忍《にん》を獲《え》
即《すなわ》ち法性之常楽《ほっしょうのじょうらく》を証《しょう》せしむ
源信《げんしん》広《ひろ》く一代《だい》の教《おしえ》を開《ひら》きて
偏《ひとえ》に安養《あんよう》に帰《き》して一切《さい》を勧《すす》む
専雑《せんぞう》の執心浅深《しゅうしんせんじん》を判《はん》じ
報化《ほうけ》二土正《どまさ》しく弁立《べんりゅう》したまふ
極重《ごくじゅう》の悪人《あくにん》は唯仏《ただほとけ》を称《しょう》すべし
我《われ》も亦彼《またか》の摂取《せっしゅ》の中《うち》に在《あ》り
煩悩眼《ぼんのうまなこ》を障《さ》へて見《み》ずと雖《いえど》も
大悲倦《だいひものう》きこと無《な》くして常《つね》に我《われ》を照《てら》したまふ

善導独明仏正意　349
矜哀定散与逆悪　350
光明名号顕因縁　352
開入本願大智海　356
行者正受金剛心　357
慶喜一念相応後　358
与韋提等獲三忍
即証法性之常楽　359
源信広開一代教　374
偏帰安養勧一切
専雑執心判浅深
報化二土正弁立　376
極重悪人唯称仏　377
我亦在彼摂取中　378
煩悩障眼雖不見　379
大悲無倦常照我

本師源空《ほんじげんくう》は仏教《ぶっきょう》に明《あきら》かにして
善悪《ぜんあく》の凡夫人《ぼんぶにん》を憐愍《れんみん》し
真宗《しんしゅう》の教証《きょうしょう》を片州《へんしゅう》に興《おこ》し
選択本願《せんじゃくほんがん》を悪世《あくせ》に弘《ひろ》めたまふ
生死輪転《しょうじりんでん》の家《いえ》に還来《げんらい》することは
決《けつ》するに疑情《ぎじょう》を以《もっ》て所止《しょし》と為《な》す
速《すみやか》に寂静無為《じゃくじょうむい》の楽《みやこ》に入《い》ることは
必《かなら》ず信心《しんじん》を以《もっ》て能入《のうにゅう》と為《な》す
弘経《ぐきょう》の大士宗師《だいじしゅうし》等《とう》
無辺《むへん》の極濁悪《ごくじょくあく》を拯済《じょうさい》したまふ
道俗時衆《どうぞくじしゅう》共《とも》に同心《どうしん》に
唯《ただ》斯《こ》の高僧《こうそう》の説《せつ》を信《しん》ず可《べ》し

本師源空明仏教 398
憐愍善悪凡夫人 399
真宗教証興片州
選択本願弘悪世 402
還来生死輪転家
決以疑情為所止
速入寂静無為楽 404
必以信心為能入
弘経大士宗師等 406
拯済無辺極濁悪
道俗時衆共同心
唯可信斯高僧説

偈前の文

ここにいま持ってきたのは、親鸞聖人が五十二のお歳に関東の稲田で書きあげられた『教行信証』の御草稿本の写真版であります。この『教行信証』の御草稿本は、聖人がおかくれになった後、お弟子の性信坊がこれを伝えて、性信坊の開基である東京浅草の坂東報恩寺に保存せられてあったものであります。

この外に、西本願寺にも聖人の御真筆の『教行信証』として伝えられておるものが一つあります。それは、蓮如上人が吉崎で兵火にあわれた際に、お弟子の本向坊がその焼失を恐れて、自らの腹をたち割ってその聖教を腹の中に入れて、ようやく焼失をまぬがれたというので、「腹籠りの御本書」と称えられておるものであります。それも、近年写真版になったので私もその一部をいただいておりります。東本願寺は、西本願寺の別家であるから、そうした宝物は伝わっておりません。

そこで、東本願寺の末寺である坂東報恩寺にこの御草稿本が伝わっておったので、宝物の紛失を防ぐために、浅草別院から相談をして、東本願寺と報恩寺とが共同して保存するということになりました。そして、それを浅草別院の土蔵の中に、弗箱に入れて保存してありました。近年それを拝見したいと願う者が沢山あるので、本山では、それの原本通りの面影を出すように、紙の色も形も昔の相そのままに写真版にして、心あるものにわけられるようになった。私もその一部をいただいて、いつも座右に置いて聖人の御筆蹟にふれております。今ここに持っておるのがその写真版であります。

西本願寺所伝の御本、即ち蓮如上人が親鸞聖人の御真筆として仰いでおられたいわゆる「腹籠りの御本書」の筆蹟と、この御草稿本の筆蹟とを比べて見ますと、その筆蹟がよほど違うておるのであります。近来、高田の専修寺から出版せられた『唯心鈔文意』や『一念多念証文』などの写真版の御筆蹟と比較してみても、西本願寺所伝の御本が真筆に遠いような感がします。すると、蓮如上人も親鸞聖人の御真筆本を御覧でなかったということになります。西本願寺所伝の御本は、或は当時のお弟子の中の聖人のお筆によく似た字を書く人が写して伝えたものでなかろうかと思われます。

昔、蓮如上人さえ拝まれなかった親鸞聖人のこの御真筆本が、今こうして写真版によって直々に拝むことの出来るということは結構なことであります。この御草稿本を見るとこういう具合に紙の半分しかないところもある。又紙を切って裏に書いてあるところもある。その時分は紙が大変大切なものであったので、裏にまで書かれたのであろうと思われます。こういう工合に、半分の紙や三分の一の紙の裏表に書いたり、表紙もこんな粗末なのがつけてある、これが『教行信証』であります。これが「教・行の巻」これが「証の巻」これが「真仏土の巻」この二冊が「化身土の巻」であります。合わせて六巻、これを御本書《ごほんじょ》六巻というのです。「化身土の巻」が一番大きい。

ところが、先年の東京の大震災に浅草別院も火災に遭い、土蔵にも火が入って宝物が皆焼けたが、幸いにこの御草稿本は弗箱に入れてあったので、本の外箱が焦げただけで、中の御本書は御無事であった。とにかく、残って結構であった。我々は本当にありがたい御縁で御真筆本を拝して貰えるのである。私は近来聖人の御真筆の写真版になったものを努めて集めております。この御聖教をお受けする時には大分高い御冥加金を本山に納めねばならなかった。先年ちょうど鹿児島から大島紬を一匹貰うたので、それを着物にして着るよりもこのお聖教を買うた方がよいと思うて、その大島を或る人に買うて貰うてこれをお受けすることが出来たのであります。着物にして着ておったら今頃は破れてしまっておる。がこれは今ちゃんと残っておって、聖人のお筆さきにふれることが出来るので喜んでいます。この頃東京の本屋が、日蓮上人の御自筆の全集を写真版にして今年中に完結するということであるが、これも大へん結構なことである。こうした写真版によって昔そのままの筆蹟を拝見すると一種特別な味わいがあります。どうしても、木版刷や活版刷のものでは味わいが乏しいように思われます。今年の一月は寺にいて勉強したいと思うております。この間に、日本の古典を研究して、古い時代の神々の生活を明らかにしたいと思うております。それと同時に、例によって、皆さんと仏教の御相談をもしたいと思うのであります。で今年はずっと『正信偈』を味おうていきたいと思います。聖人の『教行信証』にはいろいろの本がありますが、今度は聖人の御真筆そのままを写されたこの書物に接して、『正信偈』の一句一句の上に聖人の御心持をよく味おうて、皆さんと共々に聖人の直々の御教えを受けようと思い立ったのであります。

普通『正信偈』というておりますが、正しくいえば『正信念仏偈』というのであります。聖人は『教行信証』を六つに分けて、第一の巻には教、第二の巻には行、第三の巻には信、第四の巻には証、第五の巻には真仏土、第六の巻には化身土、この六つについてお書きになりました。そのうちの「信の巻」と「化身土の巻」とは本・末二巻に分けられてあります。その「行の巻」の末尾に記されてある偈文が『正信念仏偈』であってこれが普通私共が拝読しておる『正信偈』であります。この偈文を記されてあるすぐ前のお言葉を拝見致しますと、こんなに記してあります。

是《ここ》を以て、知恩報徳の為に、宗師の釈を披《ひら》きたるに、言《のたま》はく、「夫《そ》れ菩薩の仏に帰するは、孝子の父母《ぶも》に帰し、忠臣の君后《くんこう》に帰して、動静《どうじよう》己に非ず、出没《しゆつもつ》必ず由《ゆえ》あるが如し。恩を知りて徳を報ず、理宜しく先づ啓すべし。又所願軽からず、若し如来威神を加へたまはずば、将《まさ》に何を以てか達せんとする。神力を加へたまはんことを乞ふ。所以《このゆえ》に仰いで告ぐ」と。已上、爾れば、大聖の真言に帰し、大祖の解釈を閲して、仏恩の深遠なることを信知して、「正信念仏偈」を作りて曰く。

正信の正は正月の正の字で正しいということ、信は信心の信のことで、正信とは、正しい信心ということであります。正信から念仏がとなえられるようになる。正信は信心であり、念仏は行である。すると、正信念仏とは、信と行と二つをならべた名前のようにもうかがわれます。『教行信証』の「行の巻」には念仏のことを主としてお説きになり、「信の巻」には信心のことを主としてお説きになってあります。「行の巻」の始めには第十七願の願名が引かれてあります。その次に聖人が御自督をお述べになって、

謹んで往相の廻向を按ずるに、大行有り、大信有り。大行とは、則ち無碍光如来の名《みな》を称するなり。

と記されてあります。我々がお浄土へ往生する為に大きな信と大きな行とが要る。その大行というのは無碍光如来の名を称えることであるといわれます。これはまさしく念仏ということを味おうて述べられたのである。無碍光如来の名を「南無阿弥陀仏」と称える、それが極楽へ往生する大行であると申されたのである。仏の名を称えることは浄土へ往生する肝心の生活であるのである。その人の生活の中心が阿弥陀仏の上に決定しておれば、何の中でも仏の名を称えられるようになる。自分の中心に信ずる人が出来ると、何についてもその人の名を呼ぶようになる、それが称名念仏の心である。その人の中心の阿弥陀仏が決定しますと、何かについて阿弥陀仏の名を称えるようになる。その阿弥陀仏の名を称えるということが、形の上に現われたのが行であります。この行というのが、またそのまま信であります。ところが、それをただ称えればよいからというので称えるというような称え方もある。しかし、それは行とはいえぬ。自分の心が全然阿弥陀仏に占領せられ、自分の生活がそのまま阿弥陀仏に摂取せられて「南無阿弥陀仏」と称えるのを大

行というのである。だから、形で分けていえば信と行との二つがあるようであるが、信のない行もなく、又行のない信というのもないのである。行には必ず信が具わり、信には必ず行が具わるのである。そうしてみると、正信ということが、そのまま念仏ということになるのである。正信と念仏とが二つあるのではないのである。信と念ということが一つである。正信即念仏です。

さて、聖人が八十三歳の年にお作りになったものに、『浄土文類聚鈔』というのがあります。その中に『正信偈』と殆ど類似した偈文が記してあります。そして、その偈文に聖人自ら「念仏正信偈」と記しておいでになります。初めに「正信念仏」と書かれた聖人が、三十年後にこれを「念仏正信」と申された訳は、どんなであろうかということも考えねばならぬと思います。いずれだんだんとその訳を味おうて行きたいと思います。

『教行信証』は一巻一巻の最初に本願が記されてあります。「行の巻」には第十七願、「信の巻」には第十八願、「証の巻」には第十一願、「真仏土の巻」には第十二・第十三願、「化身土の巻」には第十九・第二十の願が記されてあります。宗学では、これを「分相門」と申します。この時には、念仏は第十七願で、信心は第十八願だということになります。これに対して『浄土文類聚鈔』は、第十八願を基礎として教・行・信・証を味おうておられます。これを「該摂門《がいしょうもん》」と申します。この時には、正信も念仏も共に第十八願にあるわけであります。正信念仏というのが第十八願の順序です。それを第十七願と第十八願と連続して考えると念仏正信ということになります。『教行信証』に正信念仏とお書きになったのを『文類聚鈔』に念仏正信とお書きになったのは、訂正の意味ではなしに、いわゆる影略互顕というようにどちらへ行ってもよい、つまり信行と次第しても行信と次第しても変らぬ味わいであるということを教えられたものではないかと思うております。

正信と念仏とは信と念です。これは『倶舎論』で心所《しんじょ》の研究をするときに、信と念とを別々にするのであります。又、八正道といって仏道修行の正しい行を示すところにも、正信の他に正念をあげてあります。この二つは違った心の働きであります。どっちかというと、信は受けること、念は向うことであります。信ずるということは向うの心がこちらの胸の扉を開くこと、向うの思いでこちらの心が開けることである。ところが念ずるということはこちらが向うの扉を開いた心に入ることであります。だから、信は受けることで、念は向うことであります。信は受動的であり、念は能動的であります。信と念とはそれだけ味わいが違うのです。ところがもう一つその底に入って考えますと、信という心の働きの底に何物かがある。信の力を味わいますと信の心の底に念がなければならぬのであります。というのは、或る人のまことをすっかり真受けにする、その時、もうその人と自分との間には何らのへだたりもない、その心の状態が信心である。そうなると、こちらの心の全体が向うの人の方にいって抱かれておることになるのであります。もしこの事に疑いがあるようでは向うの心を信じておるのじゃないのである。自分のすべてを引受けて下さるということが、自分の胸にはっきりするということが信である。そうなると、信の底には、向うの心を念ぜずにはおられぬからくりがちゃんとおさまっておることがわかるのであります。

また念というのは、こちらの思いで向うの心の扉をおしひらくのである。たしかな信で向うの心をおしひらくのが念です。夜いくらおそくなっても我が家に帰るのだと気兼なしに帰って来られる。又帰らんでも気遣いがない。又親しい友達の家の戸を叩いて入られるということにも既に向うの人の心の全体を自分のものにうつしておる信があるからである。念ずるということはたしかな信から現われるのです。ここまで来れば信の底に念があり、念の底に信があることになる。信は即ち念、念は即ち信です。信と念とは一如であります。そうすると仏を正信するということと、仏を念ずるということとは、その働きの上には変りがあるが、根柢において一つであるのである。これによって、衆生が仏に対していだく信心は、仏の心がそのまま衆生のなかに宿らせられたものである、とおっしゃった聖人のお心持がよくわかるのであります。『教育勅語』をいただくと「朕爾臣民ト倶ニ拳々服膺シテ咸其徳ヲ一ニセンコトヲ庶幾フ」とおっしゃってあります。この陛下のお言葉は、私の全体をお前らの胸の中に住みこませておくぞ、私はお前らの心の中にいつも住んでおるのだとおっしゃったのです。陛下の御心が信ぜられるとき、我々は、雨につけ、風につけ、天皇陛下の御上を念ぜずにはおられなくなるのであります。こうなると信ずるということは念ぜられるということであります。念ぜられることは念ずるのもとになります。「わしがこんなに思うておるのに、あの人は私を思うてくれぬのかしらん」こういうふうな疑いの心の出るのは本当にその人を思うておらんのです。本当にその人を思う真実に燃えておれば、わしがこんなにあの人を思うのは、向うがわしを思うて下さるそのお心が通うて下さるのだと気づくのである。戸を叩いて向うの返事を待つのじゃなしに、こちらが戸を叩いてもおらんのに、向うでは戸を開いて手をさしのべていて下さるのである。こちらが訪ねるというのは、向うが訪ねしめて下さるのである。こういう風に、向うが待っておって下さる心を味わいますと、念仏するのはこっちの方から進んで念仏するのであるが、そのこっちが念仏するのは、仏が衆生を念じて下さる心にひきつけられて念仏するのである。仏の心が自分に通うて自分をひきつけて下さるのであると味わわれるのであります。それを他力念仏、他力廻向というのであります。

私は、一年中の大部分日本中を廻って歩きます。何だか到る処の人が私を待っていて下さるというような心持がするのであります。先度も或る人が「あなたは何であぁ飛んで廻られるのですか」と聞かれました。又或る人は、宗教の宣伝のためかとか、又欲張って金儲けのためかなど言われた人もあります。が、宗教の宣伝のためならば日本中飛び廻らんでもいくらも方法がある。だから、宗教の宣伝のために行くのではありません。又金を儲けるためでもない。考えてみると、やはり誰かが待っていて下さるからである。私は旅行の日割をする時、心の中で、あそこにはあの人、ここにはこの人が待っておるという風にその人の顔が浮んできます。いわば向うの人の待っておられる顔が見えるので、私から訪問するようになるのである。待っておる人が私を訪ねさせるのです。そこへ私がひきつけられるのです。私がそこへ行くのは向うの人の力によるのである。だから、何処へ行ってもどう思うてくれるだろうかという慮りの心がない。わしが来たから満足でしょうというような気持になっておる。向うの喜びがわしの喜びである。一体は「極楽はさのみ行きたくなけれども弥陀を助けにゆかずばなるまい」という歌を詠まれたそうです。これは一休の本当に詠まれたものでなくて、後人が一休の名を借りて作った歌であるかも知れないが、とにかく信心の徹底味の現われた歌であります。自分は極楽へはさほど行きとうはないが、自分が行けば阿弥陀仏がよろこばれる。だからわしが助かるというよりも弥陀を助けに行かにゃなるまいというのは、親心の根柢を味わわれた言葉だと思う。助かりたいという心は今新しく気づかせて下さったのであるが、助けたい心一ぱいで訪ねて下さった阿弥陀様のお心は、今気づいたものよりも、もっと根柢が深いのであります。逢うた時のよろこびは待ちぬいた者の方が強いのです。先度、福岡で、或る方が、「或る人に絵を描いてもらいましたからどうかそれに賛をかいて下さい」と言われるので、その絵を見ると寒山の絵である。普通では寒山拾得の二人を描いてあるのにこの絵には寒山一人しか描いてない。どうも寒山が淋しそうである。どんな賛を書こうかと思うた。寒山は支那の或るお寺におった庭掃き男で、悟りの深い人であった。拾得はそのお寺の近所におった百姓で、毎日寒山を訪ねて共に詩を作ったり、道を談じたりしていた。庭掃きの寒山の詩も百姓の拾得の詩もなかなかうまい。両人の詩集も出来ておるほどである。この二人は非常に仲が良かったので、昔から寒山拾得の絵といえば必ず二人を列べて描くのである。ところが今度のその絵には寒山だけしか描いていない。それに賛をしてくれというのである。丁度その二、三日前に久留米の甲良山の社前で引いたおみくじに「大吉、待人来る」と出たのを思い出した。「待人来る」ということは大吉である。いつも一緒におる拾得がいないで寒山も淋しかろうと思うて、「大吉待人来る」と賛を書いた。大方あれで寒山もよろこぶだろうと思う。

「待人来る」おもしろいですな。「待たれる身になるとも待つ身になるな」ということがある。待つ身は待たれるものよりよっぽどつらい。又昔から「待つ身につらきおきごたつ」という唄もある。待つということは実に待ち遠いものである。それを思うと私のような久しく個人的な物質的な垣の中に閉じこめられ、或は善悪というような垣から出られなかった奴が、仏の御心によってこの狭い心の扉を開かして貰い、温かい仏の御心に逢わして貰った、その私のよろこびも、一切衆生の狭い胸を悲しんでおられた仏の方が余計によろこばれるのである。

人間の悩みは、心の狭い窮屈な垣を造ってその中へはいりこんで、おれじゃ、かれじゃという隔てをおいておるところにあるのである。よく負けたとか勝ったとかいうて苦しんでおる人がある。何事をするにも、すぐに勝ち負けが頭に浮ぶ。仕事をするにも、掃除をするにも、飯を食うにも、負け勝ちを考えておる。飯を多く食べたところで少く食べたところで別段負けにもならず、勝ちにもならんはずである。ところが男の学校では飯を少く食う者は悪いとせられておるが、女の学校では飯を余計食う者が悪いとせられておる。そういうように今日では弁当の大小ということにまで競争することがはやるのである。そんなことはどっちでもよい事である。何事も他人と比べなければおられないというのはおかしい。ところが、私たちには何事でも、それを他人のと比べてみねば気がすまぬ心があります。結婚の当時など、よく自分の妻と同年配の女が眼につくものである。これは、女の方でもそうだろうと思う。マントでも新しいのを造ると、しきりに他人のマントが眼につくのである。そしてそこに自分の優越性を感ずるときには喜び、劣等性を感ずるときに悲しむのであります。ところが、世の中にはそんな風に比べにゃならんものは一つもないのである。自分一人であるのである。また、それでよいのである。色が白うても黒うてもよい。顔が四角うても、丸うてもよい。顔の長いのが悪いのでもない。短いのが悪いのでもない。そういう事によしあしをつけるから負けたと思うと残念になるのである。比べんでもよいのである。昨日は元日だったので書初をした。あとで家中の者も一緒によせがきをした。その時誰かが「私は下手だ」と言った。下手だと負けるのだと思うておるらしい。下手でも上手でもかまわずに書けばよい。一番すなおな者は子供だ。平気で書いた。何やらさっさと書いた。「私は下手だ」そんなことを思うてはいない。比べるのは何か標準を立てているのである。字が上手だとか下手だとかいうのは自分で標準を拵えるからである。そんな標準を超えて自分の独特の字を書けばよいのである。ところが、自分独特というと、又自分というものを肉体的に考えて肉体という垣の中にとじこもって狭く考えようとする。それも又いけない。多く食っても少く食っても、上手でも下手でも、広い気持になると総べてがそのままでよいと肯定されて、豊かな気持になれるのである。それを肯定したからというて他のものを否定するのはやはり狭い心であります。丸い顔が美しいというのは、長い顔が悪いということを意味するのでないことをよく思わねばなりませぬ。

あの人は新しい着物を着た、なかなか良いと思い自分もほしいと思うなら、自分も一生懸命に働いてそれを拵えたらよかろう。学校でも、一番になりたければ、一生懸命に勉強して良い成績を得るように心掛けたらよかろう。世の中の進歩ということを考えるときには、差別的の考えのあるのもよいことである。しかし、これに拘泥すると自らを害い、他をも害うようになる。すんなり自分が伸びて行こうとするのはよいが、他人を排斥してまでも伸びて行こうとするのはよくないことである。競争に勝ったというて誇っておるのはよくない。それと同時に、負けたからというていたくしけこんで、こんなのなら死んでしまいたい、というようにふさぎこむのもよいことではない。負けたと感じたときには、自分の不足を覚って、これからだという願いをもって進み出ねばならぬ。

人生の悩みは自分の生命に対して圧迫を感ずる時に起るのである。躍っておる生命が傷つけられる、それが悩みの根本である。総べての存在は皆命が基である。仏教では諸行無常ということを申します。諸行無常とは万物が生々として常に生きておるということである。諸行とは生活するということである。無常とは生活の相の生き生きしておることをいうたものである。だから、諸行無常というのは、最も盛んな生活の姿を説かれたものであります。それを悲哀の言葉のように感じて来たのは間違いであります。真に生命の願いに目覚めた人は、他人が死の淵に臨むのをみて悲しむ。だから、自己の悲しみの解脱は、この死に臨んでおる他人の救済でなければならぬ。そこに仏の大慈大悲がある。その仏の願いが一切衆生の生命の願いとなって現われてくる。一切衆生を広い世界に生まれさせたいという仏の願いは、生命それ自身の願いであります。その仏の心が三千年前の印度の釈尊の上に現われ給い、それが支那を経て、日本の聖徳太子の御心に通い、親鸞聖人のお胸に通い、引いては我々の胸にまで至り届いて下さるのである。

仏は久しく我々の胸の戸を叩きづめにしておられるのである。お前達の胸の戸を開いてわしをその中に入れてくれとおっしゃっておられるのが仏の声である。それは明治天皇が勅語に「朕爾臣民ト倶ニ拳々服膺シテ咸其徳ヲ一ニセンコトヲ庶幾フ」と仰っしゃったのと同じお心持であります。この仏心が胸に味わわれるときに、しらずしらず南無阿弥陀仏と称えられるのである。だから今私共が仏のお膝下に跪づいて、心を打ちとけて、南無阿弥陀仏と称える喜びよりも、何千年来待ちもうけておられる仏の喜びの方がどれだけ大きいかしれない。親鸞聖人は、こういう気持で仏から頂かれた御自分の喜びを述べさせられ、そうして、そのよろこびを味おうて、釈尊をはじめ、印度の龍樹菩薩・天親菩薩・支那の曇鸞大師・道綽禅師・善導大師、日本の源信僧都・源空聖人の七高僧のお徳の上に思いをはせられたのである。かくて自分の開けた喜びを、その根源に遡って三国の七高僧を思い、阿弥陀仏の本願にまで思い到らせられてお書きになったのがこの『正信念仏偈』であります。

依経段

総讃

第二講

聖人が如来の本願に動かされて、自分の胸のうちに如来の本願を見るようになられた、その喜びの心から、如来のお徳を讃嘆し、その如来のお心を自分の胸にまで運び伝えて下さった善知識達を讃嘆して百二十行の偈文をおつくりになった。それが『正信念仏偈』といわれているものであります。昨日も話をしましたように『教行信証』の「行の巻」のしまいの方に書かれてある偈文であります。これは、大聖釈尊をはじめとして、印度の龍樹・天親、支那の曇鸞・道綽・善導、日本の源信・源空の七高僧の徳を讃嘆されたものであります。と同時に、御自分の御信心の背景となっておるところ、根柢となっておるところ、恩になられておるところを表白されるためにお書きになったのであります。

無量寿如来《むりやうじゆにょらい》に帰命《きみやう》したてまつる
不可思議光《ふかしぎこう》に南無《なむ》したてまつる

聖人は、この第一句、第二句に於いてまさしく自分の心に抱いておられる信心を最も簡単に述べて「無量寿如来に帰命したてまつる　不可思議光に南無したてまつる」とおっしゃったのであります。

一番最初に、「無量寿如来に帰命したてまつる」とこうおっしゃったところに、聖人の御信心の最も中心の中心ともなっておるところが現われておることを味わいます。聖人は、阿弥陀仏のことを「無量寿如来」とか「不可思議光仏」などといろいろのお名で称えられるが、ここにことさら「無量寿如来に帰命す」と仰せられます。

寿とはいのちのことで、無量寿とは量りなき命のことである。その量りなき命の如来に帰命するという、ここに法蔵菩薩の永劫の願いを見るのであります。法蔵菩薩は世自在王仏の御教えによって心に非常な感動を受け、王位を捨てて修行者になられ、世自在王仏の膝下に身を投げ出して先ず最初に御師匠のお徳を讃嘆された。後に自分の願いを述べられる時に「願はくは我作仏して　聖法王に斉《ひと》しく　生死を過度して　解脱せざる靡《な》けん」と述べられました。これが法蔵菩薩の願いの根柢です。四十八願の本になる願いです。この生死を過度するという願いの成就せられるのが四十八願中第十三番目の「設ひ我仏を得んに、寿命能く限量有りて、下百千億那由他劫に至らば正覚を取らじ」の寿命無量の願であります。この法蔵菩薩の願いを聖人が御自分の胸のうちに発見せられたのが、「無量寿如来に帰命す」の御信心であります。法蔵菩薩は生死を過度したいとおっしゃる。生死とは生まれ死ぬこと、生まれた者は必ず死ぬ。その生死の境を超えて生きたいという願いを建てられたのです。そしていよいよこの無量寿の願いが成就したときに阿弥陀となられたのであります。阿弥陀とはサンスクリットにいうアミターブハ、アミターユスの二つのことで、限りなき命、限りなき光のことです。『正信偈』のこの最初の二句をもっと簡単にいうと「南無阿弥陀仏」という六字の名号になります。この南無阿弥陀仏の名号を寿命の点と光明の点との両方から味おうて、「無量寿如来に帰命したてまつる　不可思議光に南無したてまつる」とこうおっしゃったのであります。

蓮如上人のお骨折りで本願寺の勢力が盛んになり、実如上人の時代から、寺にも在家にも本尊を定めるようになりました。そうなるとお木像を安置してこれが阿弥陀仏だ、いや九字の名号が阿弥陀仏だ、いや十字の名号だ、といって本尊争いが起りました。九字の名号とは「南無不可思議光如来」のことであり、十字の名号とは「帰命尽十方無碍光如来」のことである。「帰命尽十方無碍光如来」という言葉は『浄土論』に始めて出ており、「南無不可思議光如来」という言葉は『往生礼讃』に出ております。この二つの言葉をとって九字・十字の名号というのであります。「帰命無量寿如来　南無不可思議光」と阿弥陀様を御讃嘆なされてあるのは、我々が聖人をお偲びするよすがとなるのであります。無量の命が貰われたところからしみじみと南無という心が出るので、その貰い受けられた南無の心を真っ先にお書きになったのであります。だから最初に「無量寿」と命が先に書かれ、「不可思議光」と光が後に書かれてあるのであります。

私は昨年から日本の神代の事を研究しております。『古事記』や『日本書紀』に記された日本の古い神の事をだんだん味おうておりますと、天照大神は光の神様であり、須佐男之命は命の神様であります。日本の神代はこの二柱の神様のお力で開けたのであります。須佐男之命の六代目の孫大国主命は、出雲大社の神様ですが、この神様は須佐男之命の心を受けて久しく日本の国を支配しておられた。が、天照大神を始め八百万の神々の御心によって、この日本の国は天照大神の御子孫が大国主命に代ってお照らし下さることになった。これが有名な国譲りの話となって伝わっているのであります。後にもこの大国主命の系統の方々は、力を合わして天照大神の御子孫を守り、日本の国の泰平の道に尽されたのであります。このことをみますと、光と力とのあいたがいによって国の礎が固められたということがわかります。いのちの神様は荒魂と申し、物を破り進んでゆく姿であります。光の神様は和魂といい、総べての物を照らし育くんでゆく姿であります。仏教でも日蓮宗は折伏摂受である。折伏するというのは間違ったものを打ち砕き征服すること、摂受するというのは総べてを抱きしめてゆくことであります。

これは日蓮上人に始まったのではありません。釈尊の御教えの中にこの二つの傾向があったのです。それを日蓮上人は最も明らかに現わしておられるのです。摂受は天照大神の光の心、和魂の姿であり、折伏は須佐男之命の荒魂の姿と味わいます。蒙昧な暗闇を開いてゆくときにはこの荒魂が大切でありますが、だんだん開けてゆくとここに大切なのは和魂であります。天照大神の働きが大切であります。個人の生活についてみますと、最初に発達する欲は食欲で、それが稍々長ずると色欲が加わってきます。この二つの欲になって現われる根本はやはり命に対する欲望であります。個人の肉体の生命の欲は、食欲の本能となって現われます。それから種族持続の命の欲望は、色欲の本能となって現われます。人間に現われるこうした食欲や色欲は必ずしも悪いものではなく、恥ずかしいものでもありません。あたりまえの事です。子供の時から物を食い、年頃になれば子を産む。それは我々生物が持って生まれたものであって、それを果してゆく事が人間の大切な道なんです。ところがこの個人の生命欲と社会種族の生命欲との二つのうち、個人の命を持続してゆきたいという欲望には限りがあります。蓮如上人は、「誰か百年の形体を保つべきや、我や先、人や先、今日とも知らず明日とも知らず、おくれ先だつ人は本の雫・末の露よりも繁しといへり」とおっしゃった。どんなに財産が出来ても、もうこれで死んでもよいといって死ぬものは恐らくあるまい。あればそれは神経病か何かである。又その死にたくないというのが人間の持前である。ところが我々は死なにゃならんという約束をもっておる。どんなに努力をしても死なにゃならぬ。

近来日本の国で一番はやるものは長生きの法です。明治時代に開けた宗教で最も力のあるのは金光教でなかなか盛んなものです。四、五十年の間に驚く程発達した。信者の数は、両本願寺を合わした程はないが、優に西か東の本願寺程ある。それ程伝播が早かったのです。伊予松山の近在に一人の金光教の信者があった。その人は一昨年頃から金光教の信者になったのであって、一、二年の間にその人の信者がたくさん出来た。毎日その人の所へ来る者が二千人ばかりある。それが為にそこの村に停車場が出来た。その人は別に修行もしなければ、又学問のある人でもない。ただはじめは何かの職工であったそうである。それがどうしてそんなにたくさんの信者が出来たのか。妙なことにはその人の手が触れると病気が癒るのです。それで皆病気を癒して貰うためにその人の許へ通うた。こうして信者が続々と出来るのである。そうした事を見ると、日本に一番はやるものは長生きの法であるということが出来るようである。白隠禅師に『遠羅天釜《をらてがま》』という書物がある。これは結構な書物で、人間の病は心の闇からという立場から、どうしたら病気が癒るかということを書いたものである。そういうような思想の流れから静坐というような一つの健康法も生まれて来たのである。近頃何々式霊気療法とか健康法とかいって、相当に学問的の根柢をもってそれをおしひろめておるものもある。こうした傾向は、現代の一つの流れでありますが、これを見ますと長生きをしたいということは余程根深い人間の欲望であることがわかります。病気をなおす新興宗教に入るなど皆長生きしたいという願いが根柢となっておるのであるが、その長生きをする的がなければならない。又おそらくその欲する的の無い者はあるまい。一番人間の欲しいものは命である。これが的である。日本の昔では、人を尊び呼ぶに何々のミコトといって命という字を使っております。これもやはり命の尊い気持を現わしたものであると思います。人間が何かあるとき、或は命がけ、或は一生懸命というような言葉を使うのは命の大事な事を現わしたものであります。又命知らずともいう。これもやはり命の大事なことをいうたものでありま す。

命を大事にするという事を近頃の言葉で表現すれば生命欲という。近代の宗教は皆この生命欲から生まれてきております。食欲も生命欲であり色欲も生命欲である。私は人間のあらゆる方面の努力というものは、この生命欲の発動に外ならないのであるように考えます。それが具体化するとき、いろいろのものとなって現われます。近来いろいろの機械が発明された。今の日本で一番さきに発明し製造されるものは、陸海空軍用のものである。この方の研究は命を取り命を取られるということである。命を取るということは命を取られるということである。軍人は朝から晩まで命を取る方法を考えている。自分達の命を守ろうという者の心から出ておる。軍隊といえども生命欲の現われなのである。そういうように考えてくると人間の一番根柢になっておるものはどうしても命に対するあこがれである。しかるに、一人の人間が生存するためには、あまたの生物の命がなくなる。自分の生命の持続の為に他のものの命を奪う。他のものの命を奪うことをいとうて何も殺さずに生きていこうとするときは自分は死なねばならぬ。そこに人間の道徳的な悩みが出て来る。又一方から考えて、人の命やものの命を取ることが罪悪なら、自分が死ぬ事も罪悪であるとも考えられる。こうなると生きてもおられんし、死んでいく事も出来ぬ。生きてゆく為に他のものの命を妨げるからといって自ら死んで行けば自分の命の欲を妨げる。どっちにしてもどちらかの命が妨害される。

人間の命というものを物質的に限られたものとして、生きていくということのみを命と考えるところに競争や闘争が起てくる。この争うてゆく姿は、丁度春先の田圃を馬が耕すように、我々の生命の進む道をこぎわけていく姿である。それが命の現われで、そこには荒魂の活動がありまず。人生の開拓の始めはどうしても荒魂であります。子供や若い頃の欲は食欲色欲である。ところがこの物質的生命の欲が激しく起るのをそのまま放っておくときは、叩き合いが始まり、摑み合いが始まり、喰い合いが始まり、総べてに争うていかねばならなくなります。それでこの生物には、殊に人間には、生の欲求と必然の死の襲来との矛盾に対する解決、又生と生との願いの衝突に対する解決が必要となってきます。人間の必然的な欲求のさしとめられたところに、ある何ものかが本能的に出にゃならん。それが智慧であります。智慧の光に照らされなければこの荒魂の発動する世界のおさまりがつかぬ。又無限の欲求としての生命が死によって限られているこの矛盾の解決がつかぬ。人生は一面矛盾です。生命の願いの矛盾です。生命と死の矛盾です。それが智慧の光に照らされて始めて生と死というものに対する解決が与えられ、人生というものがわかるのであります。

清沢先生が「生のみが我等にあらず、死も亦我等なり」と仰せられたお言葉がよく味わわれます。生きていることだけが自分ではない。死ぬことも自分である。それを我々は生きていることだけを見て自分の死をよそに考えておるから悩みが出てくるのであります。生も死も共に自分の姿だ。永遠の命の行く手に生の段階をとり、死の段階をとって進展していく。それが死生一如である。ここに死んで向うに生まれ、ここに生まれて向うに死んでいく。これを言葉を変えて往相還相ともいうことが出来る。生は往相であり、死は還相であります。生死が往相還相になり、往相還相が一つになる、そこに無量寿の世界が現われるのであります。よく金光教や天理教は現世祈禱だ、真宗は現世祈禱でないなどとやかましく論じております。又、真宗も浄土宗も未来祈禱じゃという人もある。この世で身体が息災になりたい、極楽に往きたいと願う。皆要するに生命の欲求である。そこには隔てがない。生きたいというのは、この世にあって死を肯定し、そうして向うにある世界を望んでおる。長生きを欲するというのは、単に死を否定する心持から出た欲望でない。この世を延長して無量寿に生きたいということに外ならないのである。この世をこの世としておいて向うに無量寿の世界を見るようになるのである。それがどっちともきめられんように私は思う。この世はどうでもよいかというと私の心の中にはそうは思われん。ちょっと寒ければ風邪を引かんかと思い、ちょっと病気をすれば死ぬのではないかと思う。やっぱり肉体の死なぬことを望む。死んで無量寿になる人はそういう欲望がないかというとやはりある。一日でも死を向うへ延ばしたい、そうして後に無量寿の世界に往きたい、こんなふうに思う。そうすると念仏する人は普通の人より欲が深いわけである。

親鸞聖人は、「無量寿如来に帰命す」と得たところの信心の中心を吐き出された。これは、これだけはいやだというて、頭を横に振るものは何にもない。総べてを投げ出された姿である。

無量寿如来に帰命するその行の方面ではいろいろに現われる。飯も食えば子供も産む、学問をする者もあれば陸海軍の軍人になる者もあろう。その形は如何ようともその中心には無量寿如来に帰命する心があるのである。聖人は率直に自分の中心を吐き出されて、「無量寿如来に帰命す」とおっしゃった。誰の前に頭を下げるのか。どんな人の前に自分を投げ出すのか。無量寿如来の前に頭を下げるのです。限りなき命の前に投げ出すのです。無量寿というものは中心の欲求である。

無量寿如来というのは無量の命を体得して仏になった人をいうのである。如来とは如より来生する意で実証、真理そのものである。宇宙の真実そのものが如より来生したものである。そのありのままの真理が再現されたらそれが如来である。真実信心のそのままに現われておる、それが如来である。無量寿如来とは無量寿を体験したお方である。抽象的な理屈じゃない、観念じゃない、具体的な実在である。もう一つ変えていえば抽象的な無量寿が具体的な人間性の上に現われておる方を無量寿如来というのであります。その無量寿如来に帰命する。

帰命の帰というのは聖人のお味わいによりますと、『教行信証』の「行の巻」で南無阿弥陀仏のお味わいをお書きになりますときに、「帰の言は至なり。又帰説《きえつ》なり。説の字は悦の音、又帰《き》説《さい》なり」とあって、左書に「よりたのむなり」「よりかゝるなり」と書いてあるのみならず「説の字は税の音、悦税の二音、告るなり、述るなり、人の意を宣述するなり」とあります。又命という字のお味わいをお説きになって「命の言《ごん》は業なり、招引なり、使なり、教なり、道なり、信なり、計《はからふ》なり、召《めす》なり」といろいろおっしゃってあります。帰命はお告げです。仰せです。命令です。仰せ・命令・お告げに、よりかかりよりたのむということです。帰命は梵語でいえば「南無」であります。「南無」は「帰命」であり、意に随うことである。はいという返事ばかりで随うのではない。全身を向うへ投げ出すのです。そうして仰せにしたがい、召に叶うのです。随うとは全身を捧げ出して仰せを聞くことです。聖人は帰命の味わいの中に、法然上人のお弟子として、お師匠様と仏様と自分と一つになった命をお味わいになったのであります。帰命するということは命に通うまことである。命がけであり、一生懸命である。通うということは生命の本源の欲求です。だから命がけにやるということは傾倒する、投げ出すことです。帰命の帰と同じです。帰とは命と物とが通う、本願の命に通うことです。一生懸命ということは帰命したすがたである。聖人は、命に通うということを仏の仰せと味わい、お言葉と味わうておられます。これは面白い味わい方です、この命の本源を言葉で味わえば大変面白い。ただ宇宙の生命とか本源に通うというてもそれは理屈である。どうして一生懸命になるか。どうして通われるか。この愚痴蒙昧な者は真理を体得せられた釈尊のお言葉によらなければわからぬのであります。知識によらなければわからぬのであります。自覚者即ち真理そのものを具体的に現わされたところの阿弥陀仏、お釈迦様の仰せに随うということは一生懸命になるもとである。宇宙の真理に通うもとである。聖人は何事も経験的に味わわれ、何事も本源的に味おうていかれた。そこに聖人独特のところがある。命に通う、命がけになる、命を投げ出す、仰せに随う、召に叶う、自然の仰せに随うということは無量寿如来に帰命することである。無量寿如来という味わいがわかると限りなき命を体験しておる人に帰命することが出来るようになる。抽象的なものじゃなしに、無量寿を体験した具体的な如来の仰せに帰命することが出来るようになる。

「行の巻」に「大行とは則ち無碍光如来の名を称するなり」とあるように、この無碍光如来に帰命することが無量寿如来に帰命するという味わいになる。「行の巻」に『正信偈』が書かれにゃならんわけがある。「信の巻」になければならんそれが「行の巻」にある。それが一層深い味わいがある。「南無阿弥陀仏」と念仏を称える、これが「帰命無量寿如来」である。聖人は「南無阿弥陀仏」と称えるのも「無碍光如来」と称えることも、皆称える人々の心持であると仰せられてある。『末灯鈔』の中にお弟子の慶信坊という方が、念仏を称える人の中に、南無阿弥陀仏と称えるひまに無碍光如来の名を称える人があります、これを或る人が南無阿弥陀仏と称える上に帰命尽十方無碍光如来と称え申すことはおそれのあることであると言っております、どちらを称えたらよろしいのですか、とお聞きしたのに対して聖人は、どちらでもよい、と仰せられてあります。ここに聖人のお心の据りがあります。ただ口先で申すお念仏じゃないのであります。その信心は抽象的な信心でない。具体的な信心である。そこに南無阿弥陀仏がある。無量の命の欲しいということは万人の欲求である。ところがこの無量寿が欲しいという欲求を単なる未来の願いにしない、その仏を現在の自分の願いのうちに発見して、自分が無量寿になろう、無量寿が今現にわが胸の中に住み込んで下さる、わしは今無量寿の中に住み込んでおる、わしのこの一念の中に無量寿の命を含んでおるのである、今のこの一瞬間は無限の自分であるぞ、無限の自分の中に摂取せられるのじゃと、無限と自分との隔てがなくなるのである。無量寿が我が胸に宿り、われが無量寿のみ仏のみ胸の中に宿り、ここに既に死のない世界が味わわれ、貰い物の浮世の総べてを生に対する努力にかえて、ここに始めていかなる動乱が来ようとも、死の波が来ようとも、それは却ってたしかな落着きをもって喜んで受けることが出来るのであります。こうした喜びを『正信偈』の一番始めに「帰命無量寿如来」と書かれたのであります。

第三講

『正信偈』の第一句「無量寿如来に帰命したてまつる」とおっしゃったところをもう一度お味わいしたいと思います。

「寿」という字は寿命と熟し、和語で、ことぶきというときにこの「寿」の字を書きます。久しいという意味を表わします。命には長い命もあり短い命もある。長い命、尽きぬ命、の表現をする時多くこの寿の字を用います。この「寿」の一字だけでも、もう既に垣のない心が現われております。それにまた「無量」と重ねて、量りなき命と聖人はおっしゃってあります。この量りなき命の本体は申すまでもない阿弥陀如来であります。聖人が御自分の御信心を述べられる真っ最初に「無量寿如来に帰命したてまつる」とおっしゃった。これは自分の心の的が、無量寿の如来が、はっきりとなった相であります。我々にはいろいろの願いや望みが雑然と起って来る。あれも欲しい、これも欲しい、あんなこともしたい、こんなこともしたい、というように、人間の心に起って来る願いや望みはたくさんある。それらのたくさんの願いや望みも暫くたつと、水に書いた文字が消えて行くようにさっさと流れて行ってしまうのであります。が悪業は流そうとしても流れません。形を変え、姿を変え、いろいろの形となって顔を出してきます。人には願いがある。願いの中心とも思われる願いがある。それは、無量の命が得たいという願いであります。それを裏からいえば死にたくないという願いであります。大分以前聞いた話ですが、博多に仙崖という和尚があった。今日、仙崖さんの書かれた絵や字がたくさん残っております。それらの絵や字は、日本はおろか西洋各国にまでひびいております。しかし絵や字は仙崖さんの余興にすぎません。仙崖さんが亡くなられる時に弟子達が、どうか遺言を書いて下さいとお願いした。何でも昔は有徳な人が死ぬ時、遺偈というて遺言を書くことになっておった。その例によって仙崖さんに遺偈を求めた。ところが仙崖さんは「死にともない、死にともない」とお書きになった。弟子達は、妙な事を書かれたぞ、わしらをなぶってこんなことを書かれたのだろうか、そうでなければ我々を諭すためにこんなことを書かれたのだろうか、というてもう一度お願いした。ところがやっぱり元の通り「死にともない、死にともない」とお書きになった。弟子達は、いよいよ先生は自分達を試すために書かれたのだ、もう一ぺん外の事を書いて下さるようお願いしようというて「今のは先生の本当のお言葉とも思えません。どうか本当のお心でお書き下さい」とお願いした。仙崖さんは又筆を執って先に書かれたのの横へ「ほんまに、ほんまに」とお書きになった。「死にともない、死にともない」とお書きになったのを本当にせなんだ弟子達は、その上に又「ほんまに、ほんまに」とお書きになったので、仙崖ともあろう人が「死にともない」と書くとは実に意外である、本当に悟った人と思っていたが、あれは生悟りであったのか、と言うて呆れた者もあったという話があります。悟りを開いた人は、死にたくないということは言わんものだ、と思っておるのはとんだ間違いである。世の中には、悟りということをとんでもない事に考えておる人がある。悟った者はうまい物を喰うても、うまくない物を喰うても同じ事だと思うておる。

味噌も糞も一緒に考えておる。母が死なれた時、わしは母の死骸にとりついて泣いた、そのことを後に本に書いた。ところがそれを読んで「暁烏という人を見違えていた、親が死んで泣くような人とは思わなかった、まだ悟っておらんのだ」と言うた人があります。こういう人は悟りということを涙もなければ笑いもないことと思うておるのである。悲しうても泣かん、おかしうても笑わんことが悟りだと思うておる。悟りとは、でくの棒と心得ておる。死に際に死にともないと思わんような人は、まだ仏の貰われていない人である。仙崖はどうして死に際に「死にともない」と言ったのか。死に際に明るい智慧が光っていたのである。智慧に照らされた自分の心に「死にともない」という思いがあったのである。

死にともないということは、無量寿如来に帰命するというお言葉の出る本なのである。仏教は「死」ということをいいます。だからいやだという人があります。「死」ということが人間にとっては一番の大切な問題であります。お釈迦様が宗教の門にはいられたのは「死」という事に考えつかれたからであります。親鸞聖人が九歳の時出家なされたのもやはり「死」ということに気づかれたからである。死ということがなければ仏教はいらんものだと言った人がありました。そうです。そうに違いありません。人間は死なにゃならぬ、生まれた者は必ず死ぬ。肉体の初めがあれば終りがある。それは決まったことである。「誰か百年の形体を保つべきや、我や先、人や先、今日ともしらず明日ともしらず」です。皆死んでいくのです。それでいて死にたくないのです。去年死んだここの家の長男が、どうしても死にたくないと言う。皆弱った。何ぼ言って聞かしても死にたくないと言う。皆が死んでもよいと言わそうとしても言わない。なかなかはっきりしておった。一足先に行くと言う人があるが、その心の中には、死にたくないという心があるに違いない。真俗揃うた所が信心を得たということです。死んでも死なんのだと、死に対する恐れが肉体を超えた永遠の命の世界に入る、これが「帰命無量寿如来」である。自分の命を、肉体のある間だというように考えておる時は、肉体の死は非常な恐れである。その恐れの中から教えにふれると、肉体の始まる以前から以後へと流れておる永遠なるもの、即ち無量寿に眼が開かれて肉体の死を超えた喜びを得るのである。

「無量寿如来に帰命したてまつる」と仰っしゃった親鸞聖人は、死にたくないという心を持っておられた方であるということを思います。日本の国の始めの神は天御中主神、その次の神は高御産霊神、神産霊神で、この三柱の神は隠れ身の神で形を現わさない神様であった。この産霊《むすび》ということは、生まれるということである。日本建国の神は産霊の魂である。大体、伊邪那岐命にしても伊邪那美命にしても皆この高御産霊神を信じておられ、大国主命は神産霊神を信じておられた。日本の古代の神が産霊の神を信ぜられたという心の中には、永遠の命の中に自分を見出だしておられたということが味わわれます。親鸞聖人が「無量寿如来に帰命したてまつる」とこうおっしゃったその御信心の現わし方はこれとは違うが、天照大神が高御産霊神を信じておられ、大国主命が神産霊神を信じておられたその信じ方は皆同じものであったと味わわれます。阿弥陀如来には無量寿の徳と、無量光の徳とがある。親鸞聖人はその無量寿の徳のお味わいから「無量寿如来に帰命したてまつる」とおっしゃった。我々人間の願いを真っ先に述べられたものであるということはこの間も話しました。無量寿は我々の理想であり、我々の願いであります。みな無量寿になりたい。理屈がなくても死に際に、極楽へいくぞ、死なんのだぞ、というと承知する。死なん身になるということが人間の中心の願いなのだ。この肉体の死は避け難いものだとしても、その死の彼方に命を望むということが人間の深いところにある願いである。近来の唯物論は、人間は魂のない肉体だけのものだ、ただいくつかの元素が寄り合うて肉体をなしておる、だから肉体が消える時は自分というものがなくなる。肉体の後も先もないものだと思っておる。肉体の息が止まればそれで最後だと思うておる。然し、そういうような唯物論的の考えをしておる人も、やはり肉体を超えたところに何かがあるように考えておるのである。いくら唯物論を唱えておっても、人間には何かしらんが、肉体がなくなってもそこに滅びない命を信ぜずにはおられんものがある。七度生まれ変っても、ということがある。永遠の命がほしいのだ。大きな願いを持っていると、この世で果されねばいつの世にかは、と思う。生命の延長である。「死んでから仏になるのだぞ」と言うと「本当ならいいけれど、そんなことはなかろう」と言う。そういう言葉の中には「そうあればいい」という願いだけは確かにある。併し死の解決がつかないために、願いの芽は死によって摘まれ、一生の終りは火の消えたようなものとなる。ところが我々には又一方に、願いをそのまま捨てずにその願いに乗托する、そうしてその願いが成就するものであるということを固く信ずる心がある。ではその願いを成就したものがこれまでにあったかどうか。法蔵菩薩が成就されたのである。王様であった人が世自在王仏の御教えを受け、無量寿の願いがはっきりと自分に見出だされて、その願いの成就のために五劫兆載の修行をなされ、そうして無量寿の仏になられた。無量寿如来とは無量寿を得た人である。世自在王仏が法蔵菩薩に、諸仏の国々をお見せになったとき、法蔵菩薩は、如来のいろんな徳の中より特に無量寿国を挙げられたのです。そこに人間の中心の願いがはっきりと道破されております。

無量寿を得させられた仏がある。その仏はやはり人間であった。その人が無量寿を得られたのだ。無量寿を得たいということは自分の願いだが、成就出来るかということをあやぶんでいた。ところが現に無量寿を得た人があるということには、わしでも自分の無量寿の願いを満足させることが出来るぞという信心を呼び覚ますことが出来る。そうすると単に無量寿に向っておった者の心が無量寿如来に向うようになってくる。今に星の世界と人間の世界と話が出来ると考えておる人がある。然しはっきりと星の世界の人の話の出来た者がなく又そこへ行った人もない。が若し誰かが星の世界へ行ったと聞いたら、わしも行けぬことはないと思う。それと同様に、無量寿の願いがあって、それを得たという人があると聞くと、初めてわしも無量寿如来になれるぞと思う。そうすると始めに無量寿に向うておった心が、無量寿如来を願うようになる。真理も抽象的である時は我々の胸にこたえぬ。それが形を現わして、無量寿如来と仏の姿になって仰がれる時に、自分も無量寿を得ることが出来るぞという事がたしかになる。願いはあるが成就するやらせんやらわからんというのでなしに、その無量寿を成就した仏によりかかりよりたのむ、その仏にすがり或はまかす。その仏を仰ぐということは、生活に、中心の向うところが発見出来たということである。

人間には自分の欲しいものを持った者に頭を下げる性質がある。金の欲しい者は金を持った者の前に頭を下げ、智慧の欲しい者は智慧を持った人の前に頭を下げる。命の欲しい者は、無量の寿命を得た仏に頭が下がる。この無量寿仏に頭が下がるということがそのまま仏の道に自分の足が向いておることになるのである。無量寿如来に頭を下げておる時に既に無量寿如来が自分の願いの中に宿せられておるのである。だから自分の願いの中に宿らせられてある無量寿如来の声を自分の胸の中に味わわれるのである。だから胸の中の仏が私に言う「無量寿仏になりたい願いは成就出来るぞ、わしはお前だ」と。そういう心を与えて下さるのである。それが信心だ。信心とは二つの心が一つに融け合うた心である。如来の心と凡夫の心が一つになった心である。「帰命無量寿如来」という心には死んでも死なんという確かな心の据りが出来る。我々はいろんなことをやって死なんようにしようとする。長寿法もそうだし、霊気療法もその他の治療法もみなそうである。やはり人間の命を得たいという願いから出たのだ。政治・経済・法律、などと社会問題は種々に分れておるが、その根柢は一つだ。政治の上に無量寿を見出だすか、経済の上に無量寿を見出だすか、世の中のあんばいというところに無量寿の願いを見出だすかで、それでまあいろいろの道がわかれておるわけである。「帰命無量寿如来」と聖人がお述べになったところには、聖人の全身が阿弥陀仏に帰命するということを見出だしておられるのである。その外に何もない。

無量寿如来に帰命する、無量寿の仏によりすがりよりかかる、この信心一つでこの世あの世の境がとれておる。じゃから無量寿如来に帰命する一念の起るところ、その時をもって娑婆の終り臨終と思う。無量寿如来に帰命しない前の肉体の命が、如来に帰命するときは命の世界が変ってくる。前の命が死んで無量寿の世界に生まれ出たのである。そうなると世界が違う。死ぬ事があっても死ぬ事が恐ろしくない。死にたくないという心を持って死んでいく。「なごりをしく思へども、娑婆の縁つきて力なくしてをはるときに、かの土へはまゐるべきなり。いそぎまゐりたき心なきものを、ことにあはれみたまふなり」と親鸞聖人がお喜びになったのはこの心持なのである。死ぬのだと思うておるのではない。死にともない死にともないというその心が南無阿弥陀仏と現われて出るのであります。だからいつも我々には「願生安楽国」の願いがあるのである。滅亡するという暗いものはない。南無阿弥陀仏の世界に入るとその向うがたのしいのだ。これは経験してこれを見てきていうのではない。が、死という境をとってしまってずっとつづいた世界を味おうての楽しみである。我々がからだの世界に住んでおるから無量寿の世界に生きているということが大問題になるので、信心を得るということは無量寿の世界にはいるということである。からだの世界に住んでおる者はからだの変化に悩む。無量寿の世界におる者はからだの障りを縁として、そこからいつも広い世界にほんのりと出られる。それが帰命無量寿如来の信心であって、仏を念ずる一念一念に仏の国に往生するということが味わわれるのである。

聖人が仏の讃歎の一番先に無量寿如来を挙げておられることは有難いことです。無量寿如来に帰命するということは命に帰するのです。命です、いのちです。大きな命です。五十年の短い命に頼っておるから捧げられないのです。五十年の命ではない。無量の命であります。だから五十年の命が味気なくなっても行詰りがない。そこから広い世界が見えるのです。信心を得るということは、肉体を超えた死ぬことのない自分の胸の世界が開ける、そしてそこから自分が進んで行く据りを見出だすのである。その世界を南無阿弥陀仏の中に見出だすのであります。そうして明るい朗らかな日暮しをしていくということが信心を得たものの日暮しである。だから帰命無量寿如来の生活に明るい広い輝きがあるということを味わうのであります。

第四講

「帰命無量寿如来　南無不可思議光」この二句は南無阿弥陀仏という御名号である。御名号というと仏の名であって、それがそのまま、我々の御信心である。私の信心がそのまま仏のお名前であります。阿弥陀仏は、光明無量・寿命無量の徳を備えた仏であります。それに南無という二字を冠せて南無阿弥陀仏と申します。南無は帰命で、帰依のすがたであります。南無は拝んでおる衆生の心であり、阿弥陀仏は拝み奉る仏であります。南無は頼み奉る衆生の機の方であり、阿弥陀仏は頼ませ給う仏であります。阿弥陀仏は、光明無量・寿命無量の徳を備えさせられております。その阿弥陀仏に南無し奉り、帰命し奉るという、この南無の心、帰命の心は、阿弥陀仏の前に全身を投げ出し、すべてを打任すことであります。聖人は『教行信証』の中で、この帰命の帰の字に「よりかゝり、よりたのむなり」というお左がなを付けられました。

この頃、日本の古い時代のことを書いた『古事記』を読んでいると、昔の人は、帰依の依の字に「ことよさせたまふ」という仮名を付けて読んでおります。ことよさせたまふとは、寄り、任す、ことの敬語であります。我々の仏に帰依するという南無の心は、仏が我々にことよさせ給う心である。衆生が仏によりかかりよりたのむ、これは一応のことで、こちらが頼む心がどうして起ったかというと、仏がこちらに現われて、ことよさせて下さるのだ。仏の前に頭の下がらんこの者が、頭が下がるようになるということが、仏の徳がこちらをして下げしめ給うのだ。信ずることの出来ん疑い深い者、計らいの多い者が、すっかり信ぜられて、任せられるということは、大きな仏の徳がこちらにことよさせ給い、現われて下さるからである。そうなると、この南無の二字は頼む機である。この機は仏の真実から与えて下さる機である。今日は寒いというて火鉢に寄る。火鉢の側へ寄るのは自分であるが、誰が寄らしめるのか。火だ。火の徳に呼びつけられるのだ。火鉢の所へゆく心を起さしめるのは火鉢の火だ。その火の心で火にあたろうという心が起るのだ。火鉢には火が燃えておるという徳と、人を寄せつけるという徳とがある。阿弥陀仏の光明無量の徳も火鉢の火の徳と同じである。

光明無量・寿命無量の仏に帰依する、帰命する、南無するという心の相は、火鉢の側へ寄りつく心の相である。この阿弥陀仏の徳が我々を寄せつけて下さる。阿弥陀仏という仏が、私の胸に現われて下さる時に南無になって現われる。その南無になって現われて下さる奥には、阿弥陀仏がちゃんといらっしゃる。南無阿弥陀仏という、これは衆生の心に現われて下さった仏の名である。単に衆生を離れて仏があるなら、それは阿弥陀仏であろう。その阿弥陀仏が我が仏になって拝まれ給う時に、南無阿弥陀仏となる。阿弥陀仏は、我仏になって十方の無量の諸仏から我が名を称えられるようになりたいと願われた。この第十七願の本願を成就せられた仏の名は南無阿弥陀仏である。称える衆生と、称えられる仏と一体となる。信心の戴かれない人の仏は阿弥陀仏、信心を戴かれた人の仏は南無阿弥陀仏。信じた時わかれる名前だ。南無の二字は機、阿弥陀仏は助け給う法の方である。機・法と分れておるのだが、その南無の機はどこから起った機か。阿弥陀仏の法の徳から現われ出たのである。南無の底に阿弥陀仏がある。南無の中に阿弥陀仏がおさめられてある。阿弥陀仏は衆生からかけ離れた方ではない。我々の阿弥陀仏は、一切衆生の命を命とし、一切衆生の悩みを悩みとし、一切衆生の喜びを喜びとし給う仏であります。だから衆生の涙から離れておいでになる仏様でない。

清沢先生が、

　信ずるといふことと、如来といふことと二つの事柄があります。この二つの事柄は丸で別々のことの様にもありますが、私にありてはさうではなくして、二つの事柄が全く一つのことであります。

とおっしゃった。我々の方からいえば仏を信ずるという、仏の方からいえば助けるという、助ける如来と、信ずる衆生の心と一体である。それを機法一体という。頼む機と、助け給う仏とが一体になる。そこに南無阿弥陀仏と我等の口に現われ給うのである。そしてそれは仏のお名である。阿弥陀仏ばかりが仏のお名ではない。南無阿弥陀仏というのもお名前である。ただ習うて覚えて、口先ばかりで南無阿弥陀仏と称えておるのならばともかく、しんじつ光明無量・寿命無量のお心がいただかれて、その心に照らされ、その心に満たされて本当に仏様の前に南無し奉るようになると、南無阿弥陀仏という本尊が我が前に立ち出でて下さる。だから仏の御名の外に一つの加うるところもない。我々の心の一切が信だ。南無阿弥陀仏の一切が我々の信だ。仏様とは非常に高遠な我々の近づけぬお方だと思う。ところがその仏は人の仏ではない。私を離れて阿弥陀仏はない。偏えに私一人のためである。わしが阿弥陀様の全体である。無量である阿弥陀様の全体に私がおさめられておる。光明無量・寿命無量の仏の徳は人を治めるための仏じゃない。この暗いあさましい者を迎えとるための光明無量・寿命無量である。この私、命の短いものを摂取するための光明無量・寿命無量である。

この喜びが満ちた時、もはや頼む衆生と助ける仏が別でないようになる。ここに仏凡一体の味わいが出てくる。阿弥陀仏と煩悩の衆生とが一体だということである。この小さな心が南無阿弥陀仏の仏の上に生まれ出さしめられる。そこへゆくと、汚いとか美しいとか、好きだとか嫌いだとか、悟ったとか悟らぬとかいうことはない。ただ一切が一如である。聖人がお味わいなされたように「たゞ惚れ惚れと弥陀の御恩の深重なることを思ふ」ばかりであります。

阿弥陀仏という仏は私一人のための仏である。甲の人も私一人の仏様、乙の人も私一人の仏様という。昔、一人の子に二人の母が出て来て、どちらも私の一人子だといって争った。大岡越前守は、「その子を両方から引張って取った方が本当の親だから、その者にその子を遣わそう」と言った。二人の母親は力まかせに引張った。子供は痛いのでわっと泣き出した。この泣き声にびっくりして一人の母親は手を離した。大岡さんは、びっくりして離した者に「お前の子だ」と言ってその子を渡された。両方とも喧嘩するほど子供がほしいのだ。しかし、片方の人は子供が欲しいというだけで、片方の人はその上に可愛いという心がある。びっくりして手を離した母親にはもうその時負け勝ちが無い。だから離す。持ったものを離す。そこに真実の愛が現われる。慈悲がある。負け勝ちがない、何も手に残らん。持とうという物さえなくなる。私のものだといって持っておるその手が離れる。それが私のものだ。阿弥陀様は私一人のものだと離さない間は我がものになっておらぬ。ただ形だけである。離した親は離さんでもわが子、離してもわが子である。仏様の慈悲は私一人のためのお慈悲だが、我一人の仏になっておらんからして、我一人のためだといって詣っておる。その詣っておる、その者までが摂取されておるのである。我一人のためということは、ただ狭い心の中に閉じこめておくのとは違う。自分の可愛がっておる者を人も可愛がると取られたように嫌がる人もある。自分が本当に可愛がっておれば、他の者が可愛がってくれればそれは自分の喜びだ。仏は一切衆生を供養し、又それに供養される人である。

不可思議光に南無し奉る心の人は広々として明るく朗らかである。仏の智慧は円満である。智慧の姿は明るい。日本の国の昔の事をだんだん研究すると、大和民族は非常に光を好む民族である。非常に明るい。日本人は光を好む。光明に対するあこがれが強いのです。だから日本で一番尊い神様は天照大神です。この神様は光の神様です。又、天皇陛下を日継の皇子として崇め奉った。明かりの中で一番大事なものは、心の明かりである。それを日本人の心に教え給うたのは聖徳太子である。太子が仏法によって光を仰ぐように教えられたのである。

法蔵菩薩が世自在王仏の御もとで世自在王仏のお徳を讃歎せられる時に、「あなたのお顔は非常に輝き光っておいでになります。その明るさは太陽も月も比べものになりません。お日様を望んでも私の暗い心が明るくなりませんでしたが、あなたのお光によって私の心が明るうなりました」と述べておられます。こうなると最も明るい光は阿弥陀様の光明だということになる。親鸞聖人も二十九歳の年迄世の中は暗かった。真っ暗だった。その暗い胸が、法然上人に逢うて上人の人格を通し又お言葉を通して、はじめて明るい心になられたのです。摂取の光明におさめとられたというのは、明るくなったことである。だから法然上人は親鸞聖人の光の親様である。その法然上人は、四十三歳の時に、善導大師の光に逢うて明るくなった人である。だから法然上人では善導様が光の親でありました。我が心が広くなればお助けということがわかる。自分の心の物差をあてて疑い、自分で苦しんでおる。「疑へば華開かず、信心清浄なれば華開いて仏を見たてまつる」と『華厳経』にある。蓮如上人は雑行雑修を捨ててとおっしゃった。ああじゃろうか、こうじゃろうかという計らいを持って出て自分の勝手なことを思うて穴を掘り、そして世の中は暗い世の中は冷たいという。世の中は明るく、朗らかなのだが、自分でこしらえた暗いものの中へ、自分で入っておるのだ。そこに我々の地獄というものをこしらえておるのだ。その地獄の釜の蓋がどうして破れるか、仏の光の届く時に破れる。胸の闇がとれ、氷が解ける。その時に仰がれるものを不可思議光という。不可思議とは思議すべからずということである。言うことが出来ぬ、これだけと計ることが出来ぬ不可思議である。不可思議とはわからんことでない。わかってわかりきっておる、そのわかりきっておることが、あまり深くてあまり広大で、小さな心で計られんということです。不可思議とは尊いものの前に跪づくことです。尊いことに打たれて一言も述べられん。何にも言えん。西行法師が伊勢大廟へお詣りをして、「何事のおはしますかはしらねどもかたじけなさに涙こぼるる」と詠ぜられたあの心持です。西行法師は伊勢の大神宮さんにおまいりして、あまりに尊くあまりに有難いので頭が下がった。その心を詠まれたのである。安原貞室の「これはこれはとばかり花の吉野山」、これも不可思議ということである。咲き揃うた桜の花があんまり綺麗なので、どこが美しいと言えぬ、本当に美しい。ここじゃ、あこじゃと言えんのだ。我が子供を抱いていてもどこが可愛いとは言えぬものだ。鼻が可愛いとか、目が可愛いとか、とり出して可愛いと言えぬものだ。本当に可愛いと、はなをたらしておっても鼻が低くても色が黒くても、皆可愛い。訳の言われるような慈悲ならまだ本当のものじゃない。不可思議光に南無し奉るというのはつっかい棒がなくなったのだ。いわれも道理も何もいらんようになったのである。不可思議を信ずる時、とかくの計らいがなくなる。道理がない、わけがない。どうしておっても愛がある、信がある。それが不可思議だ。「何事のおはしますかはしらねどもかたじけなさに涙こぼるる」「これはこれはとばかり花の吉野山」これが不可思議である。何にもわからんというが、何にも知らんから、明るい不可思議光に南無し奉ることが出来るのだ。それは光の前にひれふすのだ。南無し奉る心は、光が私にことよさしめ給う、光が私に現われて下さる、尊い光が私に生まれ出て下さるのだ。明るいのは仏の心が私に生まれて下さる、だから明るい心の外に仏がない。そこへ仏が出て下さる、信ずる心の外に仏はない。信心の外に仏はないというのは仏壇を壊すのじゃない。信の外に仏がない。仏の外に信がない。仏・衆生一体になることだ。そこにひれふす信心である。その心を親鸞聖人は二つに分けて、始めには「帰命無量寿如来」と申され、あとには「南無不可思議光」とあげられたのであります。

第五講

この世界のすべての生物は、太陽によって成長せしめられておる。あまり自分の位置を動かさない植物は、太陽に向って枝を伸ばし、太陽に向うて花をつけるようになっておる。草木が太陽の方に向って成長するように、動物も常に光の方に向うて成長しておる。人は暖かい陽に日向ぼっこをし、鮒や鮹はぬるんだ水の方に出て来る。こういうような現象は、すべて生物が太陽に向うてゆくということを現わしておるのであります。太陽によって成育しておるものは、太陽を仰いで成長するというのが自然の法則である。では人間は？人間は複雑な器官をもっておって、時に、太陽がいくら光っておっても世の中が暗い、いくら太陽が熱くても世の中は冷たいというようなことを感ずる動物であります。太陽や月の光によっては照らされない闇を持っております。それらの人間は暗闇に住み、又冷たいところに住んでおる。暗がりは恐れを呼ぶ。冷たさは苦しみを招く。暗がりじゃから迷いがある、惑いがある。そこに不安が起ってくる。暗い処へ出かけてゆくと方角がわからぬ。右へ行こうか、左へ行こうか。後ろへ行こうか、前へ行こうか、行くべき道がわからぬ。そこに不安が出て来る。自分の行く先を見失うた時、不安が来る。もう一つ言葉を変えれば、自分の中心にはっきりした望み或は願いが消え失せると、どこへ行くのやら、どうしてよいやら、わけがわからんようになる。つまり、行く先が暗い時に足の行き場がわからんのです。だから不安である。不安であるから追い出される。追い出されるとそこに恐れが伴うて来る。我々が死に対して、不安があるということは、死後の世界についてはっきりしたことがわからんということから来るのである。旅へ出る時に何か変ったことに出逢おうかという楽しみもあるかわりに、何かこう不安もある。嫁に行く時、向うが結構なところと思わにゃ行く約束もしない。だから望みに燃えてはおる、が、何やらしらんが初めて嫁ぐところだから不安がある。貰う方の人もやはり不安があると思う。松任の千代尼が結婚する前に詠んだという句に、「渋かろかしらねど柿の初ちぎり」というのがある。渋かろかというところに一種の不安がある。又この頃のように不景気だと「こんなに不景気でどうなるか」と暗い。考えてみればこれは世の中のことに過ぎないではないか、というてもやはり不安である。百姓は、今年こそ米をたくさん穫ろうと思うて努力しておるが、天候の具合でどうなるかわからぬ。それから人とつき合いをしても、向うの人の心がわからんとあの人は私をどう思うてくれるやらと思う。そこでおずおずして落ち着きのないことになる。これはやはり人の心がわからんからである。人の心がはっきりわかれば、安心して言葉も出るし、挙動も出来る。それが暗いものだからそこにいろんなものを描く。

今から三十年程前に『往生要集』などを読んで、地獄の研究をした。そして感じたことは、この地獄というのは、人間は前途が暗いので、その暗い所の自分の胸の絵を書いたのだと思った。自分の思いを書いたそれが仏法の地獄だ。鬼が釜の中へ人を入れる、或は針の山へ人を追いやる。皆、自分自身の心の影だ。死んでからの地獄、須弥山の底にある地獄は、我が死という闇に出合うて、そこに描き出された影である。じゃから心の悪いものは恐ろしい地獄を見る。善良な心のものは天国を見る。鬼に煮られる絵を見る人は、自分が鬼になった人である。鬼に舌を抜かれる絵を見る人は舌を抜く人だ。地獄の絵を書いたものを見ますと、自分の心の恐ろしさを切に感ずる。お釈迦様が自然の状態として説かれてある地獄は、自分の修道の上に、自分の内省の上にそれを見出だされたのである。地獄は遠い所にない。内にある。内の心をそこに描き出したのが地獄の絵である。自分の心を描き出してそれを恐れておるのです。

或る年の報恩講に、福井から二、三人女の人が来た。御満座の晩に御堂の便所へいった。そして慌ててとんできて、お寺に幽霊が出た。銀杏がえしに結うた幽霊だ。お寺にいつもそんな幽霊が出るのですか、と念を押すから「今夜だけだ」と言うてやった。あんまりその人が言うので二、三人行ってみたところが、わかった。便所の戸に硝子がはめてある。向うが闇だから我が影が写って幽霊だと思うたのだ。

人間は自分の影を見て幽霊と言う。月夜に犬が自分の影を見ておどす。人間もその通りである。人間は自分の業によって、自分が苦しい目におうている。そうして、そういう人に限って外の者のせいと思う。そしてそれに責められて自分が泣き悩むのだ。甚だしくなると、世の中がいやになる、人の前に出るのもいやになる。もっとひどくなると、一層死んでしまおうかという。

仏が衆生を憐んで下さる、仏は大慈悲だというのは、そういう暗がりの、自分の影を見て驚いておるような人間が可哀相だ、その人間の心に明るい光を与えたい、明るい心を与えてやりたいと超世の願を起されたのである。仏が衆生を助けるということは、我々が地獄を遁れて極楽へゆくということなのだ。地獄から救い出して極楽へやって下さる、その地獄の本は何か。闇だ。だから心の闇を晴らして、心を明らかにするということが、地獄を離れて極楽へゆくことである。

心が明らかになると、闇に向うて自分の影に驚く様な時、「はてな」と思う。向うに写ったのは我が影だぞ、あの闇に見えたのは自分の心の実在が仮象となって現われたのだぞ、と、それがわかる。それが一つの明かりです。内省によって闇が闇、悩みが悩みとわかると、一歩退いて考えることが出来る。

我々は暗いから、つまずきもあれば、突当りもある。いろいろ恐ろしいものに出くわす。そういう闇から闇に暮しておる者が、常に何を願っておるかというと、やはり光がほしいのだ。明るみに出たいのだ。明るさがほしいのだ。これが人間の胸にある最も根柢の欲求であります。

人間の心の中には、やはり光を求める心がある。世の中のいわゆる宗教心はこの光を求める心である。神とか仏とかという宗教の対象となって拝まれておるものは、人間の秘奥に輝いておる光である。この光は、神仏の与えたものでもあるし、光が神仏を造り出したものでもある。どっちかの考えでも一つのところに到達する。これは自然に人間の持っておるものである。ですから、いずれの宗教でも、人間が頭を下げて尊み敬う、その前に自分を投げ出すという対象は光です。日本の神様が光の神様であるように、印度の最高の神様も光である。ユダヤの最高の神様も光である。殊にこのお釈迦様が教えなされる仏というのは、智慧の明らかな人の事である。人間の精神生活の反映である。智慧は光である。だんだん仏によってその道を聞くと、苦のもとは内にあったのだということに気がつく。そうするとその教えによって心が明らかになって、人を咎めないようになる。外を恨む心がなくなる。つまり、恨みがあったり、腹立ちがあったりする闇が、自分の内にあったということがわかる。わかると、悩みが自然となくなる。仏によって救われるというのはそれなのです。その闇によって助けられる。

人は仏の生活に触れる時に、自分の心が照らされる。仏の生活とは、なさること、言われること、考えられること、即ち身・口・意の三業に現われるこの仏の生活である。大きな明るい人格者に対してその前に立つ時に、自分をはっきり見せつけられます。印度のお釈迦様の時代に、お釈迦様の周囲に集まった弟子達が、お釈迦様によって助けられたというのは、それによってである。又、法然上人によって助けられ、日蓮上人によって多くの人が助けられたというのもその相であります。

聖人が『正信偈』の第二句目に「南無不可思議光」と自分の御信心を述べられまして、この光を自分の胸に抱かれ、光の前に帰命し、光の仏によりかかり、よりたのまれた。それは光が聖人にことよさせ給い、現われ給うたことである。南無不可思議光とあるのは、つぶさにいえば、無量寿仏に帰命し、無量光仏に帰命すということであります。南無不可思議光というのはそのまま仏様だ。又、聖人の御信心だ。初めの一句は寿命に対して、第二の句は光明に対して、帰命の心を述べられたのである。寿命は時間に関し、光明は空間に関する。死の恐れということが人間の根本であるところから、生命の永遠を望む。その望みの成就する姿は、帰命無量寿如来、南無不可思議光である。その寿命の根柢が智慧によって開かれるというところから、次に、不可思議光に南無し奉る。その光に南無し奉ると申されたのであります。そのみ心には、光自身が宿らせられてあるのであります。光に南無する心がそのまま心の光であります。我々の心に起る不可思議光に南無し奉るのである。阿弥陀仏に南無するという心が起った時に、もう心が明るくなってお るのである。その阿弥陀仏の光に照らされて、はっきりと明るい心が開かれます。だから聖人はこの明るい御信心の中から温かい光に包まれておった世界であったと申されるのであります。二十九歳まで泣いておられた聖人が、法然上人にお出逢いになってから温かい光を仰いで、六十年の生涯が生まれたのであります。自分の心の暗さはいつも味わわれましたが、その暗いところから望みを見る心がだんだん一つになって味わわれて、南無阿弥陀仏となって現われ出られたのであります。

阿弥陀仏の前に帰命したてまつる。信ずる心は南無です。お助けは南無です。南無阿弥陀仏に身を任した、そうして爽やかな信心を得られた。その心を「帰命無量寿如来　南無不可思議光」と簡単に申し述べられたのであります。

今晩は大変に荒れる、久し振りにこんなに荒れて雪が降るので、誰も詣るものがないかと思うたにこれだけ沢山詣られたのは熱心だ。この雪に負けぬ程に、帰命無量寿如来に燃え立っておる心の人が集まっておるのです。殊に今晩は電灯がつかない。たまに消えると電灯のあることの喜びが思われる。忘れ去られておった蠟燭の有難さが思われる。そこに深く心の喜びを感ずるということを味わわしめられるのであります。でも天気のよい晩にたくさんの人と話し合いをするよりも、こんなに荒れて暗い晩に集まった皆さんと話をする御縁を得たことは、非常にうれしいことである。有難いことである。この荒れの中に真剣に相寄り相求めて、集り合うたこのささやかなこの集いのうちに、仏の光と、暖かみが一層強く輝き燃えることを感ずるのであります。丁度志布志の暉峻君から、北国の寒いところにおる者に温かみを与えるために、炭を送ってきた。九州の果てから炭を送ってきた。暮にはアメリカから米を一俵送ってきた。方々からいろんなものを送って貰うて言うに言えぬ有難い心を思う。この寒い晩に暉峻君のことを思うて話をすることを有難く思う。電気があると、本を読まにゃならんとあせくらしい心になるが、丁度今夜は本も読めない代りに、皆さんと話をすることが出来るのを喜びます。荒れる、電気が来ぬ、というこの悩みの底をめぐっておらんで、電気が来ぬ、荒れる、その中に燃え出る喜びと勇みを味わわして貰うということが、私共が常に教えられる信心であります。

第六講

聖人が、最も簡単に、最も直接に、御自分の御信心を述べられましたのが、この、

帰命無量寿如来
南無不可思議光

の二句であります。この御信心はそのまま聖人の本尊であり、それが聖人の宗教でもあるのであります。

お釈迦様が、いくら阿弥陀仏のお徳を讃歎してもしつくせない、百千万劫かかってもしつくすことがないとおっしゃったように、聖人のこの信心のお味わいを、私が味わわして頂くことも、なかなかこれですんだということはないが、今晩は次のお言葉にわたって御教えを頂こうと思います。勿論次のお言葉からが、まさしく、こまかに御信心をお述べになったところであります。即ち、「法蔵菩薩因位の時」から、「唯斯の高僧の説を信ず可し」というところまでに、聖人が、南無阿弥陀仏のおこころをこまかに味わわれたのであります。「無量寿如来に帰命し」と書き出された『正信偈』は「唯斯の高僧の説を信ず可し」と終っておる。即ち、「帰命」に始まって「信」に終っておるのであります。「無量寿如来に帰命す」ということは、ただ出た言葉じゃな

い、三国伝統の高僧方の説が、自分の心耳に入って信心となったのだ、ということをだんだん御領解なさるのであります。

我々人間には、自分の親先祖のことを思い出す傾向があるのであります。殊に相当な暮しが出来るようになると、親を思い先祖を思うのであります。自分が相当に暮されるようになったから親先祖を思うのであるか、親先祖の事を思うような者だから相当の暮しが出来るようになったのであるか、因果関係はどっちにあるにしても、今日相当に暮しておるところから、親先祖の血筋を調べたくなる。そして先祖に偉い人があってほしいと思う。そういうところから、わしの先祖は藤原鎌足であるとか、菅原道真である、というように、立派な系図まで作る。ともかく出世すると、いい先祖を得たいと思う、それは人間の自然の気持であります。

私はこの頃、日本の神代の事を研究しております。この神代の事を書いた『古事記』『日本書紀』などを読んでおると、日本の昔から、中臣《なかとみ》、或は忌部《いむべ》などいろいろの姓を名乗っておる。その姓の根源である先祖の神様の事も書いてある。結局我々の先祖は皆神様であって我々は神々の裔なのである。『古事記』には日本の先祖の事を書いてあるのだが、それを読むと、自分の血のうちにこれ等の神の血が流れておることを思う。神には悪の神もあり、善の神もある。厄の神もあれば福の神もある。がいずれを聞いても自分の血の中に流れこんでいるように思う。近くは両親から血を受けた私であるが、その両親が受けた血は、その両親、その又両親と遠い遠い昔にさかのぼってゆくと、その根源の神々からたくさんの血が交わり伝わっているのである。とにかく自分が光ってくると、自分の光るこのもとがどこかなければならんと思う。初めて一寸自分が世に出た時には、自分一人で出たように思うておるが、だんだん自分のすがたが明らかになって確かになると、これは自分だけで出来たものではないのだぞ、余程深い因縁があり根がある、そこから出て来たのである、というように味わわれる。学問をしておっても、学問の未熟の間は、自分で出来た学問のように思うものである。学問が進むと、他を仰ぐことが出来るようになる。遠く先祖方から、近くは自分の師匠のおかげである、ということがわかって、このもとが尊く喜ばれるようになる。だから生半可の者は、御恩を喜んではおらぬ。はっきりとわかったものはただごとでない御恩が喜ばれる。自分を知れば知るほど少しでも御恩を受けた人のことが思い出されてくるのである。それを思うと私は親鸞聖人のことを思う。

　如来大悲の恩徳は
　身を粉にしても報ずべし
　師主知識の恩徳も
　ほねをくだきても謝すべし

と、御恩をこれほど深く強く思われる方は、非常に心のしんしょうがよいのだと思う。御恩を思うて拝まれる。心の貧乏人はそうはならぬ。心の豊かな者でなければ御恩は喜ばれぬのです。心に不足のある者は御恩は喜ばれぬ。田が無くても金が無くても心の豊かな者は御恩を喜ばれる。心の貧しい者はいくら物を持っておっても御恩が喜ばれぬ。有難いと思うのは、心の満足である。

心が豊かになればなるほど広大な御恩を思う。聖人のようにあれほどまでも深く御恩を喜ばれるのは、よほどしんしょうのよい方、心の富んだ方だと仰がれるのであります。

『正信偈』には、聖人が、南無阿弥陀仏の世界に生まれ出られたこの根源をだんだんと深くさかのぼってお記しになったのである。先ず、南無阿弥陀仏の世界に聖人が生まれ出られたこの親は誰か、肉体を生んでくれた親があるように、信心の世界に生んでくれた親がある。

釈迦弥陀は慈悲の父母
種々に善巧方便し
われらが無上の信心を
発起せしめたまひけり

釈迦弥陀は慈悲の親、と聖人はおっしゃる。かと思うと、

無始よりこのかたこの世まで
聖徳皇のあはれみに
多々の如くにそひたまひ
阿摩の如くにおはします

と、これは、聖徳太子をお父様のようだ、お母様のようだ、とおっしゃるのである。又、まさしく御信心をもらわれた法然上人のお徳を讃歎なされるときには、

曠劫多生のあひだにも

出離の強縁しらざりき
本師源空いまさずば
このたびむなしくすぎなまし

と述懐なされた。法然上人がおいでになったればこそ、このたび生まれ出られたのである。この親によってこの世界に生まれ出さして貰うたのである。この広い豊かな明るい生活を生むようになったのは、まさしくこの善知識の御恩である、との仰せであります。ではその法然上人の御信心のもとはどこにあるか。と、聖人は、現在いただいている信心の奥を探って、自分には世々生々に新しく開けた世界であるが、この新しく開けた世界は、自分の発明によって出来たのではなく、これは古い昔から流れ流れて来た道である。と信心の親、その又親と親をさかのぼって尋ねられるのである。

法然上人の御教えの根源はどこか。日本では源信僧都・聖徳太子、支那では善導大師・道綽禅師・曇鸞大師、印度では天親菩薩・龍樹菩薩である。この三国の七高僧のこの本源はお釈迦様、お釈迦様の御信心は阿弥陀仏から、阿弥陀仏の御信心は法蔵菩薩の御信心から、法蔵菩薩の御信心は世自在王仏から、その世自在王仏によって覚りを開かれた法蔵菩薩の兆《きざし》が、数万年或は数百万年を経た自分の心に流れて下さったのである、という寿命無量のおこころをはっきりと歴史的に現わされてあるのが、この『正信偈』であります。

『正信偈』には、初めに法蔵菩薩の本願のことがあり、次に法蔵菩薩が本願を成就して仏となられた御讃歎がある。それからお釈迦様のことがあり、龍樹菩薩・天親菩薩と次第を追うてだんだんとお述べになってあります。言葉の上で拝見すれば、聖人の胸にとどいた仏教の伝統の歴史である。だからこの『正信偈』をくわしく学ぶと真宗の歴史がわかる。が、この歴史は、ただ形の上の歴史ではなくて、聖人の信心の根源であります。ずっと遠い久遠の昔から、我々はこの信心の筋を引いておるのであります。日本の国に生まれる者は日本の神様の血を引いておるように、仏の国に生まれる者は、仏の血を引いておる者だ。生きた世界には血の系図があるように、血を超えた信心の世界にも信心の血筋がある。我々のこの信心は三国伝来の筋を引いておる。深い筋だ、広い筋だ。この信心のお先祖をしらべるのが、この『正信偈』である。信心のお先祖をしらべるのが聖人の御信心である。聖人は、法蔵菩薩因位の時からこのお喜びを記されてあるのであります。

この私の心のうちにも、聖人と同じく三国相承の信心を喜ぶのであります。国を異にし、時代を異にした人々と共に、この私も同じ輝きに輝いておられることを喜ぶことが出来るのであります。

弥陀章

第七講

何かうまいものを戴くと、これは誰から貰うた、どこから買うてきた、ということが第一に考えられる。その次には、どこで出来たのか、ということをまた尋ねたくなってくるものである。例えば、私の家では、近年数の子の塩漬をよく貰う。今迄は、数の子は干したものと思っていたのに、近来は生の物を貰うのである。そうすると、これは、島崎さんから送って来た。そしてその数の子は樺太の島崎の魚場でとれたのだ、そこまで聞かんとものがわからぬ。親鸞聖人が、無量寿如来に帰命し、不可思議光に南無したてまつる……限りのない命と、不思議な光を具えさせられた仏に帰命する……と、『正信偈』の初めの二句にお書きになりましたのは、聖人の信心の最も簡単な告白であります。それはもっと簡単にすれば南無阿弥陀仏になる。阿弥陀仏に南無したてまつる、となるのである。我々聖人の御教えによって心の光を戴いておるものには、南無阿弥陀仏が自分の本尊である。またそれが自分の信心であります。今までは親から生んで貰うたこの身体を基礎にして生活をして来たものが、聖人の御教えによって、南無阿弥陀仏の信心を戴いてからは、南無阿弥陀仏を主とした生活をするのである。同じような日暮しをして、共に御飯も食べれば酒を飲んでおっても、南無阿弥陀仏の信心を得ておる者は、南無阿弥陀仏が主になり、南無阿弥陀仏の信心のない者は、身体が主になる。即ち、本能に支配された日暮しをしてゆくことになる。

聖人が法然上人のお側においでになった時、自分の信心も御師匠の信心も一つだとおっしゃると、外の人達はそれをとがめた。その時聖人は、お師匠様の信心も他力より貰われたもの、わしの信心も他力より賜わらせたまうもの、だから、等しいというより全く同じなのだ、とおっしゃった。二つなのじゃない。もとから一つである。我々が信心を得るということは、親鸞聖人の信心と一つになることである。阿弥陀様と一つになることである。信心を得れば、時を隔てておっても、処が違うておっても、一つの心に動いてゆくのである。身体の働きは違うて現われても、いつも一つに動いてゆく。これが信心です。さて法然上人がこれを聞かれて「信心の違うというのは自力の信にとってのことだ。他力の信は善悪ともに仏の方より賜わる信心だから、わしの信心も善信房（親鸞）の信心も一つだ。信心が違うておる人ならば、わしのまいる浄土へは往けんぞ」とおっしゃったら、皆びっくりしていたということである。信心は横川の源信僧都とも一つである。支那の道綽禅師とも一つである。龍樹菩薩とも一つである。お釈迦様とも一つである。阿弥陀仏のそのままの心である。信心は、日本・支那・印度と国の別があるのじゃない。先度も外へ行ったら、「あなたのような新しい信心がこの頃はやるのですか」と言った。信心とは、新しいとか、古いとか、学問が有る無い、そういう隔ての世界を出ることである。今日も或る人が尋ねて来た。霊魂が客観的にあるということがわからにゃ宗教はわからぬと言うたが、魂というものは、人の魂、俺の魂という区別がない。私が信心を得るということは、阿弥陀仏の心と一つになるのである。だから常に一緒に波打っておる。そうした一緒のものが感ぜられないなら、まだ一緒になっておらんのである。親鸞聖人は、自分の南無阿弥陀仏の信心を、久遠の昔に生まれては阿弥陀仏、三千年前に生まれてはお釈迦様、又下っては、龍樹菩薩とも天親菩薩とも生まれ、支那では、曇鸞・道綽・善導、日本では源信・源空上人と生まれて、言葉は変り、名前は違うが心は一つだ、と、その一つ心の味わいをこまかに述べられた。だから『正信偈』全体は、七高僧のお言葉を書いてあるのだが、それがそのままみな親鸞聖人のお相である。

法蔵《ほうぞう》菩薩《ぼさつ》因位《いんい》の時《とき》
世自在王仏《せじざいおうぶつ》の所《みもと》に在《ましま》して

「法蔵菩薩因位の時」といえば、いわゆる学生の時である。それが先生になった時は阿弥陀仏である。親鸞聖人の、「無量寿如来に帰命したてまつる　不可思議光に南無したてまつる」という信心は、どこから起ったか、それは昨日や今日の話ではない。聖人は二十九歳の時法然上人にお遇いになって心が開けた。が、そういう歴史はおっしゃらぬ。もっと古い。九歳の時に出家された。それもおっしゃらぬ。もっともっと古い。法蔵菩薩因位の時から起ったものであるとおっしゃる。法蔵菩薩の本願が最初であります。この本願は流れ流れて今私の心にも至り届いていて下さるのであります。法蔵菩薩は本願を建て、それを成就して阿弥陀仏となられた。南無阿弥陀仏の信心を得られるまでは、法蔵菩薩は正覚を取られなかった。ここに因位の時とあるのは法蔵菩薩が本願を建てて下さった時、その時からである。古い、全く古いことである。時代に応ずるとか応ぜんとかいうことがあるが、そんなものではない。日本とか支那とか、そんなことじゃない。もっと偉大な根本がある。この法蔵菩薩のことは、『仏説無量寿経』の上巻にくわしくお説きになってあります。簡単に述べてみます。

久遠無量不可思議無央数劫の昔に錠光如来が世に出て、無量の衆生をお助けになった。それから五十三の仏が世に出られてその最後に世自在王仏がお出になった。この仏を世饒王仏とも申します。或る時王様がこの仏のお話をお聞きになって、王の位におりながら味わうことの出来なかった広大な世界のあることを味わわれた。そしてその広大な国にまいりたいという願を建てられた。無上正真道のこころをおこされたのである。その願を成就するために、王の位を捨て、修行者となられた。それが法蔵菩薩である。富や権勢がいくらあっても満たされないものがあった、その満たされないものを仏がもっておいでになる、それが望ましい、それが得たいばかりに王位を捨て、出家されたのである。だから仏の道は娑婆を超えた道なのです。世の中の金儲けの道ではない、病気をなおす道ではない。それを超えた道です。仏になる道です。法蔵菩薩はそうした願いを発して世自在王仏の前に出られた。そして世自在王仏のお徳を讃歎し、自分の願いを述べられた。その偈文が「嘆仏偈」である。それから世自在王仏の御教えを受け、いろいろのおさとしを頂いて、ここに無上殊勝の願を超発せられた。そして五劫という長い間思案をして、世自在王仏によって調った願をば衆生の前に述べられた。これが「四十八願」である。更に重ねて三つの願を述べられた。これが「三誓偈」である。それからはその願を成就するために修行された。修行成就されて阿弥陀仏と申し上げるのであります。この事を聖人はこの『正信偈』の初めにお書きになったのであります。

諸仏《しょぶつ》浄土《じょうど》の因《いん》

多くの仏がある、その仏は各自の願いから各自の浄土を建てられた。その浄土の因は何か、どんな願いのもとに建てられたか、と法蔵菩薩が世自在王仏に聞かれるのである。我々はすぐ結果を聞きたがるが、法蔵菩薩は因を聞かれた。仏に成りたいという願いがあるから、世自在王仏に、どうか諸仏の仏に成られた種を聞かして下さい、と頼まれたのである。

国土《こくど》人天《にんでん》之《の》善悪《ぜんあく》を覩見《とけん》して

「国土」は浄土です。「人天」とはその浄土の中に居る人や神、つまり生きとし生けるものを指すのである。仏の国にも「善悪」という言葉をつかってある。ここにある善悪は軽い意味の善悪で、これは優劣というような意味合いのものである。浄土に善悪があるわけがない。ただ、勝れたもの、劣ったものという意味であろう。それ等のすべてのものを観察し、研究し、そこに取捨選択するのであります。そして、

無上殊勝《むじょうしゅしょう》の願《がん》を建立《こんりゅう》し
希有《けう》の大弘誓《だいぐぜい》を超発《ちょうほつ》せり

これは二句とも同じことをいわれたものである。「無上殊勝の願」とはこの上ない勝れた願い、

「建立」とは立てる。「希有の大弘誓」とは、世に稀な大きな弘い誓いのこと。無上殊勝の願と希有の大弘誓とは、同じことを二方面から讃歎されたのである。建立と超発は、建立の味わいが超発である。『大無量寿経』には超発ということがよく書いてある。超はこえることである。常並みじゃない。

無上殊勝の願とは、一切衆生を仏にする、智者も愚者も、男子も女人も、すべてを仏にせずば私は仏にならぬ、という願である。だから大弘誓という。世の中のすべてが自覚者になった生活が出来るようにという願である。この世に一人でも自覚せぬものがある時は、阿弥陀様の成仏はないのである。いつも法蔵菩薩である。世の中が明るくなった時は、我々の上に阿弥陀仏が成仏せられたのである。

法蔵菩薩が世自在王仏に、私は無上殊勝の願を起しました、どうしてこれを成就していってよいか教えて下さい、と訊かれた時に、世自在王仏は、あなたは諸仏が建てられたことを聞きたいというけれども、それは自分に聞いた方がよい、と言われた。と、考えるけれどもわからぬ、どうか聞かして下さい、とおっしゃった。そこで法蔵菩薩のために、世自在王仏は、ここに一人の人があって、大海の水を汲み干そうとして汲みにかかれば、数千万年の後にはそれを汲み干して海の底にある宝を取ることが出来るであろう。だからあなたも倦まずたゆまず真心こめて精進して、失敗しても落第しても、倦まず道を求めて行ったならきっと成就することが出来る、と教えられた。私はこれほどはっきり、これほど強く中心の願いを述べた言葉を知りません。『古事記』

を読んでおると、ここに流れておる精神を『古事記』に聞くのである。何万年先の天之御中主神をわしの上に拝む。何万年昔の日本は、このわしの胸に開けてくるのである。こういうことが仏法の教えによって開けてくる。それは何か。自分の願いだ。仏に成りたい、お浄土にしたい、その願いから高御産霊神・神産霊神が出られたのである。その他沢山の神々が出られたのだ。このわしの身体の中には八百万の神々の血が流れておるが、わしのこの信心の中には八百万神が宿っておられる。自分の願いからみな現われてくるのだ。阿弥陀如来が法蔵菩薩であった時の願い、この願いからお釈迦様も現われ、七高僧も現われ、親鸞聖人も現われる。この願いがお浄土を建設するのである。

信心を頂くというのは、法蔵菩薩をいただくことである。だから、わしの信の生活は法蔵菩薩の修行だ。田を作る、商いをする、信心をいただくと一切の事が仏の御用になる、阿弥陀仏の正覚の仕事をさせて貰うのである。阿弥陀仏の心のうちに、法蔵菩薩のような若い心になって、勇ましい心で生きてゆくのである。実際生活上の喜びとなってゆくのである。

第八講

十八日の又さ（矢木又三家）のお講の時に「諸仏浄土の因　国土人天之善悪を覩見して」というあのくだりについて話をした折には、「国土人天」の国土は諸仏の浄土に関係した国土だというように考えておったのであるが、だんだんあとから考えてみると、この「国土人天之善悪」はお浄土に関係しない、この国土は、必ずしも仏の国土というのではない、と考えた方がよいように思う。国にも人にも、そこに善と悪とがある、ということをはっきり聖人が味わわれたのであると味わいました。あの国土人天を諸仏の浄土のこととして考えると、善悪ということが勝劣という軽い意味になるのだが、ただ国土として考えると、あの善悪は強い意味になります。

善悪の考えは、考える人の程度で違う。ざっぱに考えると善悪ということは皆わかっておるようであるが、細かに考えると、或る人の考えておる善悪と、他の人の考えておる善悪とは違う。嫁と姑の善悪、親爺と子供の善悪、若い人と年取った人の善悪、みな違うのである。今も家を出に掛ったら竹下君が綻びた衣を着ておる、それで総が「あんたはそれでよいかしらんがそんな姿で出られたら家の者は困る」と言うて叱っておった。わしは考えた。若い者は気楽なもので、衣が破れておってもゆがんでおってもかまわぬ。あんな年頃の者がコスメチックをつけて身なりばかりをかまうておってもまた困る。どっちがよいやらと考えた。竹下君は一向身なりをかまわん。綻びておっても悪いと思わぬ、おめかしも好きでない。総は綻びを縫わぬと悪いと思っておる。こうなると善悪とは妙なものである。我々の世界に、決まった善、決まった悪というものを分けておることは、なかなかつらいことである。自分のことだと厳格には出来んが、人のことだと善いとか悪いとか言う。が、自分の上に当てはめてくるとわからなくなってくる。普通に善悪というと多くは人を裁いておるときであるようだ。向うのものが自分に適応しておれば善、適応せねば悪としておる。自分で動かんで自分の物差で善悪を決める。そうするとやはり善悪の源は自分なのだ。自分の立てた善悪の標準に何でもそこへ当てはめようとすると苦しみが起る。足袋でも靴でも自分に合わんものを履くと痛い。そこに無理がある。大工さんの仕事でも枘にうまく合うておらんものはぎしつく。世の中のことも何かきっちり合うておらんものがあるとぎしつく。我々の心の悩みは、その一つの現象である。悩みがあれば、どこかに無理がないかと反省してゆかねばならぬ。反省することが出来れば向うがこっちに適応するせんということが標準にならぬようになってくる。

親鸞聖人が法蔵菩薩のお心をお味わいになりました時に、浄土の因は何か、とお考えになった。立派な学者を見る、或は徳者を見る、その時、その人の成功した結果を見るよりも、どうしたらそういう人になるか、と原因を見なければならぬ。或る国が衰えた。我々はその国を見た時、どうしたら衰えたのかと考えてみる。或る国が栄えておる。それを見た時、どうしたらその国は栄えたのかと考えてみる、ということが大切である。私は先年外国へ行った時、その国の中を見ると同時に、どうしてこんなになったのか、ということを考えてきた。仏の国は、平和の国、悩みのない国、明るい国だ。どうしたら仏の国はこんなに明るいのだろうか、楽しいのだろうか。法蔵菩薩はその因を世自在王仏によく訊かれたのである。ところが、その原因は心にあることを教えて貰った。あなたがあなたのお浄土を建てるならば、あなたの心をはっきり見よ。それから国土人天の善悪を見よと言われた。この国土は浄土のことでない。国というものがあり、そこには生きとし生けるものが住んでおる、従ってそこには善悪がある。その悪いところを見、善いところを見、善悪をすっかり見よ、地獄も極楽も皆見よと仰っしゃった。先ず初めに観察するのです。どこが悪いかどこが善いか、悪ければ悪い原因を、善ければ善い原因を検べる。観察、研究せよ、即ち観よと仰言ったのである。

五劫《こう》に之《これ》を思惟《しゆい》し摂受《しょうじゅ》す

味のある言葉である。法蔵菩薩が世自在王仏のみもとにまいられ、「嘆仏偈」に記されてあるように、仏のお徳を讃歎して、そして自らの願いを述べられるのであります。「願はくは我作仏して　聖法王に斉しく　生死を過度して　解脱せざる靡けん」最も簡単に自分の願いを述べられたのであります。またその願いを成就するために「仮令身を　諸の苦毒の中に止くとも　我が行は精進にして　忍びて終に悔いじ」と誓われたのであります。そして法蔵菩薩は世自在王仏からいろいろの教えを受けられた。それから「五劫」という長い間これを「思惟」されたのです。一劫というと、四十里四方の大盤石を、三年に一度ずつ天人が天降ってその羽衣でその上を撫る、そしてその盤石が全く磨り尽される程の長い間を言うのである。それが五つです。大した長い間です。その間考えられた。だから、ただちょっとの思いつきじゃないです。一切世界の全体を考え、その中から救い出されてゆくもとを考えられた。

五劫思惟の阿弥陀様の像に二つある。その一つは骨と皮に痩せたお姿で、一つは肥えたお姿である。これを見る人は、二つに分れておる痩せた方のを見て、五劫思惟に骨と皮とにやつれてと言う。肥えた方のを見て、仏の思惟は凡夫の思うような苦労じゃない、自分の満足である、だから苦労しながら肥えておられるのだと言う。私はやはり法蔵菩薩は苦労しながら肥えておられたのだと思う。その苦は迷いの苦とは違う。苦は皆御苦労である。が、積極的な苦は、苦をしてもそれは苦ではない。自分の好かんことをやっておると瘦せる。法蔵菩薩は「仮令身を　諸の苦毒の中に止くとも　我が行は精進にして　忍びて終に悔いじ」とおっしゃった、どんな苦毒の中へはいってもわしは悔いぬと。そこには非常に強い願いが起っておるのだ。一切衆生を助ける仏になろう、明るい世界をこしらえようというあなたの願いは、どんな難儀なことがあっても、それを忍んでゆく力がある。むしろそれが面白いのである。人間の心に一つの願いがはっきり起ったら、外のいろいろのものは忍んでゆけるのです。我々にはいろいろな悩みが起る、腹が立つ、淋しい。それは自分の心がはっきりせん時に起るのである。外の波が寄せて来ても自分の中心の願いがはっきりしておればそれを堪えてゆける。じゃから自分の中心の願いがはっきりしておらんとうろうろするのである。その願いは、世の中で位を得る、金を儲ける、或は事業をやる、こういうような人間世界の小さい願いを抱いておるならば、まあ成就せんでも悩みにゃならぬ。仏の願いはそんなものじゃない。仏の願いは、生死を過度して解脱せざるは靡けん、死なぬ命をもって、すべてを掩うてこの願いを成就してゆくのです。そこには、どんなものでも受けてゆくだけのものが出る。そこいうと五劫思惟の阿弥陀様は肥えておられる。愉快なのだ。楽しいのだ。面白いから肥えるのだ。難儀しながら肥えるのだ。外の者が見れば、あれは苦しいのじゃろうと思う、が苦しいのじゃない。

法蔵菩薩は、その中心の願いを調へてゆくために五劫の間かかられたのである。五劫の御思案がすんでから世自在王仏が「今ではあなたは自分の願いについて心が調うたでしょう。それを、皆の前で述べ現わしたらよかろう。今まではわしの前だけだったが、今では皆の前でおっしゃい」と勧められた。そこで、皆の前で御自分の願いをお述べになったのが彼の四十八願でありす。この四十八願が出来上がるまでには五劫という長い間思惟されたのであります。

「摂受」とは納め受けるということである。ここに反対語として、排斥する、折伏する、降伏する、こういう言葉が考えられる。悪魔を退治する、或は、悪に克つという言葉が考えられる。が、ここでは善悪を共に摂め受けるのである。

法蔵菩薩が本願をお建てになったお心を親鸞聖人がお味わいになって、摂受という二字をここにお使いになった。これによって聖人のお心のいかに広々としてあられたかを知ることが出来るのであります。善人・悪人・智者・愚者、すべての人を受込む、皆摂め取るというおこころがこの摂受であります。御和讃に、

十方微塵世界の
念仏の衆生をみそなはし
摂取してすてざれば
阿弥陀となづけたてまつる

とあるように、阿弥陀様は摂め取って捨てんのであります。五劫の間これを思惟して摂受する…

…、お骨折りなされたのは善人も悪人も男子も女人も世界のあらゆる人を受入れることに骨折られたのである。撥ね除けることに骨折られたのではない。

人間の努力して作り上げた文化発展のあとを考えると、撥ね除けるということと受込むということと二つの形態があるようだ。撥ね除けるという事を考えると汚い物は掃除をしてなくする、これは撥ね除けるのである。汚物を排除する、下水工事を興す、皆撥ね除ける方面だ。しかし、だんだん人間世界には排除するものがなくなって来た。昔は抛っておった空中の電気を今は利用される。昔は下水は放っておったが、今はそれを浄化して肥を作る。最もきらわれた煤煙からこの頃は貴重な化学品を作り出された。人間の文化発展の一面は、排除するものをだんだん人間の間に合うように受込んでゆく。如何にこれを受込んでゆくかということを考えておるのである。食い物も、食えぬものから薬を取る。うまくないものでもうまく食えるようにしてゆく。例えば河豚の卵巣を食えば直ちに死ぬ、それでみんなこれは捨てる、だが北国では三年糠漬にしてこれを食する。毒が薬になって神経痛の薬である。そこいうと、人間と人間とは寄っておると彼奴はいかんあの人は悪いと言うておるが、他人がいかんのではなくて、いかんというそこに自分が反省して、その人を受込んでゆくようにしてゆかねばならんのである。若い者と年寄とが喧嘩し、金持と貧乏人とが喧嘩をする。が、その時、自分に向うて来る者をどうして自分のうちに抱きかかえてゆくか、これが我々の修行だ。この頃の人は、道を開いてゆくのではなくて、撥ね除けてゆこうとする。仏の道はこれを入れてゆこうとする。労働者と資本家、地主と小作人、勿論この問題は昔もあった。だが、昔はそういう問題が出ても、地主はどうして小作をまとめてゆこうかと考え、小作はまたどうして地主の心を受入れてゆこうかと考えた。ところがこの頃は、お互に、どうして相手を負かそうかと思うのである。大分心持が違う。自分だけが立つ事を考え、向うのことを考えぬ。ところが、仏のおこころは摂受ということから出てくるばかりである。一人も捨てぬ。摂取である。

よく世の中に、あんな者は排斥せよと言う。他を排斥しなければならんような人は、毎日不安な暮しをしておる人である。喧嘩しておるものは勝っても負けても不安である。本当の安心はない。人が泊めてくれという、泊めんと気がわるい。慈善事業に寄附せよと言う、ひどく断ると気が悪い。自分以外のものを排斥するということは恐ろしいことである。物を持った者は土蔵を建て、垣を造る。他に食えん者がおっても構わぬ。こうなると他の者は垣を破って取ってやろうという考えになります。天下中の物は皆我が御用に立つものだ、という気にはなかなかなれぬらしい。嫌いなものは来るな、怠け者は来るなと。だからどこへ行っても狭い。世の中を半ばしか持たぬ。この頃はやる党派も人をガミ伏せようとするものである。仏の大きな心には、ガミ合うものがない。仏は五劫の間思惟して摂受された。暇を出すのでなくて、受込むのだ。自分の心に融かし込むのだ。皆広い心に摂め、受入れるのだ。善も悪も摂める。そこに広大な本願が味わわれる。静かに柔らかにしっくりと、逃げる者までも袖を捉えて下さる。それが摂受である。阿弥陀様の世界には抵抗がない。抑えつけることがないから抵抗がないのです。国も人も摂受のこころがあれば、明るく広くやわらかであります。「五劫思惟之摂受」心にしみて味わわしていただく言葉であります。

第九講

「五劫に之を思惟し摂受す」

このお言葉について、もう一度味おうてみたいと思います。「五劫に之を思惟し摂受す」の「之」をいうのに先に二句がある。「無上殊勝の願を建立し　希有の大弘誓を超発せり」この、願とあり弘誓とあるのは阿弥陀仏の本願である。その本願をさして「之を」とある。無量寿を体解するために四十八願を建立された、まだその前に五劫の御思惟があった。四十八の願には、五劫の御思案が裏付けられてあるのであります。ただひょっと思いついた願ではない。深い心の底を見つめ見つめられたのだ。年は五劫の長い間、見つめ見つめた結果これが言葉に現われ出たのが四十八願である。願を思惟するということは味のある言葉である。

私はよく、自分の願いを聞いてその願いを成就する日暮しをすることじゃと人に話をする。何でも思うことをやれといえば、その日その日のでたらめの思いつきをやってみる。そして人を傷つけ、自分も傷つく。そして「暁烏さんの言う通りにしたらこういうことになった」と言う。こういう人は仏の五劫の思惟を考えてみるがよい。自分の本当の願いは何か。自分は何を真実に願うておるかを考えてみるがよい。人間はともすると心の底で願うておることの反対のうわべの事を願うことがある。例えば自分は死にたくない、長生きがしたいと思いながら、何か気にいらんことがあると死んでしまいたいと言う。病気が長引くと、一層死ねばよいと言う。本当に死ねばよいのかというと、死にたくないのだ。人は仲良くなりたいという願いを持ちながら喧嘩をし、別れたくない心を持ちながら別れる。自分の中心の願いをそのままつかみ出せんのである。人が擲るというと擲りたければ擲れと言う、擲られたくないのだ。極楽へ行こうと思うて地獄行のことをしておる。自分に起ってくる願い、それはよく考えなければならぬ。法蔵菩薩は五劫の間考えられたのである。

私はこの二月九州へ行く約束をしてあったのであるが、春から勉強しておるので、今行くとこの勉強が中切れになる。どっちを取るべきかと昨日までその事を考えておった。昨日漸く、旅へ出ずに勉強することに決めた。それでもうはっきりした。わからん事はよく考える、わかったらこれを実行する。決めるまでは暇がいる。決めたらさっさとやる。そうすると心がさっぱりする。

願いは右左から起こってくるのだが、確かなものが出来たらその願いのために命がけにやる。法蔵菩薩は四十八願を建てられる前に五劫の思惟があったということを味わわなければならぬ。そうして後に「摂受す」という言葉のあるのは味のある言葉である。摂はおさめる、受は受ける。摂受は、摂め取ることだと先日話してあと、思えば思う程この摂受の味は深い気持であると思うた。思いかえして、思いかえして、すべてのものを自分の中に抱きしめる心である。

善導大師が「一一の誓願は衆生のための故なり」とおっしゃった。四十八願一願一願は私のためだとこうおっしゃるのだ。親鸞聖人は「弥陀の五劫思惟の願をよくよく案ずれば、ひとへに親鸞一人がためなりけり」とおっしゃった。支那の善導大師にどうしてこんなお心が起ったのか、日本の親鸞聖人のお心にどうしてこんな思いが湧いたのか、ということを考えてみるときに、わしはこの摂受というお心がよく味わわれる。この頃の予算編成には、考えては削減し、考えては削減して締めておる。が、阿弥陀様の本願は、考えては殖やし、考えては殖やす。選択本願であれば、選はえらぶ、択もえらぶ、善いことを取って悪いことを捨てるのである。ところが、選択摂取である。摂め受ける。それは智者も愚者も、悪人も善人もすべてを受け取るのである。二、三日前に本居宣長の書かれた『古事記伝』を読んでいたら、その中に日本の昔の時代のことを書いてあるところにこういう言葉があった。「この世の中には厄いのもとになることがある。だから広い眼をもって常に世の中を見ねばならん」と書いてあった。非常に大きな心である。善も悪も、智も愚も共に摂め取るという言葉である。いいことばかり相手にするというのじゃない。悪いものを相手にする。わしらは時々人に物をやろうとするとき、いいものだけ残してあとをやろうとする。そうすると、これもよい、あれもいいとなってやるものがなくなることがある。いわゆる摂受であるが、それは欲なのである。法蔵菩薩は五劫の間思惟して摂受せられた。撥ね除けんのである。御法事をする時誰を呼ぼう、この前呼ばなかったから今度も呼ばずにおこう、不景気だから呼ばずにおこう、混雑だから減らそうと欲の者は減らすことばかり考える。阿弥陀様の本願は減らすのじゃない。殖やすのである。智慧のあるもの、善根のあるものばかりを摂め取るのじゃない。智慧のないものも、悪人も皆お慈悲の胸に救われるのである。

たんと子供を持った人に、

「こんなに子供がたんとあればよいね」

「そうです。他からだれでもよいから一人くれと言うてくるのですが、さてどの子をやろうと考えてもやる子がありません」と。

たんとおってもやる子がない。八人九人おってどうもならんというておって、そう思うて考えると、この子も可愛い、あの子も可愛い、やる子がない。どんなにうるそうても育てにゃならん。ものういというてもやれぬ。撥ね除けるものはない。そこに摂受の心がある。阿弥陀様の心は十方衆生と一体になる心である。捨てる神あれば助ける神ありというが、阿弥陀様の本願に撥ね出されるものは一人もないのである。本願の一つ一つは衆生のためじゃと善導様の喜ばれたのはこれである。四十八願はわし一人のためじゃと親鸞聖人の喜ばれる本が出たのはここである。一切衆生一人も捨てておけぬ、五劫に之を思惟して摂受する。……有難いお心だ。考えて考え抜いて一切衆生一人も洩らさんぞという本願だ。それが十方衆生を摂受するというお言葉になって出てくるのである。あれを暇出そうというものがない。人員淘汰が出来んのだ。ないのだ。だから阿弥陀様の願いは、一切衆生誰も残すところなく皆仏になれる。若し一人でも仏になれん者がある間はわしは一人で便々と安心な日暮しをしておられぬ。それが「五劫思惟之摂受」である。

この頃の世界は何でも喧嘩ばかりである。親子・兄弟・夫婦・朋友、皆喧嘩しておる。明治天

皇は、

爾臣民父母ニ孝ニ兄弟ニ友ニ夫婦相和シ朋友相信シ

とおっしゃってあるけれども、今日の人は皆その反対である。随分争いが激しい。そしてどこへ行っても撥ね出すことばかりである。呉の海軍鎮守府では今年は海軍縮少で一万八千人減らすそうだ。「人を減らさんでもあんた方の年末に貰うのを職工にやったらよいではないか」と言うたら「そういう工合にもいかん」と言うておった。今日では予算を先にして人を減らす。人を減らして自分がよい目にあおうとする。今の人間の根性はこんなけちなものになっておる。阿弥陀様はこれと反対だ。考えては殖やし、考えては殖やす。広い心です。本願は一切衆生を一人も手放しが出来んのです。考えては取込み、考えては取込みされる心が摂受である。だから、阿弥陀様の本願に洩れる人は一人もおらぬ。どんな罪悪深重の者でも、愚痴の者でも仏の願いは摂受あそばす。うんそうか、うんそうか、さあ来い、さあ来いと、招き寄せられる。その広い、果てのない、底の知られんようなお心で、この本願をお建てになったということを「五劫に之を思惟し摂受す」とおっしゃってある。法蔵菩薩が摂受せられたのである。味のある言葉である。有難いお心である。親鸞聖人が、阿弥陀様の五劫の御思案、と本願をお味わいになった時に、摂受というお心をそこに見出だされたものと思います。阿弥陀様の五劫の御思案はただ事でなかった、すべてのものを受け取って下さるのだ、ということをお味わい下さったのであります。この摂受というお心の受けられた時、どんなものでも阿弥陀様は迎えるぞ、待ち設けておるぞと仰っしゃっておられることがわかるのであります。我々は自暴自棄で、自分をないがしろにすることから遁れて、仏の呼び声のもとに、仏の誓願力をいただいて勇ましく仏の心から通い出て下さる自分の胸の大願に奮い立って、毎日の日暮しの上に五劫の思惟を味わわさせて貰うのであります。

第十講

重《かさ》ねて誓《ちか》ひたまふらく
名声《みょうしょう》十方《じっぽう》に聞《きこ》えしめんと

今日は「重誓名声聞十方」とある一句を味わおうと思います。

法蔵菩薩が四十八の願をお建てになって、その願を皆の前でお述べになった。その後に、重ねて三つの願いをおこされた。それが偈文になっておる。その偈文を「三誓偈」という。「三誓偈」の中に、

我仏道を成ずるに至りて　名声十方に超えん
究竟して聞ゆるところ靡くば　誓ひて正覚を成ぜじ

とあります。わしが仏になったらば、わしの名が十方に響き渡るようになり、どこかに聞こえぬ処があるようだったらわしは仏にならぬ。こういうお誓いである。「重ねて」とあるのは四十八願を建てその上に又念を入れて三つの誓いをなされたので「重ねて」とあるのであります。

四十八願の中、第十七願は諸仏称名の願であります。

設ひ我仏を得んに、十方世界の無量諸仏、悉く咨嗟《ししゃ》して我が名を称せずば、正覚を取らじ。

わしが仏になったらば、十方の世界の諸々の仏さま達が、すべてわしの名を褒め称えてくれるようになりたい。若しそうでなかったらば正覚を取らない。こういう意味の願である。親鸞聖人は『教行信証』の「行の巻」で、この十七願を御引用になって、南無阿弥陀仏という名号は、十七番目の願の現われた相である、十七願は名号を成就する願である、南無阿弥陀仏というお名前の成就した願である、と、こうお味わいになった。

第十七願は、わしの名前が十方世界の諸々の仏さまに称えられたいという願いである。「三誓偈」では、わしの名前が十方に聞こえ渡りたいという願いをせられる。それから『大無量寿経』の下巻には、その願いその誓いが成就した相をお釈迦様がお説きになった。そのお言葉に、

十方恒沙の諸仏如来、皆共に無量寿仏の威神功徳不可思議なるを讃歎したまふ。

とおっしゃってある。これがまさしく第十七願の誓いが報い現われた相である。

そこで、十方に名前が聞こえたいというこの重ねての願いは、どういうところから出たのであろうか。

善導大師は、「名をもってものを摂す」とおっしゃった。「名をもってものを摂す」とは、自分の名前、名号で、一切衆生を助け給うということである。阿弥陀仏は、自分の名によって我々を助けて下さるのである。何を我々に与えて下さるのか、ということを善導大師は味おうて、「阿弥陀如来が衆生を助け給うただ一つの御方便は、南無阿弥陀仏の御名号を成就せられたことであ

る。南無阿弥陀仏の六字の御名号によって衆生を助けて下さるのである。仏様の限りない命、限りない光、やるせない大慈悲の心、明るい智慧のお心、それがわれわれの救いになり、力になって現われ出て下さる。その相はどこにあるかというに、自分の口に現われ出て下さるこの南無阿弥陀仏の御名号がそうだ」と味おうて下さったのである。足る足らん、勝った負けた、儲かった損した、そういうような差別の境界にあって、そういう言葉を口にかけておる者が、その口の中から、南無阿弥陀仏という広大な言葉が溢れ出て下さる、これがもうお助けにあずかっておる証拠だ。こんなにもおっしゃるのである。これまで仏とも、法とも、南無とも知らんで日暮しをしておった人が、この世のいろいろのことに突きあたり、自分の智慧才覚で切り開きがつかんような苦に出逢う。ここにどうかなりたいという心が起り、善知識に遇い、阿弥陀様の因位のお心から果上のお徳をだんだん聴聞して、自分の胸の中に未だ嘗てなかった影を見るようになる。それは丁度、一国の王様であった法蔵菩薩が、世自在王仏のお話を承られて、わしも仏になりたいと願いを発して、修行にとりかかられた、その時のお心のようなものが湧いてきたのである。仏を望み、仏になることを願う心が出てくる、それだけがお助けの毎日だ。人間には、いい着物が着たい、いい家におりたい、学者になりたい、権勢が得たい、金持になりたい、というような願いがあるのである。そういう願いばかりのあった者が、心の中に仏になりたい、という願いが湧いてきたのだ。金に参ったり、強い者に参っておった者が、仏にお詣りする、仏の名を称えるという気になる時は、はや違った身になっておるのだ。これは生まれた時から寺におって、何にも知らん時から南無阿弥陀仏を習うて称えておる者には何にも気のつかんことだ。が、しかし、仏法のことを何にも知らん者が、南無阿弥陀仏を称えるようになるという時は、既にお助けにあずかっておるのである。そこに、名をもってものを助けるという味わいがあるのであります。

第十七願は、わしが仏になったら諸仏から我が名を褒められたい、称えられたいという願であります。我が名を呼んでほしい。この心はどんな人間でも持っておる。人の話を聞いておって、我が名が出ると耳がそばだつ。手紙などで自分の名を書き違えてあると不愉快である。よく聞くことだが「あなたはよく私の名を覚えていて下さった」と言う人がある。これを聞くと、名を呼ぶことは嬉しいことだということがわかる。又、名を忘れると済まんなと思う。自分の名前が出るということは誰でもうれしいものだ。新聞に書かれたぞ、というと、皆恐れもするし、喜びもする。自分の名を呼んで貰うということの喜びは、小さな子供でも持っておる。妙なものです。この心はどこから起るのか、私はこの名前を求めるという心に、仏種《ほとけだね》があると思う。我が名を人に称えられたいということ、その願いは、自分が向うの者に宿りたいという願心だ。よく俗の歌に「飛んでゆきたいあの娘《こ》の屋根に」というが、屋根くらいでない。その人の胸の中に飛び込んでゆきたい心が、名を呼んで貰いたいという心だ。ではどんな人が名を呼ぶのか。わしの名を呼ぶ人は、わしを知っておる人だ。わしの名を呼んで来るについては、呼んで来るその人の心の中に、わしがいたい、抱いてほしいという気持がある。だから名を称えられたいという心は、人と自分と融け合うてゆきたいという心である。蓮如上人は、「悪口を言うてくれ、前で言えなければ蔭でなりと言うてくれ、それを風の便りででも聞いて直したい」とおっしゃった。親鸞聖人は「信謗ともに縁となる」とおっしゃった。信じてくれても有難いが、謗ってくれても有難いことだ、とおっしゃるのである。東京の或る相場をする人が、新聞記者が来ると非常に罵倒する。相場師などは新聞記者を歓迎して愛相をふりまくものだが、その人は反対に怒らせる。新聞記者は腹を立てて何でも書き立てる。褒められたことは何事も書かんものだ。腹が立つと二段三段と書く。悪口を二、三段書かれると皆に名前を覚えられる。そういう時に大臣などに面会を求めると、ああ、あの男だなというので逢うてくれる。悪口を言うのは、その人が相当の人だからだ。ちょっと偉い者の悪口は言うが、何でもない人なら悪口も言わぬ。人の悪口を言うのはその人が大事な人だからだ。だから、人が自分の悪口を言うてくれるようになったのは、余程大事になったのだと思えばよい。無関係の者の事は誰も何とも言わぬ。そんなのを黙殺という。大事にかけるから、悪いとか善いとかいうことが出てくるのである。そういう時はすぐにその人の名前が口に出る。これは、その人を心の中に持っておるからである。外の人より悪口を言われるようになるのはむしろ喜ばなければならぬ、親しみがあってこそ言うのだ。名前が出るということは人と通じておる、心が通うておることである。自分の名前を呼んで貰いたいというのは、わしの心の中に皆と融け合うてゆきたい、皆の心に住み込みたい、抱かれたいという心があるのだ。ここに愛を求める心、信を求める心がある。決して悪いことでない。

法蔵菩薩にはこうした願いがあった。十方の諸々の仏からわが名を呼ばれたいという願いを建てられた時は、十方の仏の心の中に住み込みたい、抱かれたいと願われたのである。

第十七願には諸仏に名を呼んで貰いたい、とおっしゃったのだが、重ねて誓われた時は、十方衆生に名前が聞こえるようになりたい、皆の耳にわしの名前がはいるようになりたい、仏に呼ばれるばかりでなく、十方衆生の耳に聞かれたい、口に呼ばれたい、と願われたのである。そうするとわしの口に南無阿弥陀仏と現われて下さった時に、既に十方の衆生の心に住み込みたいと誓われた仏の願いが成就しておるのである。こんなに味おうてみると、お互は口に南無阿弥陀仏と称えてから助けて下さるのじゃない。お互の口に仏の御名を称えるようになったのは、既に仏がわしの胸に住み込んで下さった証拠である。だから先徳は、「南無阿弥陀仏と聞かば、あは早や我が往生は成就しにけり」とおっしゃった。だから一声一声に決定往生の思いがある。南無阿弥陀仏を廻向して下さる、与えて下さる、もってくる。それは、わしの名前が十方の衆生に聞こえるようになりたいという願いの御廻向によるのである。

このお心をだんだん味おうてくると、わしが南無阿弥陀仏を称えるのは、わしが称えるのではなくて、わしが仏様を慕うてゆくのではなくて、仏がわしを慕うて我の心の中に住み込んで下さったのだ。そのお心がわしの口から南無阿弥陀仏と現われて下さるのである。だから仏が名乗り現われて下さる心だ。だから南無阿弥陀仏と称えるより外に何にもない。

南無阿弥陀仏といふよりほかは津の国の難波のこともあしかりぬべし

と法然上人がおっしゃった。南無阿弥陀仏の外は何にもない。心から南無阿弥陀仏と手が合わされる外に別にくだくだしたものがない。ここにお浄土がある。ここにお助けがある。わしの口から南無阿弥陀仏と出る念仏は、仏の出さにゃおかんというお誓いが、わしの口から現われ出て下さったのだ。親の心が現われ出て下さったのである。これを我々は称えておる。機法一体の味わいである。「重ねて誓ひたまふらく　名声十方に聞えしめんと」とおっしゃった。この仏のお誓いが成就して下さって、わしの口から南無阿弥陀仏と出る時に、わしの願いが成就するのだ。わしが南無阿弥陀仏と称える時に、仏様はわしを胸に抱いておられるのだ。仏様が住み込んでいて下さるのだ。同時に、南無阿弥陀仏とわしが呼んだ時に既に仏の心の中にわしが動いておるのだ。南無阿弥陀仏とわしが仏を呼んだ時に、仏の方からの南無暁烏という声が聞こえるのだ。これは南無阿弥陀仏と呼んで助かるようにいうのではない。南無阿弥陀仏と称えた時、暁烏と呼んで下さるのだ。返事はいらないそのままである。それを南無阿弥陀仏で助けて下さるというのだ。

ところが、阿弥陀様は六字より外に何にもいらないと、単なる理屈に考えると腹はふくれん。この、名前が称えられたいという、そのお心に自分が融け合うてはじめて腹がふくれる。皆に呼んで貰いたい、皆に称えられたいということは、利己心がなくなった相である。自分一人で、個々別々に勝手気儘をやるのではなくて、皆と一緒にという広い心だ。それが一人二人でない、十人や五人でない。阿弥陀様は十方の世界のうち、一人でもわしの名前を呼んでくれない者がある間は胸が晴れんとおっしゃるのである。これは我々の平生の日暮しの上で考えてみることです。三人五人の家内のうちに、一人でもあちら向いて名を呼び合わない者があれば家の中は暗く冷たい。皆からお互に呼んで貰いたいのです。この名を称えられたいという心の中には、わし一人ではゆけんから抱いて貰いたい、可愛がってほしいという心がある。その心そのままが日暮しに出てきたのでやさしい日暮しが出来るのだ。それがないと、構うて貰わんでもよいという心が出る。自分の本当の素直なやるせない心がそのまま現われてくればよいのを、それがなんか反対にゆくのですね。こういうことを言うたら笑われるだろうか、変に思われようかと思う。いいのになりたいのだ。軽蔑されようかというような心を捨てて、聞いて貰わずにおられん心をそのままさらけ出せばよい。それを人間はだらで、憍慢であるから、融けたい心を持ちながら融けなくて、冷たい世界に淋しく籠城して、世の中を冷たいと歎く。だからそれは「自業自得の道理にて　七宝の獄にぞいりにける」で、自分で冷たい世界にはいっておるのである。しかし、そんな人の心の中にもやはりわが名を称えられたいという心がある。十方の衆生に我が名を称えられたいという阿弥陀如来の大慈大悲はそこにあるのだ。その心が私に徹って下さる時に、我々に大慈大悲が現われて下さるのである。このお味わいを聖人が『正信偈』の「五劫に之を思惟し摂受す」の次に、「重ねて誓ひたまふらく　名声十方に聞えしめんと」というこの一句にお味わい下さったのであります。

第十一講

昨日は「名声十方に聞えしめんと」というところを話しました。今しばらく重ねて味わいます。

私の名が十方の衆生の口から洩れ出るようになりたいということは、十方衆生と打融け、親しみ合うてゆきたいということである。それは自分が助かる道であるばかりでなく、十方の衆生も共に助かる道である。自分の名前が一切の衆生の口に洩れ出るようにあらしめたい、この願いを成就して、十方の衆生の口から自分の名前が現われるようにならなければわしは仏にならぬ。子供が何でお母ちゃんお母ちゃんと母の名を呼ぶのだろうか。子供が名を呼ぶ前に、子供をして名を呼ばしめるように母親の愛がある。乳を飲ます、世話をする。その世話の奥にある慈悲、それによって毎日育くまれておる。だから子供の口から母の名が洩れ出るようになるのであります。だから子供の口から呼び出される呼び声は、呼び出さしめる人の徳である。故なくして人の名は呼ばぬ。呼ぶような何かが湧いてくるので、呼ぶようになるのであります。そこいうと、人が褒める、或は悪口を言うという時は、何かその人の心に迫ってくるものがなければ出て来ぬものです。法蔵菩薩は一切衆生に我が名を呼ばれたいという誓いを発された。が、そこには諸仏の口から我が名が洩れ出にゃならんようにして呼ばしめて下さるのである。十方の衆生に我が名が称えられにゃならんように光明を放って明るくして下さるのである。明るくするとは温めることだ。御馳走を食わさずにうまいと言えと言うても言えぬ。風呂へ入れずに温かいと言えと言うても言えぬ。可愛がらずにおばあちゃんと言えと言うても子供は言わぬ。愛があり、徳が及ぶときに、己を忘れてその人の名が出てくるのです。自分の口からその人の名が洩れ出るのは、因に縁がふれる事によってである。出て来るのは、こっちから呼び出すようだが、向うの徳がこっちへ及んでおるのです。世界中に今日まで限りなく人ある中に、何かというと、私の口から、お釈迦様・ソクラテス・聖徳太子、或はキリスト・親鸞・孔子・日蓮というような人の名が出てくる。出てくる時には私の胸にその人によって響いておるものがあるからだ。わしが、日蓮さんをいう時は、日蓮上人のお書きになったもの、或は言われたことが響いておるからである。親鸞聖人や蓮如上人をいう時には、聖人のお名がわしの口から出る前にわしの胸にお徳が至っておるからである。先徳は、「名号を聞かばあは早我は成就しにけり」とおっしゃった。私の口から南無阿弥陀仏と出るのは仏の徳が至らせられておるからである。返事を聞くことはいらぬ。わしが南無阿弥陀仏と言えば、仏の心がわしの胸に響いて出て下さるのだ。徳が先にあるのだ。その徳の及ぶ相が光明だ。

親鸞聖人のお言葉に、

徳号の慈父無《ましまさ》ずば能生の因闕けなん、光明の悲母無《ましまさ》ずば所生の縁乖《そむ》きなん。能所の因縁和合す可《べ》しと雖も、信心の業識に非ずば、光明土に到ること無し。

とあります。このお言葉をいただくと、名号が因で、光明が縁だ。因は種、縁は種を育てるものである。種米は因で、肥料は縁だ。名号は父親で、光明は母親だ。父は種で蒔く、母はそれを育てる。その父と母との育てによって、生まれ出てきたのは信心である。光明は外から温める、卵を温めて育てるように。仏様は光によって我々の心を照らして、我々の疑いの闇を晴らして下さるのである。

我々の口から南無阿弥陀仏という仏の名が出る。どうして出るようになったのか。仏の智慧がだんだん我々の心に迫ってきて、我々の心にぬくもりを与えて下さって出たのだ。我々が人と人との間でも、心からその人の名が呼ばれるということは、非常に仕合せなことである。人によっては直ぐに自分の子供のことを言うたり、孫のことを言うたり、猫のことを言うたり、犬のことを言うたりする人がある。自分の中心が猫に満たされているものは猫のことを言い、仏に満たされている人は仏の名を言う。じっとその人の言うておることを聞いておると、その人の心が、どこへ動いておるかということがわかる。私は何かいうと直ぐ親鸞聖人のことが口に出る。子供の時からしみこんでおるからだ。誰よりも聖人のお徳をいただいておる証拠である。あなた達は毎日話をする時誰のことが口に出ますか。親のことを思う人は何かのついでにお母さんお父さんということが出る。出すなと言うても出る。書物を読んでも、話を聞いても、その人の書くことの上に、話をする上に、或る人の名前が出ることによって、誰から影響を受けてきておるかがわかります。

阿弥陀様は、皆から我が名を称えられたという願いの底から智慧の光明で皆の胸を照らされるのであります。その光のお徳が次々に記してあります。

普《あまね》く無量無辺光《むりょうむへんこう》
無碍《むげ》無対光炎王《むたいこうえんのう》
清浄歓喜智慧光《しょうじょうかんぎちえこう》
不断難思無称光《ふだんなんしむしょうこう》

超日月光《ちようにちがつこう》を放《はな》ちて塵刹《じんせつ》を照《てら》す

四十八願のうち第十二の願は、光明無量の願である。

設ひ我仏を得んに、光明能く限量有りて、下百千億那由他諸仏の国を照さざるに至らば、正覚を取らじ。

すべてを照らされなかったら正覚を取らぬというのです。この光明のことを『大無量寿経』の中には、十二通りの名前で述べてある。阿弥陀仏の光明のお徳をいろいろの方面から眺めて、十二の名前をつけてあるのである。この『正信偈』にもその十二の光の名をつらねてあるのです。『正信偈』には、

普く無量無辺光　無礙無対光炎王　清浄歓喜智慧光　不断難思無称光　超日月光を放ちて

と書いてある。『大無量寿経』には、

是の故に無量寿仏をば、無量光仏・無辺光仏・無礙光仏・無対光仏・炎王光仏・清浄光仏・歓喜光仏・智慧光仏・不断光仏・難思光仏・無称光仏・超日月光仏と号す。

とある。これが阿弥陀様のお徳の名である。光明はかりなき阿弥陀様を、そのお徳から名前をとって、何々光仏と申し上げるのである。この十二光のことを、聖人は晩年におつくりになった『浄土和讃』に細かに讃歎してあります。

十二の光明の一々についてお味わい致します。

「無量光」というのは、無は無い、量は量るで、量り知られん、量ることが出来ぬ光というこ

とです。『浄土和讃』の第二首目に、

智慧の光明はかりなし
有量の諸相ことゞく
光暁かふらぬものはなし
真実明に帰命せよ

とあります。これが無量光の相である。有量の諸相――量ることの出来る有限なる諸々の相は、すべてこの量ることの出来ない智慧の光明に照らされて、光暁をこうむらぬものはない。皆曙の光で照らされるのである。光暁は暁の光です。量り知られん大きな光明によって、小さな私共の心が照らし破られるのであります。長い間の心の闇が照らされて、ほのぼのと明るくなる。だから「真実明に帰命せよ」である。阿弥陀様のことを真実明という。本当に明るいことが無量光の相である。

「無辺光」とは辺《ほとり》のない光のことです。

解脱の光輪きはもなし
光触かふるものはみな
有無をはなるとのべたまふ
平等覚に帰命せよ

「きはもなし」とは、ここまでという辺《ほとり》のないことです。阿弥陀様の智慧は際限がない。凡夫の智慧の秤に乗りきらんほど大きい。それが無辺光である。阿弥陀様の光は到らぬところがないのである。これを無辺光と名づけてある。

「無礙光」とは、障りのない光である。如来様のことを尽十方無礙光如来という。太陽の光は木や家があれば蔭になったりして障りがある。が、仏様の智慧の光は障りがない。その姿は、

無明長夜の燈炬なり
智眼くらしとかなしむな
生死大海の船筏なり
罪障おもしとなげかざれ
願力無窮にましませば
罪業深重もおもからず
仏智無辺にましませば
散乱放逸もすてられず

と御和讃にあります。辺《ほとり》のないお徳を讃歎されたのであります。同時にまた障りのないことを申されたのであります。この無礙光の讃歎の御和讃として、先の「解脱の光輪きはもなし」の御和讃の次に、

光雲無㝵如虚空

一切の有㝵にさはりなし
光沢かふらぬものぞなき
難思議を帰命せよ

とあります。

「無対光」は、並ぶもののない光、向うもののない光であります。
「光炎王」は、炎は燄《ほのお》、ものを熔かす力がある。燄の阿弥陀様である。
「清浄光」は、清らかにきれいな、濁りのない光である。

清浄光明ならびなし
遇斯光のゆへなれば
一切の業繋ものぞこりぬ
畢竟依を帰命せよ

「歓喜光」、これは喜びのお徳であります。『和讃』に、

慈光はるかにかふらしめ
ひかりのいたるところには
法喜をうとぞのべたまふ
大安慰を帰命せよ

と讃歎してあります。

「智慧光」、これは明らかな智慧のお徳であります。仏の光はそれ自身智慧であるが、そこへまた智慧を添えたのである。『和讃』には次のように讃嘆してあります。

無明の闇を破するゆへ
智慧光仏となづけたり
一切諸仏三乗衆
ともに嘆誉したまへり

「不断光」とは、断えることなくいつも照らしづめの光である。

光明てらしてたへざれば
不断光仏となづけたり
聞光力のゆへなれば
心不断にて往生す

「難思光」は、思い難い、不思議な光、南無不可思議光であります。

仏光測量なきゆへに
難思光仏となづけたり
諸仏は往生嘆じつつ
弥陀の功徳を称ぜしむ

「無称光」、これだけと口に言えぬ、ほめつくせぬお徳のことをいうたのであります。

神光の離相をとかざれば
無称光仏となづけたり
因光成仏のひかりをば
諸仏の嘆ずるところなり

「超日月光」は、日月の光に超えた光であります。これは法蔵菩薩が世自在王仏のみもとにおいでになった時、世自在王仏を讃歎なされて、

光顔巍々として　威神極りなく
かくの如きの燄明　与《とも》に等しき者無し
日・月・摩尼　珠光の燄耀も
皆悉く隠蔽して　猶し聚墨の若《ごと》し

とおっしゃった、あの御讃歎のお心である。お日様がお出になっても、お月様がお出になっても私の心は暗い。ところがあなたのお側におって、あなたのお顔を見ておるとこの暗い私の心が明るくなる。だからあなたの心の光、あなたのお徳は、太陽よりもお月様よりももっと明るい、とおっしゃったのであります。これは超日月光です。『和讃』には、

光明月日に勝過して
超日月光となづけたり
釈迦嘆じてなをつきず

無等等を帰命せよ

とあります。

これで十二の光を放たれる十二の光の謂れがわかりました。「塵刹を照す」とは、無量・無辺光、無碍・無対・光炎王、清浄・歓喜・智慧光、不断・難思・無称光、超日月光、こうした限りない光を放って普く塵の国土を照らす、塵のように穢れの多い心を照らし給うというのであります。

一切《さい》の群生光照《ぐんじょうこうしょう》を蒙《こうむ》る

すべての群生、あらゆる衆生は皆このお照らしを蒙るのであります。御和讃のお言葉の中に「光暁かふらぬものはなし」とか「光触かふるものはみな」或は「光沢かふらぬものぞなき」といってあるのは、みんな光を受けるということであります。現に今晩私が皆さんと仏のお徳を讃歎しておる。これが如来の光明が至らせられておるすがたなのであります。この座敷に如来の光が輝いておるのです。皆を照らしておいでになるのであります。この仏のお照らしは自然と私を明るいところへ出して、冷たい胸を融かして、ほんのりと打融けて、仏の御名を呼ばずにはおれんように育てて下さるのであります。これはこの智慧のお育てがあるからであります。この智慧の光そのままがお慈悲であります。阿弥陀様のお慈悲は盲目的なお慈悲でない。暗い胸を明るく照らすお慈悲であります。わからんことをいうておるものをわかるようにして下さる。間違っておるものを間違わぬようにして下さる。ただ、人が可愛いから物を与えてやるという、そんなお慈悲ではない。本当のお慈悲はもっと奥に、食わさずにおれん、飲まさずにはおれん、その命を愛する情であります。だから、その形が本当の命を妨げるような悪いことをやっておるなら、叱りもしよう、怒りもしようが、その智慧によってだんだん心を明るく育てて貰うて、何かにつけてこの日暮しを豊かにして貰うのである。苦を忘れて仏の名が口に溢れてくるのであります。だから名号がわしに与えられるということは、光明のお照らしによって与えられるのであります。聖人は光明名号の因縁が和合して、わしの胸に信心がいただかれるとおっしゃるのである。それで、ここに光明のことをお味わいになり、次に名号のことをお味わいになってあるのであります。光明も名号も畢竟法蔵菩薩の切ない心で、一切衆生の疑いの胸を抱き寄せて下さるお心であります。それが智慧と現われ名号と現われて、共に自ら手を取り、皆と共に広々とした心で楽しく暮してゆくという、生まれてゆくという、あなたの願いとお慈悲とを、聖人によってここに味わわして貰うたのであります。

第十二講

今日は母の亡くなられて満七年たった八年目の御命日であります。去年の今日は皆さんのお世話で御法事を営みました。本年は年忌にはかかっておらんが、祥月が廻ってくると御法事がしたい気になります。それで、いつも集まって来られる皆さんと一緒に今日半日母を思うて暮さして貰いたいと思うておるのであります。寒い日にも拘らず、皆さんが賑やかに参詣して下さったことをうれしく思います。皆さんへの御馳走として、物の上に何にも用意しなかったが、お話をさせて貰うて、それを御馳走にしようと思います。正月から寺で、又は村のお講でお話をする時に、『正信偈』のお話をしてきたのであります。今日は「本願の名号は正定の業なり」とおっしゃったお言葉のお心を味わわして貰おうと思います。

本願《ほんがん》の名号《みょうごう》は正定《しょうじょう》の業《ごう》なり

本願といえば根本の願であります。阿弥陀仏の本願であります。四十八の願いが皆本願であります。四十八の願いが皆本願だが、支那の善導大師は、四十八願とあるけれども、自分の正しくお受けするところでは、一願だ。それは第十八の願だ。阿弥陀仏の四十八願が自分の胸にいただかれるところは、この第十八願一願だけだ、とお味わいになりました。

この第十八願が自分の胸に貰われるときに、後の四十八願は共に貰える。それで、この第十八願を王本願という。あとの四十七願は、十八願に入らしむるところの願だ。こういう味わいを学問的には「該摂門」という。該は該括の該、摂は摂めるという字である。第十八願一願の中にすっかり摂めてあるのである。

善導大師の教えによって御信心を得られた法然上人は、大師の思召しを承け継がれて、第十八願のことを常に本願といい、くわしくは選択本願といわれたのである。法然上人の御教えによって信心にはいられた親鸞聖人は、またそれを御相承なさって、常に本願とおっしゃったのは十八願のことであります。『教行信証』は法然上人の御心をお承けになった上に、四十八願の中から五つの願を選び出して、そこに自分の信心の宗を語られたものであります。

その一つは「行の巻」にお引きになった第十七願、第二は「信の巻」にお引きになった第十八願、その三は「証の巻」にお引きになった第十一願、この三つと、その四、五は、「真仏土の巻」にお引きになった第十二・十三の願であります。この五つの願の上に御自分のお浄土に参る道を味おうておいでになるのであります。

『教行信証』は、『大無量寿経』の要めを説いてあります。その『教行信証』の始めに、

謹んで浄土真宗を按ずるに、二種の廻向有り。一つには往相、二つには還相なり。往相の廻向に就いて、真実の教・行・信・証有り。

とあります。私共の心の中心に二つの廻向がある。一つは往相で、穢土から浄土へ行くこと、二つは還相で、浄土から穢土に還ることであります。その往相の相を『教行信証』では、第十七願・第十八願・第十一願・第十二願・第十三願のこの五願の上にお味わいになったのであります。それから還相の廻向をお味わいになった時に、第二十二願をお味わいになった。始めから高い処へは登られぬ、第十八願の信心を生み出すには、やはり下の段から登って来なければならぬ、その登って来るためには、十九・二十のこの二願が助けの要めであるというので、十八願へ来るまでの道行きとして「化身土の巻」には、十九・二十の願がお引きになってあります。聖人の『教行信証』には八願が引いて味われ、法然上人の『選択集』には第十八願を中心として、浄土真宗をお味わいになってあります。

聖人の『教行信証』のお味わいを「分相門」といいます。この分相門の方で味わうと、「行の

巻」は第十七願の成就であり、「信の巻」は第十八願の成就であり、「証の巻」は第十一願の成就で現在のお証りであり、「真仏土の巻」は第十二・第十三願の成就、「化身土の巻」は第十九・二十の願の成就であり、そして浄土に往ったが、また娑婆へ還ってくるのが第二十二の願の成就である、とこんなになっておる。ところが、該摂門では第十八願の中に皆同じに味おうてある。「至心信楽、欲生我国、乃至十念、若不生者、不取正覚、唯除五逆、誹謗正法」この中に皆摂めてあるのである。

第十七願の中で、わしは仏になったらば一切の仏様からわしの名を称えられるようにとお願いになった。南無阿弥陀仏のお六字の成就する願を立てられた。十方の仏に称えられたいというて願われたそのお念仏が、第十八願の中に、至心信楽して十方の衆生の称える念仏として現われておる。分相門は仏の口に現われるお念仏、該摂門は衆生の口に現われるお念仏である。そうなると、第十八願は口の信心ばかりでなく、行・信・証の三つの摂まった願であります。『教行信証』の「信の巻」には「往相信心の願」として

至心信楽、欲生我国、乃至十念、若不生者、不取正覚、唯除五逆、誹謗正法。

と第十八願を御引用になると同時に、

諸有衆生、聞其名号、信心歓喜、乃至一念、至心廻向、願生彼国、即得往生、住不退転、唯除五逆、誹謗正法。

と「本願成就の文」をお引きになって、この信心を乃至一念というお念仏を申すこころとされて

おる。十八願は、衆生の口から我が名が称えられるようにという願である。どうしてその乃至十念の称名が出るかというと、衆生の内に我が国に生まれんと思う心があるからである。十七願は仏の口から我が名が称えられるようにという願であり、十八願は衆生の口から我が名が称えられるようにという願である。共に名号成就を願うた願である。それで第十八願を「往相信心の願」とも、「至心信楽の願」ともいうて、信心が中心で、念仏は信心の当益になる。むつかしい話だが、行が表となり、信が裏となって味わう時は十八願で、信が表となり行が裏となる時は十八願の成就した相である。親鸞聖人はこれを同時に味おうておられるのである。

信を離れた行でない、行を離れた信でない。娑婆のことを望み、娑婆のことばかりを口に出しておる我々の口から、南無阿弥陀仏と出るのはただごとでない。その前に仏の念力が我々の心に到りとどいて下さったからだ。至心信楽の心がとどいて下さったのだ。仏とも法とも知らなかったものが、心の底から仏の徳に化せられて、南無阿弥陀仏と称えられるようになったのは、それは信に即した行である。ところがそれ程心の底から温められんでも、お謂れを聞いて南無阿弥陀仏と言う。ただそれだけでは南無阿弥陀仏の中に信がない。「真実信心には必ず名号を具す、念仏には必ずしも信心を具せざるなり」と聖人はおっしゃってある。南無阿弥陀仏を称える者に信心のない者があるぞ、と言われるのです。『お文』に「たゞ声に出して南無阿弥陀仏とばかり称ふるは……大きにおぼつかなきことなり」とも言われてある。そこで信をもととしてお勧めにならにゃならぬわけがあるのである。信がなければ頭を下げぬ、お礼を言わぬ。しかし、お礼を言うたり、頭を下げておってても信のないものがある。口と心とが違うたお念仏ではならぬ。腹底のお念仏でなければならんということで、聖人は信ということを大切にお勧めになった。

法然上人は第十八願の、

至心に信楽して我が国に生れんと欲し、乃至十念せん。若し生れずば正覚を取らじ。唯五逆と正法を誹謗せんとをば除かん。

のこの信心を、南無阿弥陀仏の一つに摂められて、この一行に励まれた。法然上人の教えを受ける人に、腹底から法然上人の教えの呑み込めない人がたんとある。「往生の業は念仏をもつて本と為す」こうおっしゃるのがわからんのである。ただ、法然上人は万遍念仏を称えられたからわしは千遍念仏を称えようというてそうした形だけを真似るのである。「往生の業は念仏をもつて本と為す」とおっしゃるのは、上人が黒谷の草庵で、自分の道を求めて、一切経を五遍も読まれた。その五遍目に読まれた時、「散善義」の中に「一心に専ら弥陀の名号を念じて念々に捨てざれば是を正定の業と名く」という御文をいただかれた、そして殊にこの文が身にしみたとおっしゃったところによる。このお言葉でみると、一心に弥陀の名を称え、専念して捨てざれば正定の業だ、時を嫌わず場処を嫌わぬ念仏が相続出来ればそれは正定の義だ、正しく定まる業だ、とおっしゃるのである。業には、悪業と善業とある。仏様は、我々の今日の吉凶禍福は、皆自分の業から来るとおっしゃる。自業自得。吉凶禍福は外から来るものでない、皆自分の所作から来る。業とは所作だ。身口意の三業というて、いらぬことを言うて人に悪まれ、いらぬことをして人に猜まれる。又、尊いことを言うて人に喜ばれる。又人の妨げになるようなことをしていやがられる。汚い思いを起して人から愛想を尽かされる。いいことをして人から喜ばれる。我々の毎日の身口意の三業は、自分の運命を掘っておる鶴嘴と思えばよい。人は自分の墓の穴を掘っておるものもあろうし、自分の乗るべき楼閣を建てておるものもあろう。ともかくこの三業によって自分を開拓しておるのだ。死んでから地獄・極楽へ行くというが、自分の三業でその道を造っておるのだ。だからその人はどこへ行くということを知りたいなら、その人の身口意の三業を見ればわかることだ。毎日利己主義の小さな肉体の安逸を貪って、他の者を排斥する、他の者を悩ます。然もそれを何とも思わんで身口意の三業を作っておる。ところがそれによって果報を生ずるのである。蟹は自分に合うた穴を掘る、それと同じだ。この三業は、神様も仏様も動かすことの出来ぬものだ。自業自得だ。それじゃ仏様に助けて貰うというのはどういうことか。仏に助けて貰うとは、我々のこの生活の中に仏になる業を貰うのだ。業を貰うとはどういうことか。今までの身口意の三業は皆三悪道へゆく種だ。貪欲・瞋恚・愚痴の三毒にほだされておる生活を営み、三悪道の道行きをしておる。言うこと、すること、考えること、畢竟自分のつまることばかりである。何で人間は罪が深いかといえば、行かにゃならん処へ行かずに、思わぬ処へ行く。そういうことをしておるので仏様が憐んで、道が違う、向きが違う、と言うてだんだん聞かせて下さる。その仏の智慧の光で、自分の胸の間違い、自分の三業の間違ったことを知らして貰うのである。それを知らして貰うた時、始めて罪業深重のいたずら者とお互が悟る。自分が地獄行のことをやっておって、人にかわいがられたいと思うたり、世の中に実証出来ぬことをやっておって、そして、あれが悪い、これが悪い、世間が悪いと思う。我が身のやっておることには一向無頓着で、あたりまえのことをやっておると思い込み、人がもて囃さんと言うて怒る。そうして自分を省みることを知らないのだ。それで仏様は自分を見よ、世間より自分はどうだ、と衷《うち》の誠を見ることを知らして下さる。そうしてだんだん考えると、今まで思うておることは顚倒じゃ、逆様事を思うておったのじゃ、と心がひっくり返る。それから起って来る三業は新しい。思うこと、すること、考えること、皆以前とは違うたことばかりである。それが仏の智慧に照らされたところの業だ。この身体は違わぬけれど内容が違うてくる。身口意の三業が皆違うてくるのだ。その新しい業の中心となるのが念仏だ。仏の名を呼ぶ、そこに我々の生活の中心が出来るのだ。どこへ向うて行くのか。仏に向うのだ。

我々には顚倒の妄見がある。丁度蜂や虻が障子の紙に突き当って外に出ようとする、それと同じことだ。先度も夕方雀が家の中に飛びこんだ。硝子戸を開けてやっても出られぬ。そして怪我をした。雀に硝子戸の向うに世界が見えるように、我々も極楽が向うに見えるように思うて、それを手取りにしようと思うて却って自分を害う。その妄見がひっくり返れば自分の行く道が明らかになる。向うところが出来る。慕うところが出来てくる。始めて宗が出来る。宗《むね》とするところが出来る。それは南無阿弥陀仏だ。南無阿弥陀仏が口から出た時は、我々の中心が、限りない命、限りない光の仏に向うのである。その仏に向う時、我々の願いははっきりして、限りない寿命、限りない光明を具えた仏になりたいと思う。学者だとか金持だとか、そういう者を超えて仏になりたい、五十年七十年の命どころでない無量の命を得たい、一切衆生に融け込んでゆく明るい光になりたい、という願いが出るのである。空間的にいえば一切人の中に遍在した、時間的にいえば三世に貫通して、ただ、向うのものをとってこっちへいれ、皆と打融けて三世に光ってゆくその願いが出て来るのだ。その願いが出て来ると同時に、その仏様に向う生活の中心が定まるのである。だから、そうなると、食べること、着ること、住むこと、皆、無量の命を得る、阿弥陀と同体となることの助けだ。我々の肉体の日暮しの中心が、狭い差別に動いておる時は喧嘩の道具となり、中心が仏に向う時はすべての生活は広く豊かになる、それで資生産業皆極楽への道中になる。そうなると毎日の日暮しが極楽への道中だ。蓮如上人は、昔の業は考えんでもよい、罪が消えても消えんでもどうでもよい、罪の沙汰はせんでもよい、罪消えて救い給うとも、罪消さずして救い給うともそういうことはどうでもよいとおっしゃった。ただ、新しく出る、ひっくり返る、それでよいのだ。東京へ行くのに反対の京都行の汽車に乗ると、「それは違うぞ、反対だぞ」と言われて、「あっ、そうだ」とくるっと引きかえす。それでよい。それをいや松任を出て、それからどうなってと考える。そんなことはどうでもよい。ひっくり返ってしまえばそれでよいじゃないか。地獄行の道がひっくり返って極楽行の道に変るのだ。それで生活の中心は、どこへ行くか。南無阿弥陀仏を称えることだ。生活の中心が南無阿弥陀仏となるのだ。普通人の生活は、若い頃なら偉い者になろうと思う。大人になったら財をなし、家を建ててと思う。そして子供の為に、この子が大学を出たら、この子が嫁に行ったら、と、そういう小さな考えのもとに日暮しをしておる。そして善いとか悪いかと言い、人の事を妨げたり、やたらにほめたり、そういう狭いことをやっておる。ところが仏の心が聞かれると、自分の中心が、家や親や人の為というそんなことでなくなる。仏になるのだ。仏になれば我が親や、我が子の事ばかりでない、一切の衆生と手を引いてゆくのだ。だから具体的に形に現われて来る時は、我が子我が親でも間違っておれば間違うておるのだ。真実の道には無理はない。だから自分のことで間違うておればそれは皆改まってゆく。仏を見てゆくのだ。阿弥陀仏の仰せに順うてゆくのだ。他の人の顔色は見んで、自分の内を見、仏の顔を見てゆく。それが念仏の心だ。

南無阿弥陀仏を称える、これがお浄土へ行く業だ、ということは、南無阿弥陀仏が中心になって、身口意の三業が変って行くのである。人を殺そう、打倒そうということがなくなって、明るい仏の世界を望んでゆく。それが願作仏だ。それが出来るようになれば仏に向うておるのだ。それが自分に現われて来るときは身口意に現われるのだ。仏の心が我々に乗り移って下さると、思うこと、すること、考えること、皆仏の現われだ。だから信心のない者は、風呂へ入るのも、飯を食うのも、着るのもみな凡夫の業だ。信心のある者のすることは、みな仏の現われだ。中心は南無阿弥陀仏を称えることである。ただ、南無阿弥陀仏を称えよと言うから称える、というのじゃなしに、至心信楽だ。その心から称えるのである。極楽へ行く業は南無阿弥陀仏を称えることだ。外のことでない。心が仏に向うて来れば、口で南無阿弥陀仏と言わんでもよい。が、言うなというても出て来る。口に出ようが出まいが、そんなことでない。
仏が慕われるのである。仏に向うてゆく、これが正定の業である。正《まさ》しく助かる業である。
「本願の名号は正定の業なり」である。十八願に「及至十念」とある。これは極楽参りの業だ。
そこで『正信偈』の前のお言葉に、「重ねて誓ふらく　名声十方に聞えしめん」とある。わしの
名が十方の衆生に聞こえんことを誓う。そして次に、「普く無量無辺光……」とある。わしの名
が十方の衆生に称えられたいと名号の成就を誓われ、そして十方の衆生をお照らしになるお光明
になる。それは如来様の十二の光明のお徳である。「本願の名号は正定の業なり」と仏に向う心
になって、南無阿弥陀仏が自分の口に出て来るのは、ただ出て来るのじゃない。我が名を聞こえ
させたいという仏の願が、南無阿弥陀仏と我々に現われて下さったのだ。だから、こっちが称え
て仏様に向うのかと思うたら、仏の生まれさせにゃおかんという念力が現われて下さったのだ。
それで仏を「無量無辺光　無碍無対光炎王　清浄歓喜智慧光　不断難思無称光　超日月光」と十
二の徳をもって讃歎してあるのである。智慧の光明のお育てにおうてここまで出たのだ。だから、
わしが真に南無阿弥陀仏と仰ぐようになったのは、仏様の願の、わしに名を聞かせたいという念
願が徹ったのだ。その念願はただ徹ったのじゃない。仏の智慧のお育て、お照らしをもって念仏
がわしのものになったのだ。それでわしの称えるお念仏は、本願の名号だ。わしの口から溢れ出
るこの念仏は阿弥陀様の念願がわしに現われて下さった、その外にないのだ。「本願の名号は正
定の業なり」ここに出れて往生は出来るのだ。念仏が称えられるところに決定往生が出来ると善

導大師はおっしゃったのである。

第十三講

至心信楽《ししんしんぎょう》の願《がん》を因《いん》と為《な》す

この前にあるお言葉が「本願の名号は正定の業なり」の一句で、先日お話したところです。本願の名号とは南無阿弥陀仏のこと。南無阿弥陀仏が正定の業だというのである。この業という言葉には、業作・業因の二通りのこころがある。業作というのは、身・口・意の三業を通じてする仕業のこと、業因というのは、その仕業の種になるものをいう。正しく往生の定まる行為に、業因と業作の二つの意味がある。南無阿弥陀仏の六字が我々のお助けの原因であるということからいえば業因という名がつく。その南無阿弥陀仏が我らの毎日の日暮しの上に現われ出て下さる、口に現われ出て下さる、という点からいえば業作の名がつく。しかし、こう分けてみても、南無阿弥陀仏の称えられぬ光明というものはないはずだし、また光明というものがあれば称名念仏ということがなければならぬはずだ。ちょっと分けると、南無阿弥陀仏の六字が業因で、それが衆生の口に出るのが業作だ、となる。が、仔細にみると、業因・業作は一体の南無阿弥陀仏のことである。この六字が衆生の胸に味わわれる時は信心といい、衆生の口に現われる時は念仏という。それが衆生の全体の上に現われる時に、大般涅槃を証るというのである。

我らの助かる種は南無阿弥陀仏だ。それじゃ、南無阿弥陀仏という仏の名があればそれで衆生が助かるのか、というとそうではない。南無阿弥陀仏という六字がお経に書いてあっても、阿弥陀仏の本願が成就してあっても、仏の御名がたくさんの人の口に上ぼっておっても、その人が自分のものとして南無阿弥陀仏を貰っていなければ助からぬ。

先度道村へ行ったら、「仏さんは我が胸の中にあると言う人もあるし、仏さんはお浄土におられると言う人もありますが、どっちが本当ですか」と言うた人があった。お浄土の仏様はお浄土へ行かにゃ逢えぬ。仏様に現にお目にかかるというときには、仏を自分の中にいただくのだ。信心というのは、仏が自分の胸に宿らせたまうた相だ。だから、信心のない人の胸には仏は無い。自分の胸の中に仏の貰われた人、それが信心の貰われた人である。だから信心のある人が、仏様を胸に貰ったと言うて喜ぶのは本当だ。仏が胸に無いというのはまだ信心が無いのだ。だから、どちらが本当だと言って争うことはいらぬのです。有る者には有るし、無い者には無い。金入れの中に銭が有れば有り、無ければ無い。銀行に有っても金入れが空ならやっぱり無いのだ。我が胸を見ても有るものは煩悩ばかりだ、というのは金入れが空だということだ。その胸の煩悩が煩悩と見えて来ると、そこに自分の日暮しを変えて行く願いがおこる。これが本願力をいただくということなのだ。仏の願力が私に宿って下さるのだ。そんなだらなことがあるか。無いものは無い。有るものは有る。何にも無ければ三毒の煩悩がある。三毒の煩悩があれば三毒の煩悩のところへ行く。仏の願いがあるときは仏の願いのところへ行く。だから争うことはいらぬ。いくら南無阿弥陀仏を称えておっても、それが自分の胸に貰われてなければ信心がないのだ。それが自分の胸の本尊でなければ信心が無いのだ。だから蓮如上人は「本尊は胸にかけよ」とおっしゃったのだ。

そこで親鸞聖人は「本願の名号は正定の業なり」とおっしゃったその次に「至心信楽の願を因と為す」とおっしゃった。ただ飾っておいても駄目なのだ。南無阿弥陀仏の六字は仏になる種には違いないが、ただ称えておってもだめなのだ。もみ種を天井裏に吊っておいても米にはならぬ。苗代に下ろさにゃ米にはならぬ。信心がなければ助からぬ。六字の名号が我がものにならなければ助からぬ。六字が我がものとはっきりならなければ安心がならぬ。それがもやもやとするから我がものにならぬ。そこを蓮如上人はいつも大切に教えられて「聖人一流の御勧化のおもむきは信心をもて本とせられ候」と仰せられた。また「一念の事をいひて聞かせてかへせかし、東西を走り廻りてもいひたき事也」とおっしゃった。その信心を願われたのが第十八願だ。第十八願に、

設ひ我仏を得たらんに、十方の衆生、至心に信楽して我が国に生れんと欲し、乃至十念せん。若し生れずば正覚を取らじ、唯五逆と正法を誹謗せんとをば除かん。

と。この「至心信楽欲生我国」これを三信という。この第十八願は如来様の真実信心の願である。それで「至心信楽の願」ともいうのである。

第十八願には何を誓われたか。善導様・法然様は、第十八願は「念仏往生の願」と仰せられた。親鸞聖人は、十八願を「念仏往生の願」ともおっしゃったが、又新しい願名を設けられて「往相信心の願」と言われた。それはどういうおこころなのか。十八願には、阿弥陀仏が、わしが仏になっても、十方の衆生が我が国に生まれなかったなら正覚を取らぬ、ということが誓われてある。

細かにいえば、男・女・智者・愚者・年寄・子供、誰でもその十方の衆生が至心信楽して我が国に生まれんと欲《おも》う。至心信楽とは、至心は誠、信楽も誠です。脇目ふらず我が国に生まれたいと思うならば、きっと生まれられる。だからこの願を適切にいったらば、我に心を向けて来い、一筋にわしに向うて来い、わしの胸に抱きついて来い、至心信楽わしに寄り添うて来い、外の者のしていることを見て心配したり、歎いたりしておるでない、わしに融けて来い、というのだ。至心信楽して一筋にわしに向うて来い、わしに向うて、わしの国に生まれたいと思うものは、きっと生まれさす。さあ皆来い、と手を拡げて立ち上がられる姿である。信心はそれだ。その仏の仰せに順うて仏にすがって行く心が、至心信楽だ。蓮如上人はこの心を「阿弥陀仏ばかりをたのみまゐらせて、後生たすけたまへとおもふこゝろひとつにて、やすくほとけになるべきなり」とおっしゃった。「わしにすがれ」という仏の胸を眺めず、大きな仏の心にすがらんで、とんでもないところへ目をつけて、そしてそれが当てにならぬ、それが苦しい、と泣いたり歎いたりしている。開いた胸にすがらんと、とんだ所を叩いておる。それを迷いという。開いたところへ行かずに、開かんところへ行って、苦しい、狭いと言うておる。自業自得とはそれだ。だから法蔵菩薩はいつもやるせない心を持っておられる。どうしてこのことがわからんのだろうか、と。阿弥陀様のお心はいつも迷うておる衆生に対せられて、やるせない悩みを感ぜられ、なぜわからんのだ、どこを向いておるのか、こっちを向いて来んか、と呼びかけておられる。その仏のこっちへ向いて来いと言われる心がはっと胸にこたえた人は、そうだった、と向きが変るのだ。暗いところへ向いて暗いと言うておったのだと気づいて、明るいところに向うのだ。至心信楽して我が国に来い、とおっしゃる、それがわかると何にも案じはいらんのだ。心配ないのだ。一切の人から焼かれようが、責められようが、私を引受けて下さる本がある、仏がある。だから、にっこりとすべての迫害に堪えてゆくことが出来る。その心は独立独歩の心だ。それは仏にすがっておる心だ。仏が現われて下さったから大丈夫という心があるのだ。至心信楽とはそれだ。至心の「至」とは至る、至誠の心、まことの心である。『観経』には至誠心とある。「信」とは誠、「楽」とは楽《ねが》う、願いという字である。だから誠がもう一つ力を現わす、そして仏が姿を現わす。どっちへ行っても助かる因《たね》の無い者はここへ来い、という声が聞こえて、そこへすがる心、それを誓われたのが第十八願である。

親鸞聖人は、この第十八願が一番大切な願だと仰っしゃった。本当に仏が見えてはじめて念仏が出て来るのだ。善導大師も法然上人も、その南無阿弥陀仏と出て来る相が念仏だと味わわれた。蓮如上人は「仏心の蓮華は胸にこそ開くべけれ、腹にあるべきや」と言われた。そうだ、開けてみれば、だらじゃな、と思うことが出来る。火を持って熱い、氷に触れて冷たい、暗い処へ向って暗い、痛みに触って痛いという。ここへ来れば助かるという道へ行かずに泣いておるのだ。それが善知識の力によって、はっと開けたら闇も氷もない。まるきり仏の願いが移って来る。それが至心信楽だ。その至心信楽、それが我々の涅槃の証りを開く本である。その信心が開けるまで人生の悩みはどこへ行っても無くならぬ。田舎へ行っても、都へ行っても、金持になってみても、仏の家に居っても、自分の胸が暗ければ心が明るくならぬ。『華厳経』の中に「疑えば華開かず、信心清浄なれば華開いて仏を見たてまつる」とあるのはそこだ。蓮如上人は「これを知らざるをもつて他門とし、これを知れるをもつて真宗のしるしとす」と仰っしゃった。これで見ると大抵は他門である。これが本当に開かれてはじめて当流の門徒である。そのわしの信心はどこから発って来るかというと、信ぜさせにゃおかんという仏の願いが本だ。信心が仏種じゃったが、それはどこから来た種か。それは第十八願である。親鸞聖人は『教行信証』の「信の巻」の始めに、信をお味わいになる上に第十八願をお引きになって、ずっと第十八願のお心を述べられた。わしのいただいた信心はわしが賢うてこしらえた信心でない、智慧学問でもない、これは仏の第十八願の御心がわしの胸に現われ出て下さったことより外にはないのだと仰っしゃった。御自分の胸の中に一心に弥陀を頼む心を見られて、これはわしを念じて下さる仏の現われだ、と味わわれた。だから、私はこれだけ仏を思うておるから仏はどう思うて下さるやらと、そういう二の足がない。わしが仏を信ずるのは、仏が念じて下さる心が現われて下さったのだ、と、仏の心にどっしり尻が落着いておる。だから喜びがある。光がある。自分が喜ぶについても仏様の願いの広大なことが喜ばれる。他力廻向とはそれだ。「我が賢くて信ずるに非ず」全く仏の御廻向にあずかったのだ。それを他力信心というのです。

かというと、信ずるも念ずるも阿弥陀様の願力で私の力でないなら仏を拝まんでもよい、寝ておってもよい、どうせんでもこれが他力だという。そんなこころには他力は無い。それは無力だ、無信だ。無信心と信心とは同じように見える。徳利に水が一杯なのとカラなのとはどっちも振っても音がせぬ。半分くらい入っておると鳴る。同じ「このままでよい」というのにも、満ちた信と無信とがある。真実に満ちた時がこのままだ。このままが仏だ。そこいうと煩悩持った凡夫が仏だ。凡夫がそのまま仏というのはどういうのか。凡夫に仏の心がいただかれたらそのまま仏だ。仏が乗り移って下さるからだ。神がかりということがあるが、仏がかりだ。普通と違うて来るのだ。心がひっくり返ると、変って来る下から有難いという思いが湧いて、昔はこんな者でなかった、こんな日暮しが出来なんだ、こんな喜びがなかった、この尊い光明は全くいただいたのだ、これは教えて貰うた仏のお心だと喜べる。こういうところから、

如来大悲の恩徳は
身を粉にしても報ずべし
師主知識の恩徳も
ほねをくだきても謝すべし

というお礼の心が出て来るのである。だからカラの者には喜びはない。勇み心もない。本当に信心が頂けた者はなごやかだ。大福長者だ。この信心が本当じゃろうか嘘じゃろうか、そんなことを案ずることがない。仏がこの胸に現われて下さる外に何にもない。喜び、楽しみ、勇み、皆仏の方から現われて下さる。ただわしは仏のお手廻しの中で、はいはいとお受けしてゆくそのままである。その味わいを曇鸞大師は、忠義な家来が主君の心のままに動くように、孝行な子供が親

の心のままに動くように「出没必ず故あり」とお味わいになった。それを、親鸞聖人が承け伝えて下さったのであります。

「至心信楽の願を因と為す」の今晩のお味わいはこれだけにしておきます。

第十四講

「至心信楽の願を因と為す」

この一句を今晩重ねていただこうと思います。一昨日の晩伊藤家でもこの一句について話をしました。「至心信楽の願」というのは第十八願のことで、親鸞聖人はこれに、「念仏往生の願」「往相信心の願」「本願三信の願」といろいろの名前をおつけになっておられる。「至心信楽の願」という名前のように、古来「至心信楽の願を因と為す」と読んで、第十八願が因《たね》だという工合にいうて来ました。ところが一昨晩話をして家へ帰ってからわしの頭に、今までわしらが学校の講釈で習うた時に教えて貰わなかった新しい教えが授かった。それは、「至心信楽の願」とあるこの「願」というのは、欲生我国の心です。だから第十八願をつぶさにいえば、「至心」と「信楽」と「願」である。これで三信である。普通はそれだけの味わいで、この第十八願の至心・信楽・欲生我国の三つが信心の相であるという。ところがこの三信を至心という心の中に封じて味わうときもあるし、信楽の中に封じて味わうこともある、また欲生我国の中に封じて味わうこともある。至心の中に封じて味わうと、至心というのは如来の誠心《まごころ》、その誠をわしらの胸に至り届かして下される、それが我々の機に貰われるのが至心である。この至心が貰えると仏に親しんで、また仏の国を願う喜びが出て来る。それから仏の国に生まれたいという願いも出て来る。こういう工合にだんだん味わいが出て来ます。また信楽ということの内におさめて味わうと、真受けというような誠の心も、浄土にまいりたいという欲生の心もその中におさまる。また欲生我国という心に封じて味わうと、至心信楽して、というのは我が国に生まれんと欲《おも》う、その欲生の心の味わいの形容です。仇やおろそかに我が国に生まれんと思うのでない、真心こめて我が国に生まれんと思う、それを至心信楽といわれたのです。だから三信とあるけれど、つづめてみれば「行者帰命の一心」で二心《ふたごころ》なく弥陀を頼む一心の中にこの三信がおさまる。

この三信は如来のお心の相としての三信、衆生の心に貰うた相としての三信、との二通りの味わいがある。如来の心としてみると、至心・信楽・願、みな仏の心だ。それはどういうことか。仏が真心から脇目ふらず衆生を可愛いと思し召して、どうかして我が国に生まれささにゃおかんと念願して下さる。その心が第十八願の心だ。その時は我が国に生まれささにゃおかんと念願して下さる。その心が第十八願の心だ。その時は我が国に生まれんと欲すとは言われぬ。我が国に生まれしめんと思し召す、阿弥陀様はそういう心を持っておられる。何にもなしに脇目ふらずに十方衆生が我が国に生まれてくれればよいと思うておられる。それがお言葉として現われるときは、「我が国に生まれんと欲へ」となって出る。それを聖人は「如来諸有の群生を招喚したまふの勅命なり」とおっしゃる。そうなるとわしの国に生まれんと思えよというお味わいになります。

近来わしはこういう仏の心を、自分の小さな胸に当てごうて、こんなものじゃろうかと思うことのあるのを、勿体ないような気のすることがある。しかし、それによって稍々見当のつくような気もする。

この辺じゃ不景気だというても米が安いということぐらいの小言しか聞かぬ。が、都会へ出るといろんなことを考えておる者がある。中には、現代の社会組織の上にいろいろの欠陥のあることを考えて、根本的に大改革をして新しい世界を作らにゃならぬという理想をいだいておる者もある。それは生易しいことではない。今の社会は持った者と持たん者との懸隔が甚だしい。それで、「何というても人間が中心だ、しかし持った者はなかなか離さぬ、だから喧嘩するより外に仕方がない」と言うておる。極端な者は、喧嘩して血の雨を降らしても取らにゃならぬと言う。そうした説の中には尤もなこともあるし、尤もでないこともある。どこへ行っても、とかく雇った者と雇われた者、地主と小作、資本家と労働者という風に、あっちこっちに対立があり、喧嘩がある。随分世の中は不安だ。或る心配性の人は、思想国難というて心配をしておる。貧民窟などの状態を見ても、いろいろの思想運動の状態を見ても、わしの胸はどうか世の中がよくなってほしいという心で一層切なくなってくる。負うた子も可愛い、泣く子も可愛い、金持も貧乏人も可愛い、持っておって睨んでおる者、持たんで睨んでおる者、すべてが可愛い。どうか皆が安らかな心になって、皆がくつろいで明るい日暮しが送りたい、というようなことを切に思う。そういうことを思うにつけても、世の中の組織の改革も大事なことだが、しかし組織がどう改まっても、その中におる人の根性が曲っておっては、やはりそれで睨まにゃならぬ。同じ一軒の家に生まれて、同じ物を食べておって、一人は温かいと感じ、一人は冷たいと感ずる。それはその人の心の眼が開いておるかおらんかによるのだ。どこへ行っても、盲目や無自覚な者の救われる道はない。アメリカの農奴開放の運動からだんだん声が高まってロシアの専制政治が覆えされ、今日のロシアは六千万の労働者が一億何千の農民を支配している。労働者でなければものが言えぬ。そしてぐんぐんやっておる。それで果して人民は幸福だろうか。相変らず不幸な者は百姓である。専制の時代に無自覚で搾り取られた者は、今の労働者の世になっても不幸である。日本もそれと同様に、徳川の時代と、今の時代と多少その組織が違うだけだ。形の上からいえば今の百姓は仕合せであるといわねばならぬ。が、しかし、今の時代でも心の暗い者は悩んでおる。社会は変っても心の開けぬ人がたくさんある。形の上では小米の団子を常食にする百姓がおらぬようになり、機を織っておった者が町で反物を買い、いり粉を嘗めて常食としておった者が飯を食うようになった。併し、それと同時に人間の智慧も進んだといわれるだろうか。そういうことは、封建制度が立憲制度になったことで変って来ただけのことだ。また今のこの世で豊かでない者は皆悩んでおるか、そうとは言えぬ。やはり物を持たんでも自覚のある人は明るい日暮しをしておるし、心の暗い者は金や物を持っておっても悩んでおる。そうすると、人間が助かる助からんは、持物の多少に関係せぬ。仕合せは自分が持って歩くのだ。自分が運命を開くのだ。

そういうことを思うと、わしは自分の一身上については何にも心配はないが、人間というもの

について いろいろ考えずにはおれぬようになる。その中、わしも歳がいって死ぬだろう。五十になって印度・ヨーロッパもアメリカも廻ってきた。いろんなこともした。たくさんのものを見たり聞いたりもした。近来はあまり皆にかわいがって貰うものだから自分のことに何にも不足はない。充分だ。ただそうなると自分の一身上のことについてではなく、自分の親しい人の心の上、或は日本の国の人達の上、或は日本の国の行先、自分の今住んでおる世界の人達の上、こういうことが始終考えられる。この頃殆ど昼夜兼行で研究をやっておるのも、わしが学問してどうしようというのではない。日本の国の人の中心が、どういう工合に動いていっておるか、どういう処からこう芽を吹いてきておるのか、ということを調べてそれを自分のものとして、それから、我が同胞兄弟の助かる道を考えて行きたいと、こういう心がある。今までは、人が、利他の為にやる、我がことはどうでもよい、というて人の心配をするのを見て、あれは嘘だと思うた。が、この頃は、親切めかしにやるのでなく、人の為ということが、それが楽しみというようになった。そうなると、何を念ずるか、各自の自覚を念ずるのである。こごえる者に着物をやる、飢えた者にパンをやる、こういうこともいいことだ。しかしそれは限りのあることで一人に出来ることでない。また病気の者なら介抱する、それもよかろう。物をもって救えることは救えばよい、が、それは非常に際限のあることである。また食えぬ者に物を食わして、そしてその食うた者が食うたために助かるかどうかわからぬ。寒い者に着物をやる、それからその人がよくなったかどうかが問題だ。そういうことをだんだん考えると、やはり根柢の自覚が大切である。智慧の眼が開かれるということより外にその人の仕合せはない。ただ手をとってその場その場のことをやる、それは姑息だ。叩いてもよい、その人が立ち上がるような心を得るようにする。そうすると、自覚して明るい智慧の眼が開ける。そこにその人は仕合せが頂ける。社会組織も変ればよい、又変らにゃならぬ。併し一人々々の根柢に明るいものが出来なければ駄目だ。自分の眼が開けなければやはり暗い。蓮如上人は「一念の下をいひて聞かせかし。東西をはしりまはりてもいひたきことなり」とおっしゃった。一念の下を言って聞かせたい、心の明るくなることを言いたい、と仰っしゃった。

人間の仕合せは、金や子供のあることでない。その人の心の眼が開いておるかどうかということである。そう思うたら、一人でもたくさんの人が真に明るい世界に出て来ればよいという心が起る。そういうところから、阿弥陀様の第十八願のお心を味わうと、こうだろうかなと思う。

「十方の衆生、至心に信楽して我が国に生れんと欲い……」我が国とは阿弥陀様の証りを開かれた世界である。わしのこの心になれよ、脇目ふらずにこの心の世界に来い、助かるぞ、ここまでお出で、というのだ。今の社会組織のもっと向うにある世界だ。阿弥陀様はその世界は俺のこの心にあるとおっしゃる。どうかわしのこういう心になってほしい、わしのような心持になると、娑婆の者を一人残らず我が国に生まれさせる、ということが中心の動きに現われる。何にも物をやるんじゃない、この心がやりたい。どこへ連れてゆくのじゃない。この心の世界に連れて行きたい。それが欲生我国だ。親鸞聖人はこの第十八願を四十八願の最も大切な願だとお味わいなさったのである。善導大師もやはりここをお味わいになった。だから、十八願が我がものに貰われますときには、仏の国に生まれたいという願いが胸に出て下さる。願往生の心が出るのである。「衆生貪瞋煩悩中、能く清浄願往生の心を生ず」と善導大師がおっしゃった。それが生まれたとき、第十八願が貰われたのである。人間の仕合せはこれより外にない。仏はそれを御覧になって、持っておる物を皆捨てて、そして貰われたものがその心だ。それから立ち上がられたのだ。ここへおいで、わしの心になるまではお助けはないぞ、この心に生まれると、お前らの心の中からまた、浄土が出来るぞと呼んでいて下さる。如来の願いは、衆生をして我が国に生まれさせるという願いなのだ。わしと同じようなこの明るい眼を開いてほしいという願いだ。それは至心信楽の願だ。その願がお釈迦様の胸に現われ、七高僧の胸に現われ、親鸞聖人の胸に現われ、今日の私共の上にさしせまって下さる。その念力が至り届いて下さって、私共の心の中に願往生の心がきざして、念仏の心が起るのである。このきざしてきた心から明るい道が発見出来るのである。その朗らかな日暮しが出来てくると、今度は自分の同胞兄弟の暗い心に悩む者にこの心を与えたい気になる。又、この心を起すなというても出て来る。これはやはり貰い物だ。信を得た者は一人でも信の世界に誘い出したい。我が子に金や田をやるよりも、この心がやりたい。物をたくさん貯めて田や財宝をやるのも悪くはないが、何はさておいても、この心が肝腎だ。こうなると如来の至心信楽欲生我国の三信が我がものになって現われて来る。至心信楽欲生我国の願いの中心はどこにあるか。仏になろうという願い、その仏になろうという願いは一切衆生を仏にしようという願いである。この心になった時に明るい日暮しが出来るのである。「願作仏の心はこれ　度衆生のこころなり」仕合せはそれだ。それが種じゃ。その願いを因として如来は証りを開かれるのであります。そこに自分の世界が安らかな朗らかな長閑な世界であるという味わいがあります。

「至心信楽の願を因と為す」こうおっしゃって下さったこの本願は、仏の助けたいというお心、信ぜさせたいというお心である。信ぜさせたいという心は、本当にわしに打融けてほしいという念願だ。救いはそこから出てくる。光はそこからさしてくる。その味わいを親鸞聖人がお味わいになって「至心信楽の願を因と為す」とおっしゃったのであります。重ねてこの一句を教えて貰いました。

第十五講

等覚《とうがく》を成《な》り大涅槃《だいねはん》を証《しょう》することは

「成等覚証大涅槃」

今晩はこのお言葉を味わいます。「等覚を成り」とは、「本願の名号は正定の業なり」の第十八願の成就の御文「其の名号を聞きて、信心歓喜し、乃至一念せん。至心に廻向したまへり」というところまでに当る。「大涅槃を証す」というのは、即得往生住不退転のことである。それを「等覚を成り大涅槃を証す」といわれたのである。これは「至心信楽の願を因と為す」というお言葉に立って味おうた果である。信心の種が自分の胸に芽生えると、次にはどんな果報が来るかというと、等正覚を成じ大涅槃を証るのである。信心の芽が具わって成長するとき仏になる。「等正覚」というのは、「等」は等し、「覚」は覚りということで、正しい覚りが等しいということである。等の字は、平等とも熟する字である。仏様の覚りが、如何にも深く自分を見つめられるのは、丁度たくさんの井戸が底でみな通じておるように、自覚の眼が深く底を照らすと、人間のこの個人的の差別的の境地がだんだん消え去って、万人が一つに融けてゆく。その等しい姿が見出だされるのである。

我々のいわゆる平等・自由ということは、個人のこの肉体の上にはとても実現の出来ぬことだ。一人が自由を振舞えば、他が不自由になる。皆平等ということになれば、皆不自由を忍ばにゃならぬ。平等ということは不自由なことだ。一家内の事でも、家の者が皆平等の物を食うということになると、若い者も年寄も、どっちも困ることである。歯の弱い者のために軟らかいものをこしらえると、歯の良い者はうまくない。平等にすれば皆が不自由になる。一人の自由のために必要なものなら、他のものには不自由だ。だから肉体の上に自由とか平等とかいうことはとても出来んことだ。そういうことを当てにしておるのは大きい間違いだ。

それでは仏が自由とか平等と仰っしゃるのは、どうした境地か。自己の底の底まで掘り抜いて来ると、自分の隔てた垣がとれて、通じ合うておった魂の自覚が出来た者は、我とか彼とかいう隔てが無くなる。それが等正覚の等の字の意味だ。その等しいということが正しく覚られる。そうなった自分という者は、俺があったり彼があったり、そういう小さな自分でない。いつもいうように、我々の修行の道は、自分を見ることにあるのです。自分を見るという態度になっても、或る時は、この五尺何寸の肉体に自分があると思い、或る時は、妻や家が自分になったり、或る時は国が自分になったりする。という風に、自分という者の内省にいろいろの段階がある。若し自分という者を五尺の身体と思うておる人は、自分と、自分でない他のものがたくさんある。そこで自分と自分でないものとの競争・優劣・負け勝ちがある。そこにいつも心の争いというものが出て来る。仏様とはそういうことがすっかり無くなって、一切衆生が自分だということのわかった人である。仏の心とは、自分を離れて何にもない。第十八願に「十方衆生」とか、本願成就の文に「諸有衆生」というてあるのは、仏自身のことである。日本の神代のことを書いた『古事記』という書物を読むと、天照大神という神様の中には八百万の神がある。八百万の神が天照大神である。一人であってたくさんである。阿弥陀様とは十方衆生のことだ。阿弥陀様の外に十方衆生はおらぬ。阿弥陀様の外に十方衆生がおると思うのは衆生の見解だ、だから俺の外に人があると思う。機法一体だ。阿弥陀様の外に衆生はない。衆生の外に阿弥陀様はない。自分が仏にたのんで助けて貰うというような仏なら無碍光でない。自分の心の垣がとれて、仏と境界がないのだ。だからその仏のお心を等正覚という。

等しい正しい覚り、それを等正の覚りという。その等正覚はどういう味わいを持つか。それが大涅槃だ。涅槃というのは、天竺の言葉でいうと、ニルバーナという。これにはいろんな深い意味がある。弥陀とか涅槃という言葉は支那の言葉に翻訳したものである。お経によく出てくる菩提とか、阿耨多羅三藐三菩提とかそういう言葉は支那の言葉に翻訳出来ぬ。意味が深いためにその言葉の持つ意味を現わしかねるのである。ニルバーナという言葉には非常に深い意味があるので支那の言葉によく当てはまらぬ。強いて当てはめて表わすなら涅槃ということで、寂光——漢音の寂《せき》、寂《しず》かなことで、寂寥《せきりょう》とも熟語に作る。その寂かな寂しい境地を現わす言葉である。徳川時代中期の俳聖芭蕉は、日本の従来の俳諧の上に、真の芸術的意義をあらしめた人である。がそればかりでなく往生の精神の悟達者でもあった。その芭蕉は、彼以前にも十七字の発句は詠まれたが、一歩抽んでて新しい境地を開いたのです。というのは、五七五の形式の上でなく、その内容——心の中心である。彼の中心は、寂静である。彼の詠んだ発句には常に寂静があった。或はこれを蕉風では、さび・しをり・ほそみなどという。それを現わした発句に有名な、

古池や蛙とびこむ水の音

というのがある。この発句には、感心する人もあり、せん人もある。どういう句かというと、古い池へぼっと蛙が飛び込んだ、ぼつんと音がした。表面はただそれだけの句である。が私に、その句が偉大な境地を詠んだものだなということのわかったのは、青森県の十和田湖へ行った時のことである。山間の湖水で、きれいな処である。三本木からそこへ行くのに、三里の間原始林を通って行く。幽邃な処である。日本の国立公園にしようかという処である。両岸に岩石がある。その湖岸の宿屋に泊ったことがある。まだその時分は電気のない頃であった。この頃漸く宿屋が四、五軒建ったほどである。七月の或る星月夜であった。大変涼しい晩であったが、この湖水の

畔におると何にも音がしない。そのあたりには電気がないから遙かに民家の火が見えるだけである。勿論舟も出ておらぬ。しんとしておる。ぴしゃんという音がした。小さな音だが、七里四方の湖水の全面へ響く程の寂かさである。何かこう自分の魂がこの湖水全体に溶け込むような賑やかさを感じた。寂かな賑やかさである。なるほど、芭蕉が「古池や蛙とびこむ水の音」と詠んだのはこうした境地だなと思うた。仏の涅槃の境地を芭蕉が味おうておる。ニルバーナという仏の境界は如何にも寂かな寂しみがある。そういうのが涅槃の境地である。お浄土へ行くというのは、涅槃の境に出ることだ。

仏法とは、地獄へ行く者が極楽へ行くことのように思うておる人がおる。何が地獄で何が極楽か。地獄は辛い処、苦しい処、極楽は平安な楽しい処というておる。又地獄は暗い処で、極楽は明るい処という。なぜ地獄は、暗くて苦しいのか。その原因はどこにあるか。これに対して、極楽は楽しい処という。それをうまいものとか、いい音楽になぞらえてお経に説いてあるが、地獄は反対に非常に苦しいという。それは人間の差別の見解、自我の意識によるのである。小さな自分を認めて、そして、人と自分とが対立をして、勝った負けた、優れた劣った、善い悪いという て競争する。これが地獄のもとである。それで苦しいのだ。負けて苦しい、勝って苦しい。小さな自分を持っておるから人と睨み合うて敵を持つ。だから寂かさがないのだ。勝った喜び、負けた苦しみ、いつも油断が出来ない。それが地獄である。貪欲・瞋恚・愚痴、そうした冷たい氷を持っておるから苦しいのだ。自分でそうした三毒をこしらえて苦しんでおるのだ。寂かな人間は小さな処におらぬ。小さい家より大きい家がよい。一人の友達より多くの友達がよい。大きくなりたい。身上も、身体も、気もそうなるとうれしい。ところが、大きくなっておっても、その願いまでに大きくならぬ先にすぐに人と比べようとする。大きな、天下に比べものの無くなったものが仏だ。だから無量寿・無量光である。それこそ真解脱である。だから比べるものがない。競争者のある間はまだ小さいのである。

大きくなりたいという人間の心には、仏になるまで満足の出来ぬものがあるのだ。家の大きなのがほしいという中に、財産がほしいという中に、仏になりたいという芽があるのだ。それがちょっと芽が伸びただけで芯が止まっておるのだ。丁度河原の中に生えた草のようだ。だから悩む。いつも足らぬ。貪欲の心も起り、愚痴の思いも出、腹も立つ。そうして大きくなりたいのだ。それで競争をしておる。自分が伸びられにゃ人を仰えようとする。川流れに遇うた者を救いに行って、自分まで一緒に流されてしまうようなものである。

地獄は、小さな穴を掘って、小さな者が縋り合いをして呻いておるところである。お浄土は比較の無くなったところである。だから心が大きい。あの人この人という比べ合いがない。苦しい対立が無くなって、絶対無二になるのだ。向うにあったものが自分になるのだ。それまで開けると非常に心が寂かだ。我々の心がいらだつのは、小さな心を持って、あれが善いか、俺が善いかというて競争しておるからだ。それは罰だ。絶対の境地、唯一の境地は寂かだ。万籟寂して音なき十和田湖。そこへ飛び込んだ蛙の小さな響き。私の魂が、それと一緒に動く。一だ。その境界を涅槃というのだ。お浄土というても、百味の飲食があるとか、八功徳水があるとか、そういうことでない。百味の飲食というのは、その上のものがないということ、絶対無二であるということを現わした言葉である。だからわしはこの世でその味を味わえるのだ。

一枚の着物でも人と比べておるときは安心はない。世の中のものはわし一人のものだと思うときは安心だ。ところが、着物一枚こしらえると人と比べる。マント一枚こしらえても人と比べる。土蔵を建てると人の土蔵と比べる。家を建てると外の家が目につく。嫁を貰うと人の嫁と比べる。学校を出ると、自分よりあれが偉いということが目につく。よく御法事の時、羽織袴で相撲をとっておる。あっちへ坐れ、こっちに坐るというて争うておる。そして上座へ坐ると悪口をいうておる。どっちに坐ってもよいのに、床の間が上座だと思うて、入口で結構だというて遠慮しておる。ところが茶の湯では部屋の入口が上座だ。それを下座だと思うて坐る、あっちへいうても上座に坐ってここでよいという。普通の上座と下座と反対なのを知らんからそんなことをいうておるのだ。ここで結構だというておりながら上へ坐りたいのだ。どこでも人の居れというところに居ればよいのだ。それでわしは人の坐れというところに坐るのに決めておる。茶の湯の上座におってこれでよいという。そこで貪欲・瞋恚・愚痴が起り、つかみ合いが始まる。或る女のきょうだいが、姉と妹とが仲が悪い。二人一緒に男の子を生んだ。一緒に学校へ出た。小学校も中学校も一緒。我が子を善くしようと思うて喧嘩をする。こういうことはこの世のことである。亡びることである。そこには温かいものがない。寂かなものはない。騒がしいものだ。心が乱れておる。

そこには自分の本当の据りがない。信がない。心が融けておらぬ。一枚の着物を着ても自分のものが他の人の着物に劣りやせぬかと真剣になるのだ。一枚の着物も比較出来るものは三千世界に無いはずだ。ところが一枚の着物で人と比べて喧嘩しておる。

仏の等正覚の覚は自覚である。絶対境である。心が騒がない。だからゆたかである。広い。くよくよせぬ。何でも比べて見にゃおられん人は騒がしいのだ。誰と比べるのか。自分の顔を人と比べる者がおる。あれと比べると俺は美しい。そんなこと比べんでもよい。天下一と思えばよい。だから、俺の顔の真似が出来るかと思うておればよい。しかしそういうことを比較の上にやっておると気違いだ。仏と気違いと一緒に思うておる。わしは天下一だというと、それじゃそんな気違いのようなことをいうておるのがよいのかと思うが、そうではない。そういうのは人と比べてのぼっておるので、それはのぼった一だ。仏の一は比べた一でない。必然の一だ。全体の一である。だから皆尊い。無限の形から一体の形に到る千差万別も覚ってみれば一だ。それは仏心凡心一体だ。それも覚ってみると一だ。がそれまでになるには、なかなか容易でない。

「成等覚証大涅槃」仏の覚りを開くというのは、そんな寂かな境地になることだ。お浄土にまいるとはそんな境地になることである。お浄土は賑やかで寂かなところである。快楽の境地である。ゆたかな朗らかなところである。それはどこから来るか。「至心信楽の願を因と為す」ところから来るのである。それは死んでからか。信心の因にその眼が開くと、

　超世の悲願きゝしより

われらは生死の凡夫かは
有漏の穢身はかはらねど
こゝろは浄土にあそぶなり

この境界だけがほのかにわかってくる。だから信心の眼が開くと、比べることが無くなる。世の中に競争が無くなると世の中が進んで行かぬという人がある。本当に絶対になれば自分一人で出来る。勇猛精進だ。必然の心が動いてくる。不断の努力がある。競争がないのです。競争がなければ世の中は進歩せぬというが、競争のない仏は不退転に進まれる。

真実信心うるひとは
すなはち定聚のかずにいる
不退の位にいりぬれば
かならず滅度にいたらしむ

進んでもゆたかだし、退いてもゆたかだ。日々に進んでゆく。それがお浄土の境地である。いつでもわしがいうが、秋の盛りになると皆が澄んだ空気の中で稲を刈っておる。何にも音がせぬ。ただ、しゃくしゃくしゃくという音がするばかりである。おもしろかろう。寂かだ。丁度「古池や蛙とびこむ水の音」の寂かさだ。あの脇目振らずに稲を刈る姿、しゃくしゃくというただ一つの声、その境地が極楽の境地である。寝ておる者には聞けぬ音だ。仏の境地は一向に休みがない。そして常に遊戯でもあるのであります。

第十六講

必至滅度《ひっしめつど》の願成就《がんじょうじゅ》したまへばなり

「本願の名号は正定の業なり　至心信楽の願を因と為す　等覚を成り大涅槃を証することは」というところまでこの前話をした。今晩はその次の「必至滅度願成就」というお言葉についてお話しします。

「必至滅度の願」とは第十一願のことです。聖人は『教行信証』を御製作になった時に、「行の巻」の最初には第十七願を、「信の巻」の初めには第十八願を、「証の巻」の初めには第十一願を御引用になってある。証というと、阿弥陀様の行を聞いて信心を得た人は証りを開く。証りは信心の因の上に現われる果報である。これも一面には時間的な関係で、信心を得ておれば後に証りを開くというように考えられるが、また一面には、因というのと、果というのとは同時の因果であって、因が信心である時、その信心の上に備わる働き、或は味わいが証というものである。だから信と証とは同時にあるものである。考えの上では、信心があってから証がある。本当は証のない信心はない。信じた上に証がある。だから同時にあるのだ。順序を立てると、第十八願成就の文にも、

其の名号を聞きて、信心歓喜し、乃至一念せん。至心に廻向したまへり。彼の国に生れんと願ずれば、即ち往生を得て、不退転に住せん。

とある。この「即得往生住不退転」が証のこころで、第十八願の「若不生者不取正覚」の証りの相である。その第十一願には何が説いてあるか。

設ひ我仏を得んに、国中の人天、定聚に住し、必ず滅度に至らずば、正覚を取らじ。

こう書いてある。わしの国の者すべてが、定聚に住し、必ず滅度に至らなければわしは仏にならぬ、というお誓いです。その点から聖人は、第十一願を必至滅度の願といわれた。必至滅度の滅度ということは、涅槃という言葉を支那の言葉に訳したものである。この句の先の「等覚を成り大涅槃を証する」とある涅槃ということと滅度ということは同じことである。第十一願はどういうことを願われたのか。必ず滅度に至る、きっと涅槃に至る、ということを願われたのであります。きっと滅度に至るとは、皆が涅槃の境地に入ることである。ここに「必至滅度の願成就したまへばなり」とある必至滅度の願とは、この願のことである。信心を得れば等覚を成じて大涅槃を証ると仰っしゃる。それはどこから出て来たのか。それは、仏のきっと滅度に至らんと誓われた願いが成就して、正覚を成じて大涅槃を証るということである。その証りの開かれるということは、やはり仏の願いから現われるのである。

ところでこの証ということについて昔から「此土入証《しどにっしょう》」「彼土得果《ひどとっか》」ということをいいます。これはどういうことか、「此土入証」とは、この土で証りに入ること、「彼土得果」とは、かの土で証りに入って果報を得ることである。この世で証りを開くか、あの世で証りを開くか。大体理論からいえば聖道門の教えは、この世で証る、人間の此の世で仏になる道だ。浄土門の教えは、この今の生《しょう》では証りが開かれぬ。だから次の生で、あの世で証りを開く、こういう工合になっておる。それでも、聖道門といわれる方にも、あの世で証りを開くという教えが昔からあった。お釈迦様の御存命中は、お釈迦様の教えを受け、徳にふれてお釈迦様を慕う。だから死んでから証ろうという者はない。この人間このまま救われようという願いが燃えておった。ところがお釈迦様が亡くなられて後に、生きた仏がおいでにならんと、なかなかその道が明らかにならぬ。どうしても生きた仏に遇わにゃ助からぬ。ところが現世に仏はおられぬ。そこで、この次の世に証りを開かれるという弥勒菩薩に遇うより外にしょうがない。こういうので弥勒菩薩の出世を待つ。弥勒菩薩は今兜卒天で教えを受けておられるが、今度人間世界に出て来られる時に、その教えを受ける。そうなるとこの世じゃ駄目だ、彼の土じゃ、というので彼土得果ということをいうのである。彼土得果にはもう一つ。この世じゃ駄目だ、西方浄土に阿弥陀如来がおいでになる、この息一つ絶えたらあの世の浄土へ往く。このような信仰が出て来た。これは、浄土門の中にもお釈迦様がおいでであるならば、お釈迦様に逢うて教えを受けるけれども、おいでないから阿弥陀如来に遇うて助けて貰うという教えがある。ところでそういうことになると、死なにゃ駄目ということになる。多くの人は、この世で信じて、あの世で証るという。それだから浄土へ行きたいというのだ。

ところが親鸞聖人はそれでは満足出来ぬ、それでかの土で証るという浄土門の中で、この土で証るという道を発見せられた。そこで、第十一願の必至滅度の願を、この世の御利益というように味わい、死んで行く行先でない、この世の証り、御利益であると味わわれたのである。だから浄土門の真実の正意の証りはこの世だ。『教行信証』の「証の巻」は、正しく現益をお示しになったもので、この世の証りである。この世で正定聚不退転の位に住するのである。それがこの世の信心の当益である。御和讃では、

超世の悲願きゝしより
われらは生死の凡夫かは
有漏の穢身はかはらねど
こゝろは浄土にあそぶなり

この世から心が開けるのだ。明らかな信心とは、疑いの闇の晴れた相である。疑いが晴れりゃ心が明るくなる。心が明らかになれば、冷たい根性が温かくなる。疑うたこの世に明るく光がさしてくる。それが信心の御利益である。正定聚の証りを開くと、物を食わんでもよいように思ったり、着物を着んでも寒くないように思う者がある。着物を着れば暖かいし、腹が減ればひもじい。それがお証りだ。お証りは有るものが無いようになるのじゃない。そのままだ。証りを開くとは無理のないことだ。無理して物知りのように見せたりすることでない。明るい気持だ。だから証りを開けば、寒ければ寒い、暑ければ暑い、何らの繕いがない。わだかまりがない。そこには実に明るい、ゆたかな、さやかな心がある。正定聚には何となく落着きがある。娑婆がどうなるという不安がない。不退転である。この世の証りは、この世から変るのである。聖人の『愚禿

鈔』に、

本願を信受するは、前念命終なり。即ち正定聚の数に入る。即得往生なり。即時に必定に入る。

とある。蓮如上人はそれを相承して、

信心を得たるときをもつて、娑婆の終り、臨終と思ふべし。

と仰っしゃった。信心を得るとき、娑婆が終ったのだ。娑婆が終れば極楽だ。或る人が「あんたのようなことを言うと娑婆は壊れる」と言うた。娑婆が壊れた時が、本願が信ぜられた時だ。有るわ無いわ、わかるわからんと言うておる娑婆が壊れて、明るい仏の世界になると、闇が去って光明が輝いてくる。信心を得れば世界が変るのだ。だからこの世を度すというのだ。そんならこの世で果報を得たら、もうこれでよい、何にも聞くこともいらぬ、求めることもいらぬ、何にもいらぬという。そういうようなのは行過ぎだ。ちょっと証るときは、そういう気持になるものだ。皆わかったようになる。ところが本当の証りというものはそんな行き詰まったものでない。前途遼遠だ。この上この上へと益々深く益々広く進んでゆくのだ。物を儲けることも何にもいらんというのでない。わかったら前途が明らかになる。その深い遠い未来を彼の土という。証りのこの境地が、どこまで行ってもあの世だ、その彼の土は遠い。どこまでも向うにある。それで我々の望みの世界は遼遠である。行き詰まっておらぬ。その点からいえば、かの土は行き詰りがない。開けておる。この土は行き詰りがあって、かの土は行き詰りがない。

そこに「必ず滅度に至る」といわれたお心がある。この世で証り切れるものであれば、蓮如上人は、

一念発起のかたは正定聚なり。これは穢土の益なり。つぎに滅度は浄土にてうべき益にてあるなりとこゝろうべきなり。されば二益なりとおもふべきものなり。

とは仰っしゃらない。この世で正定聚の証りを開いて、この肉体の変化を終って、あの世で弥陀同体の涅槃を得る。大槃涅槃を得る。肉体のあるうちは人間、肉体の無くなった時、弥陀同体になるのだ。法身報身の弥陀だ。肉体のある間は人間の形をなしておるから人間の心がある。それが肉体の無くなったあの世へゆくと、浄土の阿弥陀と同体である。ここが必至滅度の願成就で、必至滅度の願が正覚成就して、大涅槃を得ることが出来る。

死んで未来のお浄土の喜びは、この世の信心を得た現世の御利益が決定出来たのだ。如何に喜ぶべきかということを蓮如上人に尋ねた時に、

おん助けありたることのありがたさよ、おん助けあらうずることのかたじけなさよ。

とおっしゃった。御助けあるとは、この世の証り、御助けあらうずることというのは、あの世の証りをいうのである。これで二益だ。この世だけで終るのでない。まだまだだ。信心をいただいた時に、始めて眼が開く。それから日々夜々、毎日無量永劫までつづく。それが必至滅度だ。それがいつ得られるか、信の一念の得られた時である。それを只今味おうておらん者は向うが暗い。向うが明るいというのは今の明かりで向うを照らす、自動車の燈が向うを照らすように、信心の

明かりで照らすときは、あぶなげがない。だから只今じゃ。凡夫は凡夫じゃ、いつまでも罪を作っておる。が、死にしなにお助けがある。凡夫に違わぬ、人間に違わぬ。信心を得ても五尺が六尺にはならぬ。低い鼻が高くはならぬ。が、変るのだ、すっかり変るのだ。もとの凡夫じゃといいつつ、信心の眼を開くと暗いものが明るくなる。冷たい心が温かくなる。とにかく変るのだ。親鸞聖人も二十九歳まで迷うておられた。二十九の時に法然上人にお逢いなされて変られた。その法然上人も四十三歳の時変られて落着きが出来た。そうなると前途に危ぶみがなくなる。お互が信心を得るということは、今の証りを開くこと、今の心が開けることである。行先を明るくするということは、今の信心を大事にすることである。その点で聖人は、平生業成ということをよく仰っしゃった。蓮如上人は、平生の信の一念が大事だ、只今のお助けということを重ね重ねおっしゃった。ここに、正覚を成じて大涅槃を証るということは、第十一願の必至滅度の願から成就するのだ。お浄土の証りは、この世で得る正定聚の心から必然に未来に与えられる果報である。それを阿弥陀如来が、第十一願においてお約束下さったのである。そのお蔭が我々の方に与えられて現われて下さるのだ。というお味わいが「必至滅度願成就」のお味わいである。これが一番の骨で、只今の証りだ、只今の安心だ、それから未来永劫が明るくなるのだ。その只今の喜びはどこから来るのか。仏の第十一願の我々を証らせにゃおかんぞという念力が現われて下さるところにあるのである。

念仏往生の願により

等正覚にいたるひと
すなはち弥勒におなじくて
大涅槃をさとるべし

その上の喜びである、落着きである。ということを教えて下さるのが、御開山が浄土門に於いて、この世の証りをお味わいになったお相であります。いわゆる聖道門・浄土門の中道をお歩きになった尊い聖人の実験の道なのであります。

第十七講

釈迦章

如来《にょらい》世《よ》に興出《こうしゅつ》したまふ所以《ゆえん》は
唯《ただ》弥陀《みだ》の本願海《ほんがんかい》を説《と》かんとなり

「成等覚証大涅槃　必至滅度願成就」とあるまで、『仏説無量寿経』の教えによって、親鸞聖人は、阿弥陀如来のお徳を讃歎になり、そのお徳によっていただく御信心の味わいを述べさせられたのである。「如来世に興出したまふ所以は」からは、阿弥陀如来のお心を正しくこの世界において説き聞かせて下さった釈迦如来のお心をおうかがいになって、その釈迦如来の御心を通して、阿弥陀如来のお心を御自分にお受けなされるおこころである。

「如来世に興出したまう所以は、唯弥陀の本願海を説かんとなり」ここに如来とあるのは、釈迦牟尼如来である。『正信偈』の一番先に、「帰命無量寿如来」とあったところで話したから、ここで如来という言葉は別に講釈しません。仏の別の名と思うておればよい。釈迦牟尼如来は、釈迦仏ともいい、或は、釈尊とも申し上げるが、仏と思えばよい。今から三千年前、印度のカピラバスツの浄飯大王のお子様としてお生まれになった。悉達多太子と申し上げた。太子は二十九歳の時に出家をして、三十五歳の時に正覚を成就せられた。それから四十五年間、印度のあちらこちらをお巡りになって、御歳八十の年にクシナガラに於いて涅槃にはいられた。お釈迦様の御出生になった土地は、今のネパール——北印度の西の方にあたる国で、ヒマラヤ山の南に開けておる平原である。そのネパールの国の南の端が昔のカビラ城のあった処である。お釈迦様のお生まれになったのは、そのルンビニーというところである。

お釈迦様が一代の間にお説きになったお言葉、或は行いの上に現わされたことを、お釈迦様が亡くなられた後に、弟子達が集まってそれを纏めて記録に残すようになった。お釈迦様の亡くなられた後に、まもなく弟子達五百人が、王舎城の北西の端にある山、畢鉢羅山《びっぱらせん》の畢鉢羅窟《びっぱらくつ》という洞窟で迦葉尊者が上首になって、お経の結集をすることになった。その折に、集まった弟子達は、いつもお釈迦様についておった阿難尊者を、阿難はまだ悟りを開いておらん、だから仲間にいれん、というて結集の仲間へ入れなかった。阿難は悲しんで泣いておった。その阿難の悲しんで泣いておる姿を見て迦葉達は、可哀想だからというのでまぜてやった。いよいよお経を纏めるようになった時、阿難ほど覚えのよい者はない。それに阿難ほど長くお釈迦様のお側についておった者はないので、阿難は、わしはこんなことを聞いた、わしはこんなふうに聞いた、というて言葉を添えた。そこで阿難は五百人の中の一番大事な人となってその結集が出来た。

ところが五百人の仲間へはいれん者で、お釈迦様のみ法を聞いて覚えておった者がたくさんあった。有名な弟子達は皆聞いておったに違いないが、隅の方に聞いておった者でも何が頭に残っておるやらわからぬ。それで迦葉を上首とする五百人の仲間へはいれなかった者は、我々は我々でやろうというて王舎城の向い側の山の麓の森に寄り合うて、お経の結集をした。このあんまり有名でない大衆部の人達によってなされた結集と、阿難尊者等の上座部五百人の人々によってなされた結集とで、お釈迦様の法は二部に分れたのである。その上座部の結集の系統は小乗仏教となり、大衆部の結集の系統は大乗仏教となった。勿論、龍樹菩薩や天親菩薩が大乗の仏教を統一せられたのである。大衆部はお釈迦様の弟子の中の、徳があり学問のある者でない、在家で仏教を喜んだ者が結集したものである。日本へ来た仏教は、その形が最もはっきり現われておる。

その上座部或は大衆部によって結集されたお経は、まだその頃は書き物になっておらなんだ。三百年ほど後に書き物になった。それが今日のお経である。勿論今日の一切経というておるものには、印度の高僧方、支那日本の高僧方の著述を入れていうのである。殊に何々経というものは、お釈迦様のお説きになったものとしてあるが、その中にはお釈迦様のお説きになったものもあり、お弟子の著わしたものもある。が、お釈迦様のお説きになったものだけでも『法華経』『涅槃経』『大無量寿経』などといろいろある。

一つ一つのお経の味わいによって覚った人達が、お釈迦様の御本意はここだということを伝えたために宗派というものが出来た。日本でも宗旨が十三ある。法相・華厳・三論・真言・天台・浄土・浄土真宗・日蓮・臨済・曹洞・黄檗・融通念仏・時宗、皆お釈迦様のみ法を受けて仏教を味おうた人達の開かれたものである。蓮如上人の仰っしゃるように、「いづれも釈迦一代の説法なれば、如説に修行せばその益むなしからず」です。仏教というものは皆お釈迦様の御心から流れ出たものに違いない。そこで、いろいろの経が残っておる、そのたくさんのお経の中の、どのお経に一番お釈迦様の心がそっくり出ておるだろうか。これが問題だ。それがいわゆる出世本懐の経である。

お釈迦様の出世とは、この世に出られること、本懐とは、本の思い、根本の思い、この世に出られた根本のお心は、どこにあるだろうか。例えていえば、今晩ここに青年会のお講があるので皆参詣した。参詣した中に、ここの親類の人は、お講にもまいりたい、また長いことあの家へ御無沙汰しているから等……と、いろんな心で来た。が、その来た本懐は何か。肝腎の聞かにゃならんお話を聞くことか、ここの家の者に逢うことか、というように本懐というものがある。それと同じように、お釈迦様がこの世に出られた根本のお心はどこにあるのだろうか。そこで、お釈迦様に対するてんでんの心持が違う。親鸞聖人がお釈迦様を御覧になった時、お釈迦様の根本のお心は、ただ阿弥陀如来の本願海を説くためだとお味わいになった。

親鸞聖人はそれを味わわれる時にいつも、『大無量寿経』の初めの、お釈迦様と阿難との問答をお引きになった。お釈迦様が王舎城の耆闍崛山においでになった時、御説法を遊ばされた。その時の会座に列なった者は皆立派な方ばかりである。その時のお釈迦様のお姿は非常に尊く、いつもと違うておる。『大経』には阿難が、

今日、世尊、諸根悦予し、姿色《ししき》清浄にして光顔巍々たること明浄なる鏡の影表裏に暢《とほ》るが如し、威容顕曜《いようけんよう》にして超絶無量なり。未だ曾て殊妙なること今の如くなるを瞻覩《せんと》せず。

というたと書いてある。「諸根」とは眼・耳・鼻等の六根のこと、英語ではオルガンという。すべての肉体の器官が「悦予」といって悦びに満ちておる。「姿色」とは姿と色。「清浄」とは純潔なまざり気のないこと。「光顔巍々」とは、顔が光り輝くこと。その光沢は鏡のようだということです。阿難尊者が座より立って、お釈迦様の側につかつかと出てこう言われたのである。その時のことを御和讃に、

尊者阿難座よりたち
世尊の威光を瞻仰《せんがう》し
生希有心《しやうけうしん》とおどろかし
未曾見《みぞうけん》とぞあやしみし

とある。「世尊の威光」とは、仏の立派なお光を仰ぐこと、「生希有心とおどろかし」とは、めったにないことだと驚くのだ。「未曾見とぞあやしみし」は、未だ曾て見たことがないと不審に思うのである。阿難が「私は今日のように尊いお姿を見たことがありません。どう遊ばしたのですか」と聞いた。その時に阿難が、今日世尊、今日世雄、今日世眼、今日世英、今日天尊、といろいろの名で仏を呼び出して、いつもに変ったお姿であるということを讃歎しておられる。「思い内にあれば色外に顕わる」で、何か愉快なことがあれば顔に現われる。阿難が「私は長い間あなたのお側におりますが、こんなお顔を見たことがありません。どうも変っておいでになります。私が察するに、三世の仏達が、仏と仏と相念じ給うということを聞いております。今あなたは諸

々の仏を念じておいでになるのじゃないでしょうか。そうでなければこういう尊いことがないはずです」と申し上げた。顔に出るものです。毎日汚いことを思うておるものは、その汚い色が顔に出るものです。阿難は、お釈迦様がいつもに変って尊く気高いのを拝んで、あなたのお胸に仏が宿っておいでになるのでないでしょうか。過去・未来・現在の仏と仏とが念じ給う、あなたも今日は念仏しておいでになるのでしょうか。お念仏のお姿でないでしょうか、とお尋ね申し上げた。お釈迦様はにっこりして、「阿難は偉いことを言う。お前は自分で問うたのか。それとも誰かがお前にそういうことを問えと言うたのか。神様の入れ智慧か」と聞き返されました。阿難は「いや、神様の入れ智慧でも、誰に教わったのでもありません。私は自分で思いついてお訊きするのであります」と申したら、お釈迦様は、「お前も偉い。それだけ気がついて、それをお前が訊いただけでたくさんの人が利益を蒙る。実はわしは初めて、この世に生まれた甲斐があった。如来がこの世に出興する所以がわかった。三界の衆生を憐れむ心から、無上正真道を明らかに開くということより外に、わしのこの世に生まれた所詮はないのだ。人間の有様を見ていてつくづく可哀想と思う。どうしたら人間が助かるか。それは心の道を与えるより外はない。尊むべき道を知らせ、暗い者を明るくするより外にない。その道はどんな道か。その道をこれからお前達に話すからよく聞いてくれ」こんな前置でだんだんお説きになったのが、初めは国の王様であった方が、世自在王仏の教えを受けて王の位を捨て、法蔵菩薩となり、願を発し、行を積んで、南無阿弥陀仏の主になられた、という阿弥陀仏の御一生である。

衆生は仏の名前を聞いて信心を起せば、阿弥陀如来の浄土へ往くということをこまごまと『仏説無量寿経』に記してある。形の上では『仏説無量寿経』は話である。が、外の多くの経典に阿弥陀仏のことをお説きにならぬ。親鸞聖人は、お釈迦様はいろんなお経をお説きになったが、根本は衆生を救うてゆく道としての阿弥陀如来の本願をお説きになったより外にない、とお味わいになった。そのことを明らかにせられたのが親鸞聖人の出世の本懐だ。人間の進んでゆく道として阿弥陀様の本懐の道を教え給うたのだ。阿弥陀様の本懐は、

願はくは我作仏して　聖法王に斉《ひと》しく
生死を過度して　解脱せざる靡《な》けん

という最も簡単な言葉で現わされたものである。それをくだけば、第十八願であり、四十八願をお述べになったあとに、更に誓われた三つの誓いである。その三つの誓いとは、

我超世の願を建つ　必ず無上道に至らん
斯の願満足せずば　誓ひて正覚を成ぜじ
我無量劫に於て　大施主と為りて
普く諸の貧苦を済はずば　誓ひて正覚を成ぜじ
我仏道を成ずるに至りて　名声十方に超えん
究竟して聞ゆる所靡《な》くば　誓ひて正覚を成ぜじ

この三つの誓いだ。その根本はどこか。「生死を過度して解脱せざる靡けん」である。この根

本の願いで一生動かれたのが阿弥陀様だ。お釈迦様は、悩んでおる衆生、迷える衆生、行くべき道のわからぬ者に、何で泣いておるのか、世の中にいろいろ泣いておる者があるが、それは自分の道がわからんからだ。阿弥陀様の本願を喜ぶことだ。その本願がお前の行くべき道だ。阿弥陀様の本願を自分の胸に明らかにいただいて、それを自分の本願としてゆけ、と教えられます。人間の胸にはいろんな願いが雑然として起ります。まとまりのない願いが起る。その外から来るいろいろの刺戟によって起ってくる願いは、いわば迷いだ。それによって皆が迷うのだ。そういうものは払い除けて、自分の真底に阿弥陀様の本願をいただけ。「生死を過度して解脱せざるは靡けん」その心をいただいて、「設ひ我仏を得んに、国に、地獄・餓鬼・畜生有らば、正覚を取らじ」というこの第一の願から「設ひ我仏を得んに、他方国土の諸菩薩衆、我が名字を聞きて、即ち第一・第二・第三法忍に至ることを得ず、諸仏の法に於て即ち不退転を得ること能はずば、正覚を取らじ」という第四十八の願まで、一々の願が皆私共の今日の日暮しの教え、お手添えだ。阿弥陀様の本願を聞いてそれを念ずる、それをわが本願にするのだ。それをあっちこっちふらふらしておる。真剣に求めればきっと行く道がわかるのだ。

お釈迦様はその道を説いて下さるより外にこの世にお出ましになった本懐はないのだ。親鸞聖人は法然上人にその道を教えて貰われたのである。お釈迦様は何しにこの世にお出ましになったのか。阿弥陀様の本願を説くためにお出ましになったのである。だからお釈迦様は、阿弥陀様が本懐を一切衆生に伝えるために、わざわざ出世せられたお姿である。阿弥陀様はこの世ではお釈迦様となって現われて下さったのだ。それは、この凡夫の実証的な経験的な身分から遡って行く時、阿弥陀様の本願はお釈迦様の胸の中のお味わいである。お釈迦様の胸の中に現われた仏が阿弥陀様だ。それはお釈迦様の小さな思い、考えで出来たものでなく、お釈迦様以前にお釈迦様をしてお釈迦様たらしめた光であり願いである。それは阿弥陀様の本願だ。だからお釈迦様の胸の中に現われたのが阿弥陀様ということになる。で、もう一つ深くみると、阿弥陀様の本懐がお釈迦様となって、この世に生まれられたのだ、というところまで味わわれる。だから仏教にいろいろの門はあるが、とどのつまりは、弥陀の本願海に帰するより外にない。三世の諸仏は弥陀仏三昧によって本願成就し、諸仏の法は阿弥陀仏の本願によって、はじめて明らかにされたのである。

親鸞聖人は、お釈迦様とはどういう方かというたら、阿弥陀仏の本願をお説きに来られた方だ、何しに来られたのかというと、人間のこの世に阿弥陀様の本懐を説きたいために来られたのだ、と。これが親鸞聖人の釈尊観だ。聖人が仏教としてお釈迦様より受けられたものは阿弥陀仏の本願よりない。親鸞聖人の仏法は弥陀の本願を説くより外にない。覚如上人が「報恩講式文」の中で、

爰《ここ》に祖師聖人の化導に依りて法蔵因位の本誓を聴く。歓喜胸に満ち渇仰肝に銘ず。然れば則ち、報じても報ずべきは大悲の仏恩、謝しても謝すべきは師長の遺徳なり。

とおっしゃった。又これを、仏法の繁昌も、阿弥陀様の本願がそのままに現われたからだと仰っしゃった。わしは、この阿弥陀様の本願が釈尊を通じて親鸞聖人に伝わり、それがわしの胸に我がものとして味わえるようになった時に、わしのこの世に出たわけも、ただごとでなかった。こ

の弥陀の本願を説くためだった、ということが明らかになった。説くばかりでなしに、それを実行してゆくのだ。信心を得るとは、そのことだ。信心を得るときは、生活に中心が出来てくる。中心に阿弥陀様の本願が出て来る。阿弥陀様の本願の前に礼拝合掌する、その相がそのままこのわしに種々の修行という形をとって出て来る。だから毎日の生活に中心がある。食うこと、着ること、いろんな我々の所作がある。その所作の中心となって引いてゆくものは成仏得道の道です。一切衆生と手を取って、安養浄土へまいろうという広々とした明るい心の願い、その願いを我が道として進ませて貰う。それは一切衆生が明るく、またゆたかに進まして貰う道である。勿論それは、お釈迦様、七高僧を経てわしに現われて下さったのである。親鸞聖人はそれを思って、「如来世に興出したまう所以は、唯弥陀の本願海を説かんとなり」ということをはっきりここに仰せられたのであります。

第十八講

昨夜は、「如来世に興出したまふ所以は、唯弥陀の本願海を説かんとなり」という二句のお心をお話ししました。しかし、あの二句についてはまだ味わい足らんところがあるので、今日は引きつづいてあの二句のお心をお味わいさせて貰おうと思います。

「唯説弥陀本願海」この唯《ゆい》は非常に味わいの深い言葉であります。唯《ゆい》は唯《ただ》ということで、唯《ただ》とは、これ以外にない、或は、唯一筋というときに使う言葉で、一《いち》を現わす。専心とか、一心とか、一心不乱とか、一心制意という、そういうときの心が唯の字に現われております。この唯という字には、唯《ゆい》という音がありますが、日本人が素直に返事する時に、唯唯《いい》という。この辺の人もいいという。あれは古い言葉で、素直に人の言葉をうけがう時の言葉である。唯説の唯は素直な他《よ》所見《そみ》のない自然な心持である。そして統一のある心が現われておる。この二句には、昔釈尊がこの世にお出ましになったのは、ただ素直に弥陀の本願海を説くためである。むずかしい言葉でいえば、弥陀の出世の本懐を説くためである。聖人は、お釈迦様がこの世に御出生下さったのは、ただ阿弥陀様の御本懐をお説きになるためであった、と、かように御讃歎して仰せられたのであります。

『正信偈』を拝読すると一番はじめに、「帰命無量寿如来　南無不可思議光」と、聖人の御信心が素直に述べられてある。殊に「無量寿如来に帰命す」とは、聖人の御信心のお領解であります。そしてそれが一切衆生の願いであります。そしてそれが阿弥陀様の御名であります。南無阿弥陀仏という仏の名を、支那の言葉に直せば、帰命無量寿如来というのです。無量寿とは、量りない命のこと、この世に生きとし生けるもの、どんな簡単な、アミーバのような生物でも、生のあるものは生の欲のないものはない。生を欲するもので死を恐れぬものはない。生物の根柢に最も盛んに燃え立っておるものは生の願いです。生きてゆくという願いです。またこれが盛んでなければ、たいてい生物は一日も生存を保つことは出来ない。ですから、どういう年寄でも若い者でも、その人の心の中心の願いは、生の願いです。それが形に現われてくれば、物を食いたい願いにもなり、着物を着たい願いにもなり、いい所に住みたい願い、人と仲よく暮したい願い、人に尊ばれたい願い、お金が欲しい、など、種々雑多の願いとなって現われてくる。子供に着物が着せたい、或は親に御馳走を食わせたい、或は遠いところへ旅に出たい、細かにいえば限りない願いがある。その限りない欲の真底に芽生えておる願いは生の願いだ。生きてゆくという願いである。その願いの反面は、死を恐れるという心です。我々の心の中に、如何に生の願いが激しいかということを、はっきりするために、何かというと「死ぬ」と言う。死を恐れ、死に驚くという反面が生を願うという心の相であります。だからこれは、仏教信者、キリスト教信者、日本人、西洋人という隔てはない。この願いは、犬猫虫けらにもある。こういう意味において、帰命無量寿如来という願いは万物通じての願いだ。そうすると阿弥陀仏のお名前は、一切の生物の願いの現れた御名である。お経の中に、三世の諸仏は弥陀仏三昧によって、成道正覚されたと書いてありますが、一切の諸仏は弥陀の名号を自分の願いとしておる。それで一切の諸仏の願いをそのまま成就せられて、南無阿弥陀仏とならせられたのである。帰命無量寿如来と述べられた親鸞聖人の御信心に対しては、一人として異論の申される者は無い。皆その前に合掌し、恭敬せにゃならぬ。生きとし生ける者で、帰命無量寿如来の信心に異論の言われる者は気違いか、或は馬鹿でなければならぬはずだ。この帰命無量寿如来というのは、親鸞聖人の胸に燃え立っておる信心でありますが、やがてはそれは一切衆生の上に燃え立って出にゃならぬ信心だ。だから、どんな人の心の底にも、虫けらの心の底にも、南無阿弥陀仏の帰命無量寿如来という信心の芽生えのないものはおらぬ。

ところがこの帰命無量寿如来という信心を形の上に現わして下さった百二十行の『正信偈』は、『大無量寿経』の教えによって、先ず最初に、形の上に帰命無量寿如来を見せて下さった阿弥陀様のお徳を讃歎し、その次へ行って、その阿弥陀様のお徳を、話の上や、心の上だけではなしに、具体的にこの人間の感覚の世界、経験の世界に形を現わして下さった。その帰命無量寿如来の信心が、人間世界に最もはっきりと形を現わして下さったのはお釈迦様だ。無論このお釈迦様のお話の中には、阿弥陀様の因位のこと、果上のことが、こまごまと説かれてある。しかし、その阿弥陀様は、この地上において我々と共に住まわせられる仏ではない。だからこの仏は、形の上に現われておられても、報身の仏で、因果の形を現わしていて下さる。因果応報の因位の現われて下さったのを報身の仏という。しかし、この報身の仏は、人間の身体の上で描いた形であって、実際我々の手に触れ、眼に触れる仏でない。それが具体的に感覚世界に現われて、我々の耳に、手に、眼に触れるような形をして現われて下さったのがお釈迦様だ。だから応身とも申すのです。

帰命無量寿如来というのは、一切衆生の心の中に宿らせられる仏であります。だから法身といってもよい。その法身の仏が、我々の上に形を現わして下さると、南無阿弥陀仏というお称名になって現われて下さるのである。南無阿弥陀仏となって衆生の上に宿らせられる仏は法身です。法身が我々の口に現われて下さるのがお称名です。だからこの法身の仏は、一切衆生の信心だ。信心というときは、仏の教えが善知識によって伝えられ、その教えによって明らかになることである。その明らかになった自覚の心は、今さら慥えられたものでなく、一切衆生の心の中に、必然に発っておる願いである。春先になると、そこでも、ここでもたくさん草が芽生えてくる。その力は、瓦や石ころを撥ね除けて芽を出す。あの草にとって一番邪魔になるのは、瓦や石ころである。だから、あの瓦や石ころに障えられながら芽を出しておる草を見ると、わしの心の悩みを思う。わしの心の苦しみは、春先の石や瓦の下の草のようだ。伸びようとしても石や瓦が邪魔になって伸びられぬ。だからそれを撥ね除けて出る。そこへいくと、あらゆる衆生の悩みは、伸びようとする命の願いを、何か外のものに妨げられておるということである。仏のお助けとはその邪魔になる石や瓦を取除けて下さって、すんなりと芽を出さして下さることだ。ところがわしの心の中の帰命無量寿如来の願いを抑えておるものは、石や瓦でない。自分の胸の中にある自分の慥えた理屈だ。いろいろの経験やら、推理やらで積み上げた理屈、或は善悪正邪、分る分らぬ、そうした自分の勝手な手製の感覚やら議論、そういうものに蓋をせられて、真実のこの願いが妨げられておる、その時のわしは悩むのだ。それで仏は一切衆生の苦を救うために、その妨げをなしておるものは、どんなものだということを知らして下さるのである。我々が無自覚でおる間は、ただ苦を感じ、悩みを感ずる。苦の原因が分らぬ、ただ苦しい、切ない、それが地獄なんだ。地獄とは心の中心の願いが伸びることが出来んで、いろんなものに妨げ苦しめられておることである。その苦しみの原因が分らぬ。その苦しい、苦の中に、どうかこの苦を遁れて仕合せになりたいという願いがある。そこで仏様は、智慧の眼で御覧遊ばされて、お前達の苦しいのは、お前達の慥えた道理理屈だ。その道理理屈は、手製の理屈だ。雑行雑修の小さな理屈だ。いろんなことを思ったりしたりして、自分の上に積み重ねて持っておるから苦しいのだ。お前らの苦は、お前らの毎日の小さな胸から作り出しておるのだ。お前らの思いだ。無いものを有ると思い、有るものを無いと思う、勝手にものを慥えて苦しんでおる。それを捨てよ、自力を捨てよ。それが破られる時、帰命無量寿如来を一心に頼む心が出る、とおっしゃるのである。

頼む心は、雑行雑修を捨てた時に出るので、それは同時です。迷いを取除ければそこに伸びるのです。そうすると、暢びやかな朗らかな心になる。我々がいろんなことを思うて、分る分らんと悶えておる中で、一心に南無阿弥陀仏と自分の中心をそのまま言い現わすことが出来た時に、我々の心は経験、感覚の世界を超えて、一切に遍満した理性の世界、仏の世界に入るのだ。そこへ入ってみれば、身も南無阿弥陀仏、心も南無阿弥陀仏、帰命無量寿如来より外に何もないようになる。この帰命無量寿如来は、ないものがあるようになったのでなくて、あったのがあるようになった味わいである。もとからあるのだ。それを昔から、仏性はあるが、それは善知識の力で仏から貰うのだ、或は元からないものが仏によって現わされるのだ、というが、どっちが本当か。自分の本心の願いがすんなりと伸びたことより外になかったのだ。そうすると仏が助けて下さるとはどういうことか。芽生えて来る菜種の芽に芽をつぐのでなしに、瓦や石の邪魔になるものを取除けて、菜種は菜種のままに伸ばすことだった。すんなりと、人間の本心の現われる姿が帰命無量寿如来だ。お客さんがある。「よく来たね、丁度御飯時ですがどうですか」こう言われて初《う》生《ぶ》な人だと、腹が減っておれば戴きますと言う。ところが自力我慢のある人は、腹は減っておるが欲しいとは言わぬ。「ここへ来る時食うて来た」と嘘をつく。これが雑行雑修だ。何か、御馳走になると気の毒だと思うのだ。それは平生人にものを食わすことの嫌な人だ。だから人も物も食わすことが嫌いだと思うのだ。だから腹が減ってもほしいと言えんのだ。しかし、もう一遍食えと言うたら食おうと思うておる。ところが家の人はその遠慮を本当かと思ってそれっきり勧めないと、「あの家はお辞儀の出来ん家だ」と言うておる。腹一杯のことが言えんのだ。

先度或る所へ行ったら四十ばかりの人の話に、「私は今日苦しい目に逢うておる。それは親に今の主人の所へ嫁に行けと言われた。外に好きな人があったので行きたくなかったが嫌々嫁いで来た。いやな所へ来ておるから、いつも主人によいのにお給仕が出来ぬ。その中に子が出来た。それでもいやじゃという思いはとれない。又子が出来た。そのうちに好きであった人も嫁を貰った。その人にあとで自分の気持を言うたら、〝わしもそうだった、あの頃言うてくれればよかったに〟と言うのです」こういう話をしていたが、そういうのは自力にほだされたのだ。また或る人は、思い通りに我慢をつのればよいと言う。それもいかん。ともかく、我々の本当の願いが現われて来るとき、そこに願いの成就出来ぬ事が出れば、又第二の本当の願いが出てくる。ところが始めから自我をつのっておると、そこに停滞がある。川の水を溜めておくと溝になる。我々の生活も垣を拵えて流さんから腐る。それは罰で溝になるのだ。溜まるのは罰だ。腹痛は、腹の中で食物が溜まって腐るからだ。大抵の腹痛は出せば直る。蓮如上人のお文に、……大略信心を決定したまへるよし聞えたり。めでたく本望これに過ぐべからず。さりながら、そのまま打捨て候へば信心も失せ候ふべし。細々《さいさい》に信心の溝《みぞ》を浚へて弥陀の法水を流せといへることありげに候。

じっとしておると腐るぞ、しばしば弥陀の法水を流せ、心の掃除をせよ、とおっしゃるのである。いつも帰命無量寿如来と新しい心に燃え立つ。その帰命無量寿如来の心が、この世の歴史の上に一番先に現われて下さったのがお釈迦様だ。だからお釈迦様とはどういう方だというと、一切衆生の標的になる方だ。印度の者も支那の者も、日本の者も、お釈迦様の前に手を合わす。それは、お釈迦様の全生涯が我らの一番大事なものを現わしているからだ。だからお釈迦様といえばわしらの胸の中より外にないのだ。我々の胸の中の一切がお釈迦様になって現われて下さる。南無阿弥陀仏というその仏の真実が人間に現われて、拝まれるのはお釈迦様である。だからこの阿弥陀様のお姿を、印度ではお釈迦様にかたどって彫刻した。日本では親鸞聖人だ。今日のお太子様も、七高僧も皆阿弥陀様のお姿である。お釈迦様がこの世にお出ましになったのは、その阿弥陀様の本願海から現われ出て下さったのだ。本願がそっくりだ。だから親鸞聖人の仏教は弥陀の本願だ。弥陀の本願とはどういうことかといえば、帰命無量寿如来だ。帰命無量寿如来とは、阿弥陀様の果上の御名号だ。果上の御名号が因位の本願だ。蓮如上人が、

南無阿弥陀仏といふ本願たてまし〳〵て迷の衆生の一念に阿弥陀仏をたのみまゐらせて、諸の雑行を棄てゝ一向一心に弥陀をたのまん衆生を、たすけずんばわれ正覚とらじと誓ひたま

ひて、南無阿弥陀仏となりましります。

と仰せられたのはこのおこころである。

南無阿弥陀仏とは、第十八願を成就したから南無阿弥陀仏だ。それを「南無阿弥陀仏といふ本願をたてまし〳〵て」というのは変だと思うたが、この南無阿弥陀仏という果上の本願が衆生の心の中の本願だったのだ。因位の願だ。だから法蔵菩薩の建てられた願いはどんな願いか、南無阿弥陀仏の願いだ。そして、法蔵菩薩の胸の中に、南無阿弥陀仏の十七願が成就したとき、十方の諸仏の口に南無阿弥陀仏と現われて下さった。それが私一人の心の中の南無阿弥陀仏が、一切衆生の心に現われ、それが諸仏の心のうちに聞かれるのだ。自分の心の願いが向こうに聞かれるのだ。天下晴れての身になるのだ。それを蓮如上人は、

うれしさを昔は袖につゝみけり今宵は身にもあまりぬるかな

という恋の歌で現わしておいでになる。昔は袖に包む喜びであった。今は身にあまるようだ。これは、昔は口でさえ称えればよいと思うた。外からつけたようだった。ところが今は飛び立つようだ。昔からみれば一心に弥陀が頼まれるようになると、飛び上がらんとおられんのだ。それが天下晴れてになったのだ。ひそかな思いであるからそれを隠すことが出来た。今宵は身にあまったから隠しておられぬ。

忍ぶれど色に出にけり我が恋はものや思ふと人の問ふまで

隠しておられんようになった。それればかりでない。十方の諸仏からそうじゃと図星をさされるの

だ。天下晴れてじゃ。自分の願いそのままが名乗らせられるのだ。親鸞聖人はその南無阿弥陀仏を胸にいただかれるとき、一切に帰命無量寿如来と言われた。その帰命無量寿如来のお味わいを、先ず第一に人間世界の最初のお釈迦様の上に味おうて、「如来世に興出したまふ所以は　唯弥陀の本願海を説かんとなり」とおっしゃったのである。親鸞聖人の本願は、十方衆生の心そのものである。だから小さいものでない。全人類のもつ最も古い最も正しい願いだ。南無阿弥陀仏は言うても言わんでもあることだ。我々はどこへ行っても、どこででも、誰に気兼ね気遣いがない、大声あげて言われることだ。言葉を通じて言えばいかんが、言葉の内容に皆ある。学問の有る者、無い者、南無阿弥陀仏に異論はない。異論があればまだ南無阿弥陀仏がわからんのだ。だから皆南無阿弥陀仏がわかれば、内輪近所みな仲良くなる。嫁と姑との仲の悪いのは南無阿弥陀仏がないからだ。嫁と婆さんと違うたものを持っておるからだ。皆南無阿弥陀仏の願いを持っておれば、皆一緒に南無阿弥陀仏の世界に歩んで行ける。そこまで行かにゃ社会の一致がない。そこまで行かにゃ聖徳太子の「和を以て貴しと為し、忤ふことなきを宗と為す」を実行することが出来んのだ。どっちにしても、上り汽車に乗るのと下り汽車に乗るのとは合わんにきまっておる。一つ所へ行く時は皆一緒になられる。だから南無阿弥陀仏の願いが自分のものになれば、お釈迦様も我々も一緒のところへ行ける。親鸞聖人の仏教はそういうものだ。親鸞聖人もお釈迦様も弥陀も本願は同じものである。弥陀の本願が我々の胸にそのまま現われて下さったのだ。だからお弟子より見れば「本願の御坊」と言われたように、親鸞聖人は阿弥陀様がそのまま現われて下さった方だ、親鸞聖人がこの世に御出生の所以は、唯弥陀の本願を説かんが為だ、と味わわれるのである。弥陀の本願海を説くということは、人間が人間の奥底のまま生きるということである。南無阿弥陀仏は我々の願いの掛け声だ。阿弥陀様の願いではないか。そうだ。ただ建てたのじゃない。我々の願いを建てて下さったのだ。だからそのままが皆の願いだ。だからお釈迦様がこの世に出られたのも、わしのこの世へ生まれ出たのも、弥陀の本願を実行するより外になんにもない。だから皆が生まれたのは、物を食うこと、着物を着ること、いろんなことを習うとか、それも悪いことではないが、本当にわしがこの世に来たのは、この願いを聞くためである。このために、南無阿弥陀仏が世に生まれたのである。この願いを成就することが、わしの務めである。わしの生まれた意義は、これより他にない。ということがはっきりすると何をやっていても、そこに偉大な無限な大きな力と楽しみを味わうて、五十年七十年の命に、或は明日があるかわからんような命に、無限の命を味わうのです。この小さな身体に、大きな喜びを味わうのであります。

親鸞聖人はお釈迦様のことを御讃嘆遊ばして、お釈迦様がこの世に出興せられたのは、唯、弥陀の本願を説くためだ、とおっしゃった。その「唯」は、聖人御自身をおっしゃってあるのである。わしのこの世に出たのは、弥陀の本願を説くためだ、と。身体全体に弥陀の本願を説き現わしてゆく、それを思うと、わしの生活に非常な張合いと力とを思うのであります。

第十九講

五濁悪時《じょくあくじ》の群生海《ぐんじょうかい》は
応《まさ》に如来如実《にょらいにょじつ》の言《みこと》を信ずべし

この前のところは「如来世に興出したまふ所以は唯弥陀の本願海を説かんとなり」でした。釈尊がこの世にお出ましになったその中心は、ただ、阿弥陀如来の本願を説くためであった、と。ここに親鸞聖人の仏教統一の御信心の相が窺われるのであります。

仏の教えがそうであったとしたときに、今度は聖人が、一切衆生の方に向うておっしゃらにゃならん言葉がある。その言葉の記されたのが今日いただく御文であります。釈尊がこの世に出られたのは、弥陀の本願を説く為であったといい、さて、仏に対して我々衆生はどうすればよいか。先ず聖人御自身、その仏のお心に対する態度を明らかにせられた。「五濁悪時の群生海は　応に如来如実の言を信ずべし」とおっしゃったのであります。この聖人御自身の態度は一切衆生の態度であるのであります。

五濁というのは、五つの濁りということです。五つの濁りというのは、お経の中に、劫濁・見濁・煩悩濁・衆生濁・命濁とある五つのことである。劫濁というのは、劫は未来永劫という劫であって、時間的の数を現わす言葉である。印度では非常に大きい数を現わす時、劫の字を用いる。こういう劫の濁りがあるというのはどういうことか。昔印度では、この世界の状態を考えて、成《じょう》

・住《じゅう》・壊《え》・空《くう》、という四つの遷り変りを考えた。成は成るということ、出来上がってくること、生まれ出て来ること、住は住《とど》まる。人間でいえば、子供の時から大人になるのが成で、大人になったのが住、二十五、六から四十五、六までが住である。五十から後になると壊というて壊れるのだ。壊という字は、破壊の壊という字である。年寄達は壊の中へはいっておる。空とは無いようになることで、死ぬのだ。

こういう様に人間でいうても、成・住・壊・空、と四つある。世界全体をも、成劫・住劫・壊劫・空劫の四つで考える。現に今の時代は壊の時である。成劫という時代はものの成り立つ時代で、人間の寿命の伸びる時代である。破壊の時代は人間の命がだんだん縮まってゆく、そして一遍世の中が空になる。それがまたひっくり返って、成・住・壊・空、となる。こういう工合に世の中が変ってゆくというのです。これはお釈迦様以前の哲学者が考えておったことである。これについてお釈迦様は、これは間違いだとおっしゃらん。お釈迦様は、そういう世の中がどうして変ってゆくかということにはあまり頓着なさらぬ人である。ただ、世の中が善くても悪くても、善ければ善いでその中に自分の道を発見し、悪ければ悪いでその中から道を発見してゆかれる。だから、人生観、社会観を別に出して改めるということをなさらなかった。それで、この四つの変りについては、仏教ではその説をそのまま用いておるのであります。

「劫濁」というが、何が濁っておるのか、時代が濁っておる。これは後にいわれて来たことが、正・像・末の時代ということをいう。正法の時期とは、お釈迦様のなくなられた後五百年、み法がそのまま伝わっておる時代。その後の千年は像法の時代でお釈迦様のお徳が薄くなって、仏像によって仏法が伝えられるという時代。その後の万年は末法の時代で、澆季《ぎょうき》という濁った時代、季《すえ》の世である。この時代は、お釈迦様の感化から遠く離れてきた時代である。その人の徳は、或る時代までは非常に栄えるが、或る時代までくると薄らぐ。お釈迦様のような方でも、二千年経つとそのお徳が薄くなる、末法となる。その時に新しい人格者が出て来なければ法が出て来ぬということがいろいろのお経に説かれてある。その末法の世の中は濁りである。今の時代は四劫という分け方にすれば壊の時代で、正・像・末の三時とすれば末法の時代である。劫濁とは時期が濁っておる。時代が濁っておるのである。

よく、今日のような時代に正直に商売は出来んという。現に去年の夏から家におった弥永君は仕立屋をしておったのだが、真面目に人生を考えて来た。正直にやると家が立たぬ。皆が立つようにするには嘘を言わねばならぬ。いよいよ困っておるとき弟が学校を出たので安田へ来たと言うておったが、弥永君の悩みは、今の世の中におると、道徳と相容れぬ。正直にすれば家が立てられぬ。それで寺へ来たのである。又、或る女の人が、商売をして子供と姑と二人を養うておる。この人は、昔は商売のことについて、嘘やら掛けを言うておったが、だんだん話を聞くと正直にやりたい。それで正直にやっておったら組合から「そう正直に税務署へ言うて貰ってわしらは困る」と言われた。組合の言う通りにする時は税務署へ嘘を言わねばならぬし、税務署の方を正直にすれば組合へ嘘を言わねばならぬ。そうすると帳面を二つ持って嘘を言わねばならぬ。どうすればよいでしょうかと聞かれたことがある。ここに劫濁の相を見ます。時代が濁っておるのです。極端に考える人は、こういう時代におっていくら正直にやろうというたところで、正直に出来んようになっておる。時代が悪いのだ、だから時代から改めにゃならぬと言う。それも無理はない。麻の中に葎が生えると真直ぐになる。人間も居り場によって違う。環境というものは大事である。時代が悪いと治めにくいのだ。食うことに困らにゃよい心でおられる。何かぎしぎしたものがあると、皆目に角を立てにゃならぬようになる。

お釈迦様御在世の時代に道を修める人は、お釈迦様の側へ行って修行をしたのであります。そういう人は自分の道が明らかになると、なるべくその人の側へ行きたいと思う。お釈迦様の御縁に遇えなかった人の中には、弥勒菩薩のおられる兜率天へ行かにゃ信心は得られぬと思い、兜率天へ往生を願ったものもおった。又西方の阿弥陀仏の極楽へ往生を願う者もおった。いい所へ行きたいということは否定することの出来ぬすべての人間の願いだ。その土地が悪いとそこに住む者も自然に悪くなる。「朱に交われば赤くなる」人はいい所におれば善い者になる。悪い所におれば悪くなる。線香の中におると抹香臭くなり、香水の中におると香水の匂いがする。今の時代は濁っておる。黄金時代でない。或る人は、今の時代じゃとても道徳は守れぬと言うた。これは仏教でもやはりいうておる。親鸞聖人はその事を感ぜられたのであります。末法五濁の世になると、釈迦の教えはあるが、教えによって証りが開けんようなからくりになっておる。自分だけでやるということはなかなか容易でないのである。劫濁とは現代式にいえば社会組織の濁っておるということである。一部の人は、これは財産が固定しておるからだ、困っておる者のために分けてやらねばいかんというが、皆困っておるのだ。貧乏人ばかりでない。持った者は、有るにまかせて人にやっておれば自分が困る。だから充分に愛を運ぶことが出来ぬと言う。

これは越中の或る大きな地主の夫人の話だが、

「私も娘の時代には有難いと思うて暮しておったが、母が死んでからは情ない事が多い。今までは人が寄って来るとよく来たと言うたが、この頃はそうは言えぬ。来る人がみんな物をくれ、金を貸せと言うて取ろうとすることばかりです」

「やればよいでしょう」

「そうすれば家の物がなくなります」

「そんならやらにゃよい」

何でもその家は二千石ほどの田持である。そんなに心配ならば皆やればよいが、やればまた自分が困るという。金銭に執われておるときは、人間の真心の親切は出来ぬ。欲を出せば殴られる、離せば困る。だから今の世の中にゃお釈迦様や孔子様の教えられるようなしっかりしたことは出来んのです。無理はない。時代が時代だ。自分一人が何にも悪いことをせんでおるということは容易でない。皆が踊っておるのに、自分一人踊らずにおることは出来ぬ。皆が酒を飲んでおるのに、自分一人飲まんというのは、よほど偉い人でなければ出来ぬ。やはり劫濁だ。

今度は「見濁」見とは見るという字で、考え、了見、見当をつけるということである。これが濁って来る。人間の考えが濁って来る。邪見・曲解・悪智慧等である。自分の心に何か理屈を持っておる考えは恐ろしい。それも濁りである。

昨日能登から二人訪ねて来た。一人は六つの年に父親に別れ、叔父さんに財産整理して貰ったが後皆使ってしまって何にも無くなった。一人は大きな家の者であったが親類の請人になって何にもなくなった。二人ともそれが御縁になって仏法を喜んでおる人達である。いい手紙をよく寄越しておったが、昨日はお礼に来られた。

去年の春、「馬鹿だという声を聞くとわしは助かる」と言うわしの話を聞いてわかったとその一人は言うていた。そして「家がこんな目に遇うたのは前生の業だ」と外の坊さんが言うと話していた。これからよくなれば前生の業が善かったし、今から悪くなれば前生の業が悪いといわにゃならん。向うの人に任す、それは善いことばかり任すのでない、悪いことも任すのだ。だから人にものを委任する時は善い悪いを委任するのだ。だから、金を預けて返らんでもそれでよいと思わねばならん。請人になった人は、引受けたからには、財産皆取ってもよいという覚悟があるからだ。それは前生の業だといえばいわれる。が、そんなことはどっちでもよい。前生の業だろうが、向うが悪かろうがどっちでもよい。あんたの方が余れば、誰か無い者があるにきまっておるのだ。例え理屈はどうあろうとも家が貧乏だというのが実際だ。だから今からどうするかということを考えるのだ。金がなくても行くべき道があればそこを行くだけでよいのだ。財産がなくなった、向うが悪い、と、そんな事を考えておるのは邪見だ。今からどうするということを考えるのだ。仏教は今からのことだ。財産が無くなったと悲しんだり、向うを憎んだりする暇に仕事をすればよい。仇討に行く前に、自分のことをすればよいと言うて聞かしたが、人はおかしなものでちょっと善いことがあるとそれを善く見てゆくからまた善いことがある。悪いことをすると、悪いことばかり思うておるから又悪いことになる。新しい下駄の緒が切れたというて、そのことばかり思うておるから縁起が悪くなるのだ。

人間は見を持っておる。雑行雑修を捨てよと言えば捨てて行くことをしっかり持っておる。繋縛だ。よく、人生はこれでなければならぬと言う。昨日来た人が、信心というのは、皆をかわいがってやること、これが誠の信心だと言うたので、「誠の信心、そんなことを思わんでもよい。だらじゃとわかることだ」と言うたらその人は、「馬鹿じゃと思うより外に何にもないのか」と聞くから「それが馬鹿だ」と話した。それがどうかするとわからん、それが邪見だ。御信心の中にも、これより外にない、これが誠の信心だ、という邪見を持つ。そんなことを決めんでもよい。決めるのが邪見だ。ところがそういうことを決めたいものです。それを見濁といいます。

「煩悩濁」煩悩とは、いろいろの心の煩い、煩悶である。家庭の煩悶、恋の煩悶、身体の煩悶、これらは皆心が暗いから起るのである。貪欲・瞋恚・愚痴、みな煩悩の濁りである。

「衆生濁」とは、一切衆生の濁り。これは時代が濁っておるということの細かなことのようでもある。或る解釈には、衆生がたくさんおって生存競争がある、その生存競争が濁りだとある。又或る人は、人間がたくさんおって困るというところから出た社会問題の一つだという。たくさんの子供の出来るのは衆生濁かもしれぬ。

「命題」とは、命の濁り。思う仕事を成し遂げもせずに若死するのは命が完全でないからだ、それは命の濁りである。

世の中には、劫濁・見濁・煩悩濁・衆生濁・命濁の五つの濁り、障りがある。日本の神道でも、この人間の心が濁っておると禊ぎをして洗い清める、或は祓いをして清めるということがある。日本人の中心の信心の願いは、祓い給え、清め給えの思想である。五濁の濁りを清め祓うということが人間の中心にもっておる欲求である。また、この濁りの中に我々はおるのである。

この世は五濁悪時悪世の群生海である。この群生海とは、群生——たくさんの生物、それを海に現わしたのである。これは濁った世に生存しておる者ということである。この濁った世に生存しておる者は、助かる縁手懸りがない。唯、如来の如実の言を信ずるより外にないのである。「応に如来如実の言を信ずべし」仏の誠のお言葉を信ずるより外にない。清めの道は信心である。お釈迦様がこの世に出られたのは、弥陀の本願海を説くためである。それに答えて、親鸞聖人は、わしのような五濁の中に生を受けておるものは、唯一つ、この如来の誠のお言葉を信ずるより外にない、とおっしゃるのである。これは聖人の御信心である。

世の中を皆、自分の見解で見、煩悩で決め、或は衆生濁で見、命濁で見るというようなことをしておる前に、先ず何かなしに如来如実の言を信ずるということが大事である。仏様の誠のお言葉を我がものにする、信ずるのである。信ずるとは、信心歓喜と第十八願の成就の文に説いてあるその信です。だから信ずるということは、仏様のお誠の前にひれふすということです。頭を下げるということです。尊いお言葉の前にひれふす、これが唯一つの道だ。「五濁悪時の群生海は応に如来如実の言を信ずべし」仏の仰せを信ずるより外に助かる道はない。祓いは仏教の信心だ。それより外に助かる道はない。

「聖人一流の御勧化のおもむきは信心をもて本とせられた候」と蓮如上人がおっしゃったのは、このお心であります。

第二十講

「五濁悪時群生海　応信如来如実言」の御文を話しかけておった。今日はその話のつづきを致します。

「五濁悪時の群生海」濁った世の中に生を受けた衆生、それは我々のことです。自分も濁っておれば、自分の周囲も濁っておる。自分も他人も濁っておる。その中に住んでおるものは、向うから濁りを清めるのか、自分が清まるのか、どっちかが晴れねばならん。ところが、自分が清まろうとしても清まらず社会を清めようとしても清められぬ。どっちへ向うても手出しが出来ぬ。そういうことに対して一つ開かれておる道は「応信如来如実言」という道です。世の中を清める、自分を清めるというこれにはとても力が叶わぬ。この自己改造或は社会改造という望みを果されない自分に、唯一つ進むべき道は「如来如実の言を信ずべし」仏の誠のお言葉を信ずるという道だけが開かれてあるのでありますと。今の世の中が不完全であるということは、誰が見ても同じことです。世の中が不完全であるばかりでなく、自分自身が不完全です。不完全ということがわかれば、人間の本性として、完全になりたい、したいという努力がある。しかし、世の中が濁っておる時は、自分一人が濁らずにゆくということは容易でない。どうしても大きなものに巻かれる。巻かれておれば浮ぶ瀬がない。その大きな濁りを改める、又自分自身が改まろうとしても、それを改めるということは容易でない。だんだん考えると、世界を改める力は自分にはない。それではどうするか、人間である以上は少しでも清まりたい。少しでも完全になってゆきたいという願いがある。その願いをどうして満足するかということを、ここには、「応に如来如実の言を信ずべし」とおっしゃったのである。仏の真心からのお言葉を信ずる、というただこの道一つである。この道一つによって自分も社会も共に清められる。これが聖人の教えであります。

「応信如来」の応というのは、相応に信ずるときは相叶うという考えで、相応とは、瓮《かめ》の蓋と実とがきっちり合うというようなときにいう。又、身分相応、或は時機相応というときにもこの言葉を使う。しっくり二つのものが合うことである。あの人は身分に相応した着物を着ておるというときは、その人に着物がしっくり合うのである。これに反して、あの人は相応せんことばかりだ、というときはそこに矛盾がある。先に言うたことと、後に言うことが一緒にならん、或は言うたこととすることが一つにならんことがある、これが不相応である。

この「応」という字は漢音で「オー」という。日本の言葉で、誰それさんと言うと、「おーい」

と言う。その「おーい」と言う言葉の中には返事の意味がある。わしが若い頃白山へ詣った時に、血気盛んな頃だから一行と離れてどんどん行く。誰も居らぬ。淋しい。そこで「おーい」と言うと向うで「おーい」と答えてくれる。相呼応するのである。呼び合うことがあの「おーい」です。ここには向うの「おーい」というその返事の意味はない。けれども非常に深い心持がある。「おーい」というときは、何ともいえん人なつかしい。救いを求める、力を求める。そこに味わいがある。向うにおる人も同じ事なのだ。この人はどこを求める、力を求める。「おーい」と「応」とは通じる。法蔵菩薩の心に通うて力が生まれて来る。「おーい」とはそういう心持である。この応の字をここでは応に《まさ》と読む。応にとは、正しくということである。応は正の字の正に通じる。応にとはきちっと合うことである。箱の蓋と実とががたがたせぬ、混りものがないことである。

「応に信ずべし」信ずるとは、度々話に出ることだが、この頃本居宣長の書かれた『古事記伝』を読んでおると、この信心の信という字に、たのむという訓がほどこしてある。たのむ……、頼む一念とは、信心のことである。なるほど、日本の古語では、信にたのむという訓があるのじゃなということを習うた。信というのは、たのむ、信ずるのは頼むのだ。そうなるとやはり「おーい」という心である。底力のある心だ。友達同志の話に、わしはあれを信じておると言う。信じておるとは力にしておるということである。そこにすがっておるということでもあるし、任すということでもある。わしはあの人を信じておるとは、その人に身も命も任すことである。また自分を捧げるということである。だから信ずるということは、相手の前に自分がなくなったことだ。

成就の文の中に「信心歓喜」という言葉がある。あの信心歓喜とは、天竺の言葉でいうと、プラサーダという。プラサーダとはシットダウン、下におるということで、跪づくことである。それは向うの足を拝むことだ。これは頼む姿である。任す姿である。すがる姿である。力にする姿である。自分の値打を捨てる。まるきり自分を投げ出して信ずるのだ。だから、信の一念には自力がなくなる。或は無我という。仏法の無我には、俺がという我を出さぬ。人が信ぜられたというのは、その人に対する我慢の針がなくなったことである。信ずれば負け勝ちがない。だからそこに我はない。何にもないのだ。すっかり自分を投げ出したのだ。だから無我である。自力がすたる、はからいがないのだ。だから信ずる姿は、全く魂を奪われることであるというてもよい。

仏を信ずるとは、仏に自分の魂を奪われるのです。あの人は誰それにのろけて魂を抜かれておるという。それです。信ずるとは魂を抜かれる、腑抜けになるのです。仏を信ずるとは、仏に凡夫の魂を抜かれるのだ。仏に魂を抜かれるとは、自分の魂を投げ出してその代りに仏の魂が自分に入り満ちるのだ。魂の取換えだ。すっかり投げ出したものは、すっかり貰うのだ。自分のものは離さんで向うから貰おうと思う、これはまだ信ずるのじゃない。信ずるとは、持ったものを離すということである。人を信ずるというときになると、ちっともそこに張りがない。全く投げ出しだ。御心のままだ。だからそこには善悪がない。ただ真心があるだけである。我が心で、こうしてわかろうか、ああしてわかろうかということがない。だからその張りはない。ただ、打任す、仰せのまま、これが信である。その信の上にまた応という字がついている。どこまでもしっくりと心に融けてゆく姿である。

「如来如実の言を信ずべし」如来は仏様。「如実」とは、如もまこと、実もまことである。如は如来の如で、真如とも、如実ともいう、そのままだ。昔、日本の国を言挙げせぬ国というた。言挙げせぬとは理屈を並べぬことである。日本の国は理屈のない国だといわれた。まことというときには、自分の考えは、という小さな理屈を入れない。だからその姿は、ありていがかりのそのままである。そこに細工がいらぬ。作りごとがいらぬ。ありのままだ。十年ほど前から、日本の政党人が、是々非々ということをよく言う。これは政党が二つに分れておると、反対のための反対をするから、善は善、悪は悪として反対の為の反対はせぬということをいうたものである。固まらんのだ。善に固まらず、悪に固まらぬ。

禅宗の教えに「事に執するも迷なり、理に執するもまた悟にあらず」ということがある。世の中の物質的の財産、或は妻子に迷うということは事に迷うことである。これは勿論悟っておらぬ。だから理屈を大事に思うて理屈につかまっておる。世の中のことにへばっておっては証りはない。如実ということは、現実のことに執着をせぬ、だからというて理屈もない。あるものがありのまま変るものが変るまま、世の中は諸行無常だ。滾々として水の流るるが如し。変るものをして変るままに眺める、静かにそれに順うて行く、そこに何らがんばりがない。こだわりがない。だから「柳は緑、花は紅」それより外に真実はない。ありのまま、暑ければ暑い、寒ければ寒い。信心を得たとて、夏になっても暑いと言わなかったり、冬になっても寒いと言わぬということはない。

夏になれば暑い。冬になれば寒い。火にあたれば熱い。氷に触れれば冷たい。ありのままだ。そこにいろんな理屈を考えて自分を弁護せんでもよい。言挙げせんでもよい。それが如実の信である。

「如来如実の言」言は言葉。仏様のおっしゃることは、法そのまま、世の中の真実をそのままおっしゃるのである。そのお言葉を信ずるのです。「応信如来如実言」とは仏の言葉を信ずるのです。日本の昔のことを書いた本を読んでおると、いつでも大事件のある時は、皆神様のお告げを受けられる。天照天神が大国主命の治めておいでになった国を譲り受けて、御自分の御子孫に治めさせられる時、天津神のお告げがあった。又、神功皇后が三韓征伐にお出でになるとき、九州の今の香椎においでになった。そして熊襲征伐をなさろうとして、仲哀天皇はお琴をお弾きになり、武内宿禰は庭にひれふして天津神のお告げを請われた。その時神様が神功皇后に乗り移られた。そして、「この海の向うに順わぬ国がある。それを討ち平げよ」こういうお告げがあった。ところが、仲哀天皇は、高い所へお登りになって海の向うを御覧になったけれども海ばかりで何にも見えないので、「国はちっとも見えないじゃないか。海ばかりだ」とおっしゃった。そうすると神様がまた皇后に乗り移られて、「お前のような者は一つの道を行け」というお告げをされた。一つの道とは、死んでしまえということだという。私はこの一つの道ということについて他のことを思うておる。徳川時代の学者でも、今の学者でも、死んでしまえということだと解釈した。武内宿禰が仲哀天皇にお琴をお弾きになることをおすすめ申したが、そのままおかくれになった。これは神様の仰せに叛かれた罰だということだ。天子様でも神様の仰せに叛かれると命までなくなる。ところで神功皇后は神様の命によって、男のような姿で三韓征伐にお出でになったということが書いてあった。よく神様の声が聞こえるとか、神様が乗り移ってその人の心に伝えられたということもある。

仏の教えは、常に仏の声を聞けとおっしゃる。南無は帰命、帰命とは、「釈迦弥陀二尊の仰せに順ひ召にかなふ」ことである。如来のお言葉に順うとは、南無の二字のこころである。「応に如来如実の言を信ずべし」とは、帰命の心を細かにおっしゃったのである。我々はこの如来様の誠の言葉を聞かにゃならぬ。誠の言葉はどこに聞こえるか。ただ常識的にいえば、如来の誠のお言葉はお経に書いてある。或は坊さんの説教を聞くことです。が、お経の文句やお説教の文句を聞いたからといって、それで如来の言葉が聞こえたとはいえない。真実の如来の言葉は、その言葉の管の中を伝わって聞こえてくるのです。だから、如来如実の言は、わしの耳の底に聞く。が、耳でない耳で聞くのだ。普通の耳でない耳で聞くのだ。我々は五濁悪世におる凡夫である。五濁悪世におるのだから人の言うことを聞くというのでない。自分の了見を立ててゆくのでない。自分の世界を投げ捨てて真実の如来の仰せを聞くのだ。仏の言葉を聞くのだ。世間の声を聞くのではない。仏が真実一杯に教えて下さるそのお言葉を信ずるのだ。だからこうしてお話を聞いたり、法義相続をして、仏の言葉が聞こえる耳を開くのです。耳が開かんと聞こえんのです。真実を聞くのは耳が開けるのである。普通の耳は娑婆のことを聞いておるのである。

或る年の五月、板敷山を越えて高田の専修寺へ行く山道を高松君と一緒に歩いた。いろんな鳥が鳴いておった。小鳥の好きな高松君は鳥の囀りで、あれは駒鳥とか、鶸《ひわ》とかすぐに分る。一緒に行った外の人に、今鳴いたあれは何鳥だと聞いても「何じゃ、何じゃ」と聞き返すだけでわからない。同じ鳥の鳴声を耳があっても聞こえんのです。又或る人の家へ行っていた時ホトトギスが鳴いた。「ホトトギスが鳴いた……あ、また鳴いた」と言ったら、そこの人が「わしは生まれて聞いたことがないですが、この辺におりますか」とびっくりしておる。そのうちまた鳴いた。「また鳴いた」と言うてもまだ聞こえぬらしい。だんだん教えてやったら、「そんならホトトギスはこっちにもおったのですか」とびっくりしておった。

耳が出来なければ如来の声は聞こえません。だから本願の仰せの聞こえぬ者を、無耳人無眼人という。人の悪口やろくでもないことを聞く者と、善いことばかり聞く者とがある。眼も、人の悪いことばかり見える者がおる。耳も、仏の声の聞こえぬ者がおる。勝った負けた、善い悪いということが耳にはいる者でも、真実の仏のそのままの声の耳にはいらぬ者が多い。

「応に如来如実の言を信ずべし」仏の誠のお言葉を信ずるとは、誠のお言葉に打任せてゆくのである。自力の計らいはいらぬ。他力自然の道である。わが理屈の弁護も後押しもいらぬ。如実の言を信ずるとは、極く初心な心である。言挙げせぬ、理屈のない、こだわりのない、ありのままだ。無邪気なのだ。何ら自力我慢がないのだ。子供のようなものだ。弘法さんは、『幼童集』に、子供のような心になるとおっしゃった。親鸞聖人は、衆生が仏を信ずるとは、子供が母を思うように初心な心になるのだ、とおっしゃった。如来の如実の言葉を信ずるということは、世の中の悪いこと、濁ったことに頓着せぬということです。自分の濁りにも気を掛けず、そうしたものはそのままに打捨てて、如来の真実のお言葉を信ずるのです。そこに今から行くべき道が開ける、濁ったものをあぜ返してどうかするのじゃないのです。澄み切った如来のお言葉を聞くのです。これがただ一つの真実の道であります。

第二十一講

能《よ》く一念喜愛《ねんきあい》の心《こころ》を発《おこ》せば　煩悩《ぼんのう》を断《だん》ぜずして涅槃《ねはん》を得《う》

今晩は「能発一念喜愛心　不断煩悩得涅槃」「能く一念喜愛の心を発せば　煩悩を断ぜずして涅槃を得」というお言葉について教えを受けます。

『正信偈』をこうしてだんだん一句ずつ味おうて行くと、一句一句に『正信偈』全体のお心が現われておる。そして、どの一句を取ってみても、そこに聖人の全体の命がこもっておるということを思います。蛇はぶつぶつに切り殺されても、尾でも胴でも頭でもどこでも動く。『正信偈』を読むと丁度そういうような気がする。どこを切り取ってみても、そこに全体の命が躍っておるということを思う。「能く一念喜愛の心を発せば　煩悩を断ぜずして涅槃を得」のこの一行二句の上にもそうした心を味わうのであります。「能く一念喜愛の心を発す」の一念というのは、一思いです。この一念という言葉は、『大無量寿経』の下巻の初めの第十八願成就の文の中に、「乃至一念」という言葉がある。これが一念ということの源である。第十八願の上には、「乃至十念」という言葉がある。普通に乃至というのは、一でも十でも相通ずる言葉です。十念というのは十声念仏を称えることだということを、『観無量寿経』の下々品の中の「十念を具足して南無阿弥陀仏を称へる」というところから古人がお味わいになったのである。十念とは十声念仏を称えるのだ。一念は一声称えるのだと味わわれた。ところがこの一念は、声に現わさぬ先の、気の付いた時尅の極速、心の晴れるその端的をいう。こういうように一応二つに分けてあるがどちらも一つ、一思いだ。善導大師が味わわれた十念一念の味わいは十声一声一念のおこころだ。上は一形を尽し、下は十声一声一念のこころだ。一思いが口に現われるのが一声の念仏だ。

第十八願では「至心信楽、欲生我国、乃至十念」とある。ところが、その成就した相は、「其の名号を聞いて信心歓喜し」ただ一念に阿弥陀様を頼むと、口に称えん先に「至心に廻向したまふ」と書いてある。心が晴れた一念にお助けにあずかる。南無阿弥陀仏を称えんでも助かる。じゃ、称えんでもよいのか、そんなら称えんでおこうという。それは理屈だ。南無阿弥陀仏を称えることは救いの条件ではなく、本願のお心が我が上に信ぜられた時に、称えずにはおられん心の本を貰うのだ。だから、至極短命な人は、それを称えずにすむこともあるけれど、命が延びてあれば、その一念の相続で、仏の名を呼ぶ称名になって現われることは自然の道理であります。

そこでここに、「能く一念喜愛の心を発せば」とおっしゃってあるのは、これはやはり一思いです。喜愛の喜は喜び、愛は愛する、愛しいつくしむ、かわいがる、慕う。ここの愛は慈愛、或は敬愛という意味です。「能く一念喜愛の心を発す」それはどこから出てくるか。如来如実の言が聞こえ信ぜられる、即ち仏の誠のお声が耳にはいるとどんな心が湧くか。ほのかな喜びが生まれる。慈愛の心が生まれる。一念の喜愛の心が発るのである。いつくしみが出てくるのである。じゃから、如来の真実のお言葉を信ずるということは、喜びの本である。愛の本であります。喜びは悲しみに対する、愛は悪みに対する思いである。ものの意味をはっきりするときには、反対のものを見ることによってはっきり出来るものだ。光を明らかに見るときは、闇をもってくるとわかる。我々が世間の声を聞き、自分の声を聞く間は悲しみが出て来る。世間にはどんな声があるか、負けた勝った、善い悪い、分る分らんと、毎日の新聞に出てくる記事の多くは皆世間の事ばかりです。あの世間の言葉を聞いてみると、米が上がったといえば心配になる、下がったといえば心配になる、世の中のどんな事でも、思うてみれば心配にならんことはないものだ。今こうやっておると雨垂れの音が聞こえておるが、あの雨垂れの音を聞いてもやはり心配になる。あんなに雨が降って、十日も続いて晴れなんだらどうしょう、二十日も続いて晴れなんだらどうしょうと、雨の音を聞いただけで心配になる。殊に人間の言葉を聞けば、何を聞いても苦労が出る。また自分はどんな声を出すか、自分の声を聞いておっても心配になる。人のことを褒めておれば、誰か聞いておらんか、と気になる。妙なもので人を褒めると喜ばんものがおる。菓子屋へ行って外の菓子屋を褒めると喜ばん。隣の嫁を褒めるとうちの嫁はいい顔をせぬ。わけても誘れば喜ばんのはあたりまえだ。そこいうと、我々はどこにも障りにならぬものがない。いいと言えば障り、暑いと言えば障り、寒いと言うても障り、天気が良い悪いと言うて障る。そういうことを考えると自分の言うたことも心配になる。悲しみが喜びにならぬ。

ところが如来の真実の言葉を聞くと喜びが湧いてくる。如来如実の言を聞くときは愛の心が出てくる。人なつかしい心が出る。喜びの心の扉が開いて心がにっこりすれば、顔の筋も伸びるし口も開く。その反対に悲しんでおると、顔の筋肉もしまり、口の筋肉もしまる。だから悲しんでおるとものがうまくない。喜べばほのかに胸が晴れるのだ。憎めば人と隔たり、垣をする。愛は垣がとれる。だから皆にすがる思い、皆と手をとる思い、抱きつく思いだ。如来如実の言葉を聞くと、この心が起るのです。

「能く」は能力の能です。きっということです。如来如実の言葉を聞けば、きっと胸から喜びが湧いてくる、愛が湧いてくる。我々は、世間の言葉を聞き、自分の言葉を聞くと、どうしてもそこに心の曲りがある。だからそこに悲しみが発り、悪みが発る。ほのかに融けんのです。如来如実のお言葉が聞こえると胸が融けてくるのです。愛の心が発ってくるのです。自然に発るのです。その心が発ってくるから、「煩悩を断ぜずして涅槃を得」です。非常に大きなことです。普通に仏教では、煩悩を断じて涅槃を得るということになっておる。煩悩とは、煩い悩みだ。三毒の煩悩――貪欲・瞋恚・愚痴、この煩悩をやめて涅槃を得るというのが普通です。ところがここには、煩悩を断ぜずして涅槃を得る。貪欲・瞋恚・愚痴、それを根絶やししてから涅槃の悟りを得るのじゃない。煩悩を断ぜずしてとは、そのままということだ。貪欲・瞋恚・愚痴の三毒の煩悩を苦にせんでもよいのです。「能く一念喜愛の心を発せば　煩悩を断ぜずして涅槃を得」るのです。喜びと愛の心とが発ると、喜びの心の中にも、愛の心の中にも人と自分とを融かしてしまうのです。一つに融け合うのです。善悪の隔てがなくなるのです。善人悪人のけじめがなくなるのです。

抑も、男子も女子も罪の深からん輩は諸仏の悲願をたのみても、今の時分は末代悪世なれば諸仏の御力にては中々叶はざるなり。是れによりて阿弥陀如来と申し奉るは、諸仏に勝れて、十悪五逆の罪人を我助けんといふ大願を発しましまして阿弥陀仏となりたまへり。この仏を深くたのみて一念御助け候へと申さん衆生をば、我助けずば正覚成らじと誓ひまします弥陀なれば、我等が極楽に往住せんことは更に疑なし。

と蓮如上人がおっしゃった。この一念喜愛の心が発れば、人と人との間の隔てがとれる。だから貪欲・瞋恚・愚痴、そんなものを邪魔にせんでもよい。そんなものを根絶やししてから仏を頼むのじゃない。そのままである。それでは涅槃へはいっても三毒が起らんか。そうだ、涅槃を得れば煩悩はなくなる。が、貪欲を止めてから、瞋恚を止めてから、愚痴を止めてから、涅槃にはいるのじゃない、そういうことは心配せんでよい。一念喜愛の心が発れば、そのまま涅槃じゃ。罪を消してから助けて貰うのじゃない。罪の心配をせんようになるのだ。蓮如上人は、

罪消して助けたまはんとも罪消さずして助けたまはんとも、弥陀如来の御計《はからい》なり。罪の沙汰無益なり。

といわれ、又、たのむ一念の時に、

過去・未来・現在の三世の業障一時に罪消えて正定聚の位また等正覚の位なんどに定まるものなり。

とおっしゃった。罪が消えるのじゃ。とことんまで行ったら罪の沙汰は無益だ。貪欲・瞋恚・愚痴、そんなものはどうでもよい。そんなものと相撲をとらんと、如来如実の言を信ずることじゃ。そこに愛が生まれる、喜びが生まれる。その愛の心、喜びの心には貪欲も瞋恚も愚痴も邪魔にならんのだ。煩悩を起すまいとするのじゃない。喜びや愛の心が躍り出ておると、自然に起らんようになるのだ。喜びつつ腹を立てることは出来ぬ。悲しんでおればこそ、憎んでおればこそ、貪・瞋・痴の煩悩も出るのじゃが、仏の如来の言葉が信ぜられて、喜愛の心が湧いてくれば、貪欲も瞋恚も愚痴も起りようがない。「不断煩悩得涅槃」だ。罪を造らんようになって助けられるのじゃない。仏の如実のお言葉が耳にはいると、喜びが湧いてくる、愛が湧いてくる。そうすると三毒の煩悩の起き場がないのだ。それが煩悩を断ぜずして涅槃を得ることだ。涅槃は寂かな心、一筋の心だ。喜びの心、愛の心の上にこそ寂かなものがある。これは如来の真実のお言葉の信ぜられた人の心の上に具わる徳であると聖人はお味わいなされたのであります。

第二十二講

凡聖《ぼんしょう》逆謗《ぎゃくほう》斉《ひと》しく廻入《えにゅう》すれば
衆水《しゅすい》の海《うみ》に入《い》りて一味《み》なるが如《ごと》し

「凡聖逆謗斉しく廻入すれば　衆水の海に入りて一味なるが如し」昨夜の「能く一念喜愛の心を発せば煩悩を断ぜずして涅槃を得」とおっしゃったその次です。煩悩を断ぜずして涅槃を得るとは、三毒の煩悩の患いをないようにしてから涅槃にはいるのじゃない。「一念喜愛の心を発せば」ただ一思いに嬉しいなつかしい喜びの心が発ると、煩悩があるやらないやら、そんなことが苦にならんように涅槃の境地を証らしていただくことが出来るのであります。煩悩を断ぜずして涅槃を得る、その味わいをもう一つ深めて教えて下さるのが、今晩のところであります。

「凡聖逆謗斉しく廻入すれば」凡は凡夫、聖は聖者です。凡夫というのは、貪欲やら瞋恚やら愚痴やらの煩悩を持った者、そして口に言うこともろくなことを言わず、身体に行うこともろくなことが出来ず、いわば、十悪五逆のいたずら者、それが凡夫です。それに対して聖者というのは、聖らかな人、聖という字を見ると、耳という字の横に口という字があって、その下に王様の王という字がある。王という字は最も勝れた人を表わす語である。耳が勝れ、口が勝れておる。よく聞き、よく語る。それを聖という。本当のものを聞いて、本当のものを語る。凡夫は何でも曲って聞いて、曲って言う。だから言うことも、することも曲っている。聖者は、真直ぐにものを見、真直ぐにものを聞く。だから言うこともすることも真直ぐである。外のものに穢されない。それが聖者だ。

「逆謗」というのは、五逆罪、謗法罪をいう。『大無量寿経』の第十八願の終りに「唯五逆と正法を誹謗せんとをば除かん」とある。下巻の本願成就の文にも同じ言葉が記されておる。この五逆罪を造った者を逆徒という。正法を誹謗する者を謗法の人という。

五逆というのは、一つには父を殺し、二つには母を殺し、三つには仏身より血を流し、四つには阿羅漢を殺し、五つには和合僧を破る。この五つである。人間の罪の中でも最も重いものは人を殺すことである。その中でも、他人同志が何か張合って殺すならともかく、親切な愛をもって育ててくれた父を殺したり、母を殺したりする。こういうことは、悪いことの中の最も悪いことです。又、人間の悩みを自分の悩みとし、どうか助けてやりたいという心より外にないお慈悲の仏様を殺す。これも悪いことである。又、仏の道を求めて止まぬ修行者の阿羅漢を殺す。又、和合僧という仏道修行をする人達は皆仲よくしておる、その中へはいって、いろいろのことを言うたりしたりする、そして修行の妨げをする。これが五逆罪だ。次に仏法の悪口を言う者は、謗法罪の人だ。正法を誹謗する罪人だ。

お釈迦様は、第十八願にも、その成就の文をお説きになるときも、この但し書をおつけになった。十方衆生とか、諸有衆生と呼びかけておいでになりながら、その中に五逆罪をつくる者、謗法罪をつくる者を除かれてある。そこいうと悪人が助からんことになっておる。釈尊の時代に、提婆や阿闍世は五逆罪をつくっておる。こういう人は助からぬ、除くとおっしゃってある。

ところが、この『正信偈』で見ると、「凡聖逆謗斉廻入」凡夫も聖者も、五逆罪をつくっておる者も、謗法罪をつくっておる者も斉《ひと》しく廻入する。皆仏のお心の中に流れ込む。斉しくだ。斉だ。斉という字は、厳正に保つというときの字である。隔てがないということである。凡夫も聖者も、善人も悪人も、隔てなく廻入するのだ。廻入とは、廻の字は廻転するというときの廻、廻向の廻という字である。廻とはひっくり返ることだ。それで廻入とは、ひっくり返ってはいることじゃ。私共のこの生活は、自分の考えや、自分の行いやを当てにしておるのじゃが、そこには勝れた者もあり、劣った者もある。殊に他人と比べて見るときは、勝ち負けがある。違いが出てくる。一様でない。ところが凡夫も聖者も斉しくだ。凡夫も、凡夫であることが障りにならぬ。聖者も聖者であることが足しにならぬ。信心はわしらのこの土台に接いだものでない。春先になると、接木をするが、信心を得るとは凡夫の台木の上に仏を接ぐのじゃない。自分の持ったものが一つも間に合わぬ。又、一つも障りにならぬ。そういう外のものに目をかけぬようになる。昨夜も話したように蓮如上人が、

罪消して助けたまはんとも罪消さずして助けたまはんとも、弥陀如来の御計《はからい》なり。罪の沙汰無益なり。

とおっしゃった。罪業の深重なのに目をかけんというのだ。そう言うと、「それじゃ平生業成とか、自覚とか、自己を知れという教えと違うじゃないか、教えを聞くということは自分の悪いこと浅ましいことに目をさますことじゃないのか」こういうことを言う人がある。古来真宗の話を聞いておる人で、自覚ということを嫌う人がある。自覚は自力じゃない。罪業に気をかけるなとおっしゃってあるのに、自らを見るとはどういうことか。浅ましい者と思いつめるということと、罪業に心をかけるなということと同じか。心をかけるなということは、わが機の悪いということ

を思うなというのじゃない。悪いから助かるまいかと思う、これが気をかけることだ。そんな気をかけるなというのだ。こんな悪い者が助かるかということを思うと、また本当に悪い者だということがわかるのだ。自分の罪業深重がわかると、そのままが喜ばずにはおられぬ。そこに大きな智慧が芽生えて来るのです。

真実の智慧のお照らしがあって、わが機の悪いということがわかる。わが機の悪いということのわかった者は、悪いということをあんばいすることがない。わしは悪いからどうかならなければならぬと繕うておるのはまだどん底でない。助かる縁手懸りのない者である。「朽ちたる嚢に水を盛るべからず」で、本当に腐った煩悩の自分だということがわかるのは、智慧のお照らしに遇うからだ。智慧のお光に育てられなければそれがわからぬ。それがわかると明るいのどかな心がそこに生まれてくるのだ。どん底がわからんからどうかなると思うておる。どうかなると思うておる間は本当の喜愛の心が出ぬ。どうすることも出来んということが知られたとき、わが機の悪いことに心をかけておることが出来んのです。だからそこまで行くと、悪いのをどうしょうということもない。それでよいのでもない、悪いのでもない。そのままじゃ。

「凡聖逆謗斉しく廻入す」仏様の心の中へ廻転してはいる、向きが変るのです。人間に向うておる心が仏様の方に向うてゆく。それが廻入だ。廻入とは引っくり返ることだ。廻れ右だ。仏様の方へ向くのだ。丁度、川の水が海へはいって一味であるように、犀川・手取川・浅野川・梯《かけはし》川、それぞれ川にある間は水の性質が違う。しかし、海の中へ流れ込んでみれば一つだ。一味の海の塩水となる。今までを眺めれば凡夫と聖者とのけじめがあった。最も罪の深い者からいえば五逆罪・謗法罪をつくった者もあった。が、はいり込んでみれば一つだ。隔てがない。善い人でも善いことが間に合わぬ。悪い人でも悪いことが障りにならぬ。善いことも悪いことも何にもならぬ。ただ、まるまると仏の智慧をいただく。だから、一つに融け合うのだ。元はどうでもよい。聖者だろうが、五逆罪謗法罪を造っておろうが、どうでもよい、廻入だ。廻の相は、廻心懺悔だ。わかるのだ。本当に気が付くのだ。算盤をおき損うたということがはっきりわかる。それが廻心懺悔だ。心の向きが変るのだ。廻心懺悔して更新するのだ。生まれ変るのだ。凡夫の世界、人間の世界から、仏の世界に生まれ変るのだ。

この廻心がなければ本当に助からんのです。この切換えが大事だ。一念喜愛の心を発す、その切換えの心だ。これは何遍もあることじゃない。廻心は一生に一度だ。ひっくり返ってみれば、そこにはじめて明らかなものが見える。そこいうと、信心を得るということは、信心のお育てにあずかってだんだん姿も変る。凡夫聖者の切換えは信の一念だ。

その一念の信を形の上でやろうというのが土蔵法門である。これは土蔵の中へ入れて光を見せる。ぴかぴかっとする、そら見えたぞ、それで喜ぶ。そういう形をいうのじゃない。一念の信によってやはり如来の光がわかるのだが、その光はどうして伝わって来るか。それは訳は言えぬ。が、一生懸命に道を求めておれば、如来のお手廻しからお慈悲がいただける。あやまられなかったものがあやまられるようになる。そうすると世界が違うてくる。仏の世界に生まれるのだ。だから信心を得たときは、そのときをもって娑婆の終り、臨終と思うべしだ。廻心懺悔すれば、東を向いておる者が、西を向くようになるのだ。すっかり違うのだ。生活の根柢が違うて来る。そのときはじめて、自分の主とするところが出て来る。宗とするところが出て来るのだ。その心には、智者・愚者・凡夫・聖者、の隔てがない。同一です。同一念仏無別道故です。皆一つです。こっちの持物・智慧或は財産で区別をつけんのだ。財産も智慧も才覚もいらんのだ。持った物も何にも間に合わんのだ。何にも間に合わんということが本当に知られて、そういう持物もない世界がわかる。そこには智慧も財産もない。娑婆の世界で見えないんだ世界が見えて来るのだ。その世界が見えると飛び上がるような喜びが得られる。舎利弗・阿難・提婆・男・女・智者・愚者、皆一つに助かるのじゃ。

抑も男子も女人も罪の深からん輩は……我が身の罪の深き事をば打ち棄て、仏にまかせまゐらせて、一念の信心定まらん輩は、十人は十人ながら百人は百人ながら、みな浄土に往住すべき事更に疑なし。

と蓮如上人はおっしゃった。それでは罪の深くない者は助からんのか。深くない者でも助かる。凡夫でも聖者でも斉しく廻入すれば、衆水の海に入りて一味なるが如し。皆一つに助かるのだ。これが御信心の世界の尊いところである。

この世ではその人の身分とか、或は資産というもので坐り場が違っておるが、仏法の御座敷では一つであります。そこには、上下ということがない。ただ皆が一つに融け合うておる。若しそこに強いて順番を決めにゃならんようなら御信心に早く生まれた者は、一日の兄さんだ。けれども、兄と弟とがおっても、それの資格が変るわけじゃない。一つだ。お釈迦様と同体になれば、誰が高い低いの上下はないが、そのお弟子になった順番で決められるのだ。単にお弟子になったではわからんが、本当にその人の胸が開けるということが一番大事だ。仏様は、そういうことに順序を立てんでも、一生懸命に求めておれば、誰が尊むと言わんでも尊むようになっておる。敬うなと言うても、敬わずにはおられぬ。ただ世間の敬いと違う。心からだ。世間の敬いというのはただ表面《うわべ》だ。信心の世界へはいると、本当に頭を下げる。そこへゆくと、言わんでも打融けておる。そしてそこにはまた秩序というものもある。

だから菩薩のところには一つの融け合うたところがあって、それぞれの道を進む一人の味わいがある。ここでも「凡聖逆謗斉廻入」廻心懺悔して仏の道に入る。いろいろの道から進んでいくが海へ入って行くと一になる。我々の信心の居間は一つになるのだ。阿弥陀様の中に一つじゃ。わしの信じゃひとの信じゃ、親の信じゃ子の信じゃ、夫の信じゃ妻の信じゃ、そういう隔てがなくなる。阿弥陀様の心に入る。その心を主にしてゆく。だから凡夫・聖者、どんなものがおってもよい。それは足しにも損にもならぬ。ただ与えられた大きな御恵み、光の中に、皆と一つに融け合うた、ほのぼのしたゆたかな心を味わうのであります。

法は大切なものでありますから、御縁のある時に、一生懸命に聞いておかねばならぬ。その聞いておるときに本当にわからんでも、いつか事に出逢うと理屈でわかったことが、実際に当てはまってくると、昔は袖に包めるような喜びでも、今宵は身にあまるような、飛び上がるような喜びが出て来る。だから何はさておいても聞ける時に、一生懸命に聞いておかねばならぬ。聞いておると何か尊いものにぶっつかるから、何にもなくても聞くという気持だけでも尊いのであります。

第二十三講

摂取《せっしゅ》の心光《しんこう》は常《つね》に照護《しょうご》したまふ

今日は「摂取心光常照護」の一句を味わおうと思います。

「摂取の心光は常に照護したまふ」。摂取とは摂め取るということです。摂取していただく、この言葉に不捨という言葉が添うて摂取不捨という言葉が、『観無量寿経』の中に出ております。一生の間多くの罪をつくった人が、臨終今はの時に善知識に遇うて、仏の心に遇い、はじめて自分の悪かったことがわかって、仏に対して念仏を称えるようになると、仏の光明がその人を摂取して捨てない。念仏の衆生を捨てない。摂は摂める、取は取る、摂めとって捨てない。一度自分の懐に入れたら見放されぬ。どんな悪いこと、どんないたずらごとがあっても、長い目で見て、愛想をつかされぬ、捨てられぬ。それが摂取不捨です。蓮如上人の語録『御一代記聞書』の中に、摂取の心のお味わいが書いてある。或る人が摂取不捨の心がわからなかった、或る時お寺に参って下向しようとしたら、お寺の御坊さんが袖をとらえて離されない夢を見た、それでこれが摂取不捨の心持だということがわかった、と書いてある。摂取不捨とは、逃ぐる者をとらえて逃がさぬ、逃ぐる者を引止めて助けることであると教えてあります。私共は仏の大きなお慈悲に触れて、有難いと思う。そうして仏をお慕い申す。だがその後からあまり自分が浅ましかったり、また自分が偉がっておったような時に、これでは仏様は愛想をつかされはせんか、見離されはせんかという案じが出ます。始めはそういう心がお慈悲の上に起る。かわいがって貰うことが有難いという心から捨てられはせんかという心が起る、があまりその心が激しくなると、お慈悲が有難いという心が消えてしまう。元《もと》の杢阿弥になってしまう。こういうのは本当のお慈悲の底まで聞いておらんのだ。お慈悲の外にあるのだ。だから自分の浅ましいということが持ち出されるのだ。自分が浅ましいから捨てられはせんかという心の起るのは、何か見込みがあって摂取して下さるのだという元手を持っておるのです。始めから助かる縁手懸りのない者、その者を助けて下さるのだという心が味わわれたらば、摂取不捨の心がわかるのです。それがわかってしまえば、間違おうかという案じがない。また間違うことがない。捨てられようかという気遣いはないのです。御和讃の中に、

十方微塵世界の
念仏の衆生をみそなはし
摂取してすてざれば

阿弥陀となづけたてまつる

とある。阿弥陀仏という仏の名は、どこから出たのか。どんなことがあっても自分の心の外へ衆生を逃がさんということが、光明無量・寿命無量という阿弥陀様の御名のお謂れである。今日いただいた御和讃にも、

無明長夜の燈炬なり
智眼くらしとかなしむな
生死大海の船筏なり
罪障おもしとなげかざれ

願力無窮にましませば
罪業深重もおもからず
仏智無辺にましませば
散乱放逸もすてられず

というのがあった。逃げるなら逃げてみよ、あばれるならあばれてみよ、いくらあばれてもそれから出られるような小さなものでない、逃げおおせるような狭い慈悲じゃない、行っても行っても尽きないのだ、というおこころである。馬に追われた夢を見ると、押入れにかくれても押入れへ追いかけて来る、二階へ行けば二階へ来る、どうもならんものだ。あの夢に見る馬が信心の人

には阿弥陀様の顔に見えるのだ。どこにでも阿弥陀様の顔が出る。喧嘩すれば喧嘩の中に、仇を見れば仇の中に、題目を称えれば題目の中に、お天気が好くても悪くてもひょっと見える。そこを摂取の心光がわしを照らす、と聖人がおっしゃったのである。

煩悩にまなこさへられて
摂取の光明みざれども
大悲ものうきことなくて
つねにわが身をてらすなり

こっちがいくら忘れておろうが、離れておろうが、仏はいつもわしを見づめにしていて下さる。だから気がついてみれば、いつもそこに仏のお顔が見えるのである。ただ、久遠劫の昔から、暗いところを見て暗いと言い、冷たいところを見て冷たいと言うて、勝手に泣いたり勝手に悩んで温かいところに眼をふさいで来たのだ。それが大きな仏の心配である。一切衆生に少しでも悩みがあれば仏の悩みだ。仏の中に住んでおるこのわしに、少しでも悩みがあれば仏全体の悩みだ。だから、衆生が苦しめば仏は苦しいとおっしゃるのです。私が心からお受け致しましたと、ほっと安心して喜ぶまでは仏の胸の休むことはない。わしがほっと笑顔を見せなければ仏は笑顔をなさらぬ。一休さんが、「極楽はさのみ行きたくなけれども弥陀を助けに往かずばなるまい」とおっしゃったように、わしが安心するというのは、仏を安心させることである。

摂取の心光は常に私を照らして下さるという手強いお言葉であります。

「心光」とは心の光。摂取して捨てぬという大きな心の光が常にわしを照らしていて下さる。どんなことがあってもお照らしの外へは出ぬのであります。ここにはっきり根絶えをせねばならんのである。仏様が呼びかけられるのは、こっちに値打があってのことじゃない。何かこっちに値打があって呼びかけるなら、こっちに値打がないとこれでよいのだろうかと思い、また何か値打があれば、呼びかけられると思うたり、自分より値打のある人を見ると、あの人は助けられると思う。ところがこっちに何にも値打がないと仏に求められぬ。

我々の胸に悩みがある、冷たいものがある、それで泣いておる。その声を聞きつけてどうしたと尋ね寄って下さる。その悩みの心の原因について、それらの悩みを我がものとして五劫の間思案して、その悩みの助かる道を求めて下さった阿弥陀様である。そのお味わいについて聖人は『歎異鈔』の中に、

善人なほもて往住をとぐ、いはんや悪人をや。

とお述べになった。善人さえ助かるのだ、悪人は仏の正客じゃ。それは悪い者を仏が好きだというのじゃない。悪にほだされて悩みに泣いておる時は、仏の心はそこへ行く。たくさんの子供がおると、どの子ということはないが、病気で泣いておる子の方へ親の心はゆく。自分が悪い時に仏が悩んで下さる、心をかけて下さる、ということが本当にいただかれたら、これで善いか悪いかということを言うておられぬ。罪があればこそ、障りがあればこそ親のお慈悲があるのだ。その心がはっきりいただかれると、大きな願力がいただかれる。この摂取の心がいただかれる。い

くらあばれても外へ出られぬ大きな心、こっちが氷を流し込んでも冷えぬほどの温かい心、その仏の心に抱きとって貰うのだ。我々はこの世に生きておるのに仇と対坐して生きておるか、親の懐に住んでおるか。それは、信ぜられておるか疑いの中におるかの岐れ目である。我慢我情の角を出して腹を立てて、向うが勝つか、こっちが勝つか、と勝ち負けの中に善悪を考えて、小さな了見で悩みの日暮しをしておる。仏はその小さな心を見抜いて、かわいそうじゃな、どこへ頭を突っ込んでおるのだ、目のつけどころが違うぞと言うて教えて下さる。

仏は貧乏だとか、身寄がないとか、年寄だとか、又は子がないから、病気だから、とそういうことを憐みなさるのでない。あの人は疑いがある、あの人は信心がない、それがかわいそうだとおっしゃるのである。その人の心がはっきり開けておると貧乏も年寄も気にならぬ。そこにまた尊い喜びが湧いて来る。その人の心が開かれておらんと、いくら富んでおっても、いくらたくさんの人の中におっても、氷の床、刃の床である。が、仏の大きな心で毒が皆さめて来る。この大きな心に目覚めて来ると、設我得仏で始まり、不取正覚で結んである四十八願の一つ一つが、摂取不捨という心であるということが味わわれる。どうでも逃がさんぞ、お前は逃げる気でもこっちは逃がさんぞ、お前が別れる気でも、こっちは別れんぞ、というお心が頂かれる。

この心が常にわしを照らし給うと、聖人はおっしゃるのです。わしはいつもこの光明に照らされづめの、日向におる。日陰者じゃないとおっしゃる。皆さんは日陰者と思うか、日当り者と思うか。わしほど不幸な者はない、人に憎まれてばかりおる、と言う人があるが、そういう人の心は、憍慢我慢の心です。「邪見と憍慢は斯の経を受持すること難し」とお経に説いてある。この摂取の光明に遇えんのです。それがだんだん仏の親切によって、お話を聞かされ、或は順境或は逆境によって、叱ったり褒めたり、つめったり打ったり、「種々に善巧方便し　われらが無上の信心を　発起せしめたまひけり」といろんなお手廻しで信心の眼を開かして下さる。そこでは、何にも泣くことはいらぬ。日は輝いておるのだ。暗いところでなかったのだ。日向におって、自分の心で蔭をつくっておったのだ。明るいところにおって、自分の眼をつむっておったのだ。そして暗いと言うておったのだ。眼を開いて見れば、今は深い広い仏の心の中におるのだ。わしには摂取の光明がついていて下さるのだ。誰がどこへ行っても、わしは光明の世界におるのだと、そこに喜びを見出すことが出来るのです。その喜びを「摂取の心光は常に照護したまふ」と親鸞聖人がお味わいなさったのであります。

第二十四講

已《すで》に能《よ》く無明《むみょう》の闇《あん》を破《は》すと雖《いえど》も
貪愛瞋憎《とんあいしんぞう》の雲霧《うんむ》
常《つね》に真実信心《しんじつしんじん》の天《てん》を覆《おお》へり

この前は「摂取の心光は常に照護したまふ」というお言葉をお味わいしたのであります。摂め取って捨てぬ、その広い深い切ない慈悲の光は、常にわしを照らして、逃げようにも逃げ場のないほど、広くそして深くわしを追い廻して下さる、仏の切ないお慈悲が天地自然の恵みであって、どうしても私等が助からにゃならんようなからくりになっておる、ということを味わいました。この大きなお慈悲の中にお照らしを受けておれば、いつも明るい心で、いつも晴々しておるかということについて、聖人は内省反省して御自分のありのままの姿をおっしゃるのが、これからのところであります。

「已に能く無明の闇を破すと雖も」無明は疑いです。摂取の心光が常に私を照らして下さるということが、はっきり自分のものとして味わわれたときに、心の闇が晴れておる、無明の闇が晴れておる。心の中に何の滞りもなくなっておる。右を向いても左を向いても、からりとした、晴れた心打融けた心を味わえるようになる。暗がりがなくなるのです。そうすれば、いつでも晴天つづきのようで、いつでも照り輝いておる、となるはずだが、いつも青天白日ばかりではない。稍々雲がかかって闇が襲うて来ると、曾て躍り上がるほどの喜びを味おうた人もその慈悲を怨み、その慈悲に泥を塗るようなことを思いもし、やりもする。ぽつぽつと雲が起って来る。自分の中に驚くような暗い影が襲うて来る。打任せておったような心の中から案じが出る。患いが出る。はて、今までの思いが嘘だったろうか、向うの慈悲があったのだろうか、こっちがただ思うておったのだろうかと、二の足を踏もうとする。その心持を聖人がここに述べられたのであります。この『正信偈』のお言葉をいただくと、聖人御自身いつも晴れた心でいられたことはなかったことを味わうのであります。

「貪愛」は貪り愛すること、広い心の愛、蓋をせぬ慈悲ならば結構だが、凡夫の愛は直ぐに執着の念が添うて来る。ここに貪愛がある。貪りは、愛する者も罰を蒙り、愛せられる者も苦しみを受ける。愛する者も愛せられる者も地獄の苦を受ける。謂わば、愛が貪愛になるからである。ところが我々の心の中には貪愛が起って来る。人間同志の愛には直ぐに貪愛の心が起って来る。貪愛が起ると明るい心が曇って来る。もう向うが見えないようになる。貪愛の心によって、融け合うた朗らかな心は曇り、人を咎め自らをはかなむ、というような心になる。次に「瞋憎」という心は、瞋は腹立ち、憎は憎みである。腹立ちが起り憎みが起る。貪愛は順境から出る迷いであり、瞋憎は逆境から出る迷いである。気に入るものが自分の前に出て来ると、いやが上にもそれに溺れ、迷い、向うを括り、自分もそれで縛られる。気に入らんものが出て来ると腹立ちが出る、腹立ちが出ると憎みが出る、癪に障る。考えると、貪愛と瞋憎というものは、順境に対し、或は逆境に対して起るのではあるが、貪愛から瞋憎が起るのである。むやみな貪る愛から腹立ちが起り、憎みが起る。例えば、自分の妻子や兄弟に対して貪愛のあまりに、他人のそれらの人を愛する者を憎み腹立つ心が起る。吝嗇家は金を愛する。その貪愛から腹立ち憎みが起る。だから、愚痴は貪愛を招き、貪愛は瞋憎を招く。

こうした貪愛瞋憎の雲は、常に真実心の天を覆う。この「常に」は、先の「摂取の心光は常に照護したまふ」とあったその「常に」に対して、「常に真実信心の天を覆へり」とおっしゃってあるのである。先の「常に」では、一念がいつも明るいとおっしゃる、かと思うと、後の「常に」

では、いつも暗いとおっしゃる。摂取の心光はいつもわしを照らしておられる、こうおっしゃる聖人は、貪愛瞋憎の雲は常に真実信心の天を覆うとおっしゃる。天とは真実信心を天に譬えたのである。真実信心は、摂取の心光がわがものに貰えた姿です。仏に打融けて、一切衆生の胸が開けた姿だ。この明るい、輝かしい信心の天に、貪愛瞋憎の雲が常に覆いかぶさっておる。常にとおっしゃたことを思うて私は驚いた。聖人はよくもこうお書きになったものと思う。わしは、いつも貪愛に犯されて瞋恚に犯されておる。間違った愛に溺れたり、腹を立てたり、憎みが起ったりして来る。それほどの奴だ、私の心の相はそれより外にない。常に真実信心の天を覆うておる。朝から晩まで、貪欲でなければ瞋恚、愛に溺れておるか、そうでなければ腹立ち泣いておる。その外に何にもないわしじゃ、随分恐ろしいものだ。こう言われる聖人は、このお言葉を記される時、筆を持たれた手が打ちふるえたことと思う。

聖人が自分を見せしめられる時、自らの浅ましさにおののいて、貪愛瞋憎が、真実信心の天を覆うておる自分だと懺悔せられたお言葉であります。そうすると、光明に照らされて信心を戴き、一時は飛び立つような喜びをしても、又煩悩が起り瞋恚が起りするならば、信心はどこへいったやら、何にもない、元の杢阿弥、真っ暗闇じゃないか。こういう疑問も起る。ところがその次に、

譬《たと》へば日光《にっこう》の雲霧《うんむ》に覆《おお》はるれども
雲霧《うんむ》の下明《したあきら》かにして闇無《やみな》きが如し

とあります。これはまた有難いお言葉です。譬えていえば、日光は雲霧に覆われておる、しかし、

雲霧の下もやはり明るくて闇がないようなものだと仰せられます。昔の人の歌に、

弥陀たのむ人は雨夜の月なれや雲晴れねども西へこそゆけ

仏を頼む人の姿は、雨夜の月のようだ。雨夜の月は、雲霧がかかっておるが、それに妨げられずにしずしずと西へゆく。雲霧の下明らかにして闇なきが如しだ。いくら雨が降って雲が厚くても昼は昼で夜とは違う。太陽が出ておる時、雲霧がかかって太陽のお照らしがはっきり見えんでも闇とは違う。やはり明るい。ここに白熱した明るさはないけれど、雲一つを隔たった明るさがある、と。ここにまた聖人のお喜びがある。歎きのその中に喜びがある。御和讃に、

煩悩にまなこさへられて
摂取の光明みざれども
大悲ものうきことなくて
つねにわが身をてらすなり

とある。煩悩とは、貪愛瞋憎の雲である。それに眼が眩んで、摂取の心光は見えない。が仏の大慈悲心は、ものういとも思し召さぬ。常に我が身を照らしづめである。その喜びをここにおっしゃるのである。聖人のお書きになったものを見ると、いつも反対のことが並べられてある。明るいとおっしゃるかと思うと暗いとおっしゃる。暗いとおっしゃるかと思うと明るいとおっしゃる。「とても地獄は一定すみかぞかし」とおっしゃるかと思うと、「疑ひなく慮りなく彼の願力に乗ずれば定んで往生を得」とおっしゃる。「正定聚不退転の位に住す」とおっしゃるかと思うと、

「悲しき哉、愚禿鸞、愛欲の広海に沈没し、名利の大山に迷惑して、定聚之数に入ることを喜ばず、真証之証に近づくことを快しまず、恥ずべし痛むべし」とおっしゃる。そうかと思うと、「爾れば、大悲の願船に乗じて、光明の広海に浮びぬれば、至徳の風静かに衆禍の波転ず」と喜びをよせられる。地獄一定の懺悔が、往生一定の喜びをせられる。往生一定の喜びの下から「とても地獄は一定すみかぞかし」とおっしゃる。まるで反対だ。ここにも、摂取の心光は常に我が身を照らして下さると言われる聖人は、常に貪愛瞋憎の雲霧がかかっておるとおっしゃる。貪愛瞋憎は雲です。雲だから、からりと晴れることがあり、又ぼっと曇って来ることがある。が、雲の向うには明るいものが輝いておる。ただ貪愛瞋憎の雲だけではない。向うに光がある。だから雲が起っても明るい、どことなく朗らかな心が味わわれる。同じ貪欲が起っても、瞋恚や愚痴が起っても、その貪欲の中から瞋恚の中から愚痴の中から、それを貪欲と見、瞋恚と見、愚痴と見、それを地獄一定だと見出だす心の光がさして来る。先も後も同じことをやっておるが、地獄一定がわからんでやっておるのと、わかるようになったのと、それがお照らしにおうておるかおらんかの分れるところである。霧も雲も出ようが、お照らしに遇うたものは、ああまた起った、また出たと、自ら恥ずる心が起る。その心の起るのは、お慈悲に照らされるからだ。善導大師は御信心を二河白道のお話にお譬えになった。このお譬えは、真宗の話を聞いた者は誰でも知っておる。

一人の修行者があった。西に向うて行こうとした。ところがその道はたった四、五寸ほどの狭い道だ。その道の左側には火が燃えておる、右側は水が波立っておる。火の河水の河の間の四、五寸の道を火に悩まされ、水に苦しまされて行く。道はいつも火と水のためにおおわれて行きようがない。もう止めようかと思うておると、後からは群賊が追いかけて来る、悪獣が迫る。両方から責め立てられてじっとしておられぬ。後から責めて来るので進んで行こうとすれば水火が道を覆うておる。前も仇、後も仇、行くも死せん、住まるも死せん、一つとして死を免れぬ。行こうにも退こうにもどうもならぬ。その時修行者は、この一道を行くより仕方がないと思った。時に東岸上から人の声があって、「汝その道を尋ねて行け、狭くてもその道を行け、水が波立って来ようが、焰が燃えておろうが恐れなしにその道を行け」という声が聞こえた。そうおっしゃるのが善知識の声で、たのめとおっしゃる教えである。今度は西岸上の人が教えて、「汝一心正念にして直に来れ、我能く汝を護らん、衆て水火の難に堕することを畏れざれ」という声が聞こえた。一心正念にして来たれ、わしは守る、焰が燃えても心配するな、水が波立ってきても恐れるな、わしは守っておる。そういう声がした。はっと気がつく。と、後の方から、「待て待て、そこへ行っては危い」と引止める。親や兄弟は、「わしをどうする、わしを捨ててゆくのか、戻って来い」と言う。今の今まで瞋恚・貪欲に燃え立っておった娑婆の人達は、こっちへおいで、わしは悪意があるのではないと、仏の方へ向いた者を娑婆の方へ向わそうと誘う。が、一度「来い」「行こう」と気のついた者は一心正念にして行く。いよいよそこへ行くというようになると、今までの四、五寸の道は忽ち本願の大道となる。貪欲・瞋恚・愚痴の道が変って本願の大道となる。火の中水の中の四、五寸の道だったが大道になった。ゆくこと「須臾にして即ち西の岸に到りて、永く諸難を離れ、善友相見て慶楽すること已むこと無からんが如し」ここに初めて本当の友達が出来る。娑婆の友達は甘いけれど、そこに悩みがある、痛みがある。その娑婆の友達を捨てて仏の境地に行ってこそ、善友相見て慶楽すること極りない世界へ到ることが出来る。娑婆の匂い、悪の匂いのある間はまだ迷いだ。人間の交わりの間にはこの臭みがある。その間は、愛は悩みの本、欲も悩みの本、そして人も自分も悩む。この点では友達の愛、親子の愛も悩みの本だ。親子友達の縁をすっかり断って、仏の世界に生まれた時、ほのぼのとした本当の交わりが出来る。そこまで行かにゃ愛の悩みがとれぬ。それがすっかりとれてほのぼのとした光が出ると、友達の愛も親の愛も生きて来るのだ。その禊ぎというか祓いというか、生まれ変ったところに初めてほのかな喜びが出て来る。

聖人は、たとえ、貪欲が起ってきても、瞋恚が起ってきても、そういうものは恐れをなさんとおっしゃる。その貪欲の下に瞋恚の下に大道がある。譬えば、太陽が雲霧に覆われておる、その雲霧の下が明るくて闇のないようなものだ。太陽の光を覆うものはない。太陽自身が地球の裏面にかくれたときならともかく、雲がかかろうが、霧がかかろうが、昼は昼だ、その中に明るいものがある。白熱的のあかりがなくても、何となくほのかな喜びにひたってゆくことが出来る。だから、貪欲が起っても瞋憎が起っても、そこは真っ暗闇にならんのだ。その中からほのかな光が輝いて出て来るのだ。これが信心をいただいたものの喜びだ。起らんのではない、起るのだ、常に貪欲が起るのだ。腹立たんのではない、腹が立つのだ。聖人は、常に起るのだとおっしゃる。

恐ろしいことだ。しかし、そういうものが起っても、起る中から手強い本願一実の大道が見出される。その力で、さあ、また貪欲が起ったな、また愚痴が起ったな、懲りずに瞋恚が起ったな、曲者がまたおるわい、長い間習ってきたことだから、やはり出るわい、浅ましいことじゃ、と気がつく。そうしてこれではどうなろうかという案じがない。浅ましいと気がついたとき、からっと晴れておる。憎み腹立ちはどこかへ行く。そして有難い仏のお育てを喜ぶようになる。それなら同じことじゃないかと言うが、痛いのと痛くないのと、同じじゃない。同じようだが違う。暗い者はそれに没頭してそれがよいと思うておる。いただいた者は起ることは起るが、あ、また起ったな、馬鹿な奴じゃな、浅ましい奴じゃなと気がつく。気がついたとき、また仏に心配をかけておるな、自分も悩んでおるのじゃな、罰あたりが、と懺悔の心が出て、ほのかな喜びが湧くのである。貪欲に真実の愛は出ませぬ。腹立ち憎みに真実の慈悲は出ませぬ。その恐ろしい束縛の愛をふりきって、真実の大慈悲の世界に飛び込むようにさせていただくのです。この喜びを聖人がお味わいになって、譬えば、日光は雲霧に覆われても、その下に闇のないようなものだ、とお喜びになったのであります。

第二十五講

信《しん》を獲《え》て見《み》て敬《うやま》ひ大《おお》いに慶喜《きょうき》すれば
即《すなわ》ち横《よこざま》に五悪趣《あくしゅ》を超截《ちょうぜつ》す

今日はこの二句をお味わい申します。昨夕いただいたところは、摂取の心光の中に住んでおりながら、長い間の習慣性で、貪欲やら瞋恚やら交々《こもごも》襲うて暗い心になる。常に仏の光明は照らしておられるが、常に貪愛の雲が覆うて来る。しかし、太陽が輝いておると、どんな雲霧がかかっても昼は明るい。人が一度仏の光明に摂め取られた以上は、どんなに腹が立っても、明るい光がその中に輝いておられる。というところをいただきました。

その次に「獲信見敬大慶喜」獲信とは信心を獲ること、見敬とは見て敬う、大慶喜とは大いに喜ぶ。信を獲て見て敬い大いに喜ぶのです。次には「即横超截五悪趣」ここに五悪趣とあるのは、地獄・餓鬼・畜生・修羅・人天のことです。これが人間の迷うた心から出て来る苦の世界です。即ち横《よこざま》に五悪趣を截るとは、信心を獲て喜びが出ると、そこにはもう三悪道五悪趣へ行く綱が截《き》れるのです。ここには「横に」と書いてあり、お経の中には、横超《おうちょう》とも横截《おうぜつ》とも書いてある。その横という字は、親鸞聖人は他力を味わう時にお味わいになった。聖道門自力の宗教を竪《たて》の道、他力の道を横の道だと仰せられた。横の字は、横《よこざま》と読み、横道・横着・横車というように理のないときに使う字である。他力で義なきを義とすというようなことを現わすときに、この横という字を用いる。凡夫自力の計らいでわしの心を決めたり、又三段論法や論理の方式をもって建て上げる理屈でもなく、また自分の了見で積み上げてゆく修行でもない意である。五十二段と建て上げてゆく道でない。信の一念で横に飛ぶ。だからこれは理屈では合わぬ。人間の決めた理屈や、算盤の桁に合わんのだ。この横と竪とを味わう時に、昔から竹の譬えがある。竹の根に虫がおる、その虫が竹の外へ出たい、それが下からずっと節を一つずつ喰い破って竹の頂上から外へ出る出方をするよりも、竹の横を喰い破って出る時には、一皮でよい。聖道門を、竹の中の虫が一つずつ節を喰い破って上へ行くに譬える、これが自力である。竹の横を破って出る虫は、信の一念でただ一皮だ。これが横超で、他力の信心だ。横という言葉は有難い言葉だ。横超の直道という時は、他力至極の味わいが教えられる。ここにも信心を横に味おうて、「信を獲て見て敬い大に慶喜すれば　即ち横《よこざま》に五悪趣を超截《ちょうぜつ》す」というてある。超截とは、超は超える、截は截る、五悪趣の道を截るというのは、飛び超えるのだ。横という字について截る。信の一念に五十二段を飛び超えるのだ。

この二句は、『大無量寿経』によく似た言葉がある、「見敬得大慶」或は「横截五悪趣悪趣自然閉」とある。こういうお言葉から、御開山は自分のお心を述べられたのです。信を獲ると喜びが出て来る。喜びは信心じゃない。信を獲たらひとりでに喜びが出て来る。我々が外界と自分との間に隔てがあったり、中心が何か外界に妨げられて、のびやかに行けない場合がある。大人にはちょっとわからないが、子供はあまり寒い日には泣く。暑い日でも泣く。それは気候のことだ。それが人間と人間との間で、自分の思いが親爺に妨げられたり、妻或は友達としっくり合わないとそこに苦しみがある。出てゆこうとするものが圧迫される。隔て障りがある。その隔て障りがとれて、家の者としっくり合う。自分の求める温度に外界がそのままに合う。そうすると自分と人との垣がとれる。信心とは、隔てがとれることだ。仏と凡夫、絶対と相対、無限と有限、最も隔たっておるようなものが一つになる、それが信心だ。だから信心の相は一つである。信心を一心ともいう。信心を得るということは、仏と自分とに、真に隔てがとれることである。仏と自分との隔てのとれるということは、十方衆生と自分とが融けて疑いがなくなることだ。だから、お上手も何にもいらぬ。ただ、のんびりした心である。そうなると苦しみがなくなる。こじばったり、固くなったものがなくなる。わしが信心をいただく前は、どこへ行っても身体が固くなった。胸に固いものが出るのです。或は身体がちぢこまる。丁度寒い時に外へ出たようなものである。なかなか融けんものです。人の前へ出ると固くなる。固くなると言葉が出ぬ。ちぢこまる。ちぢんでは悪いと思うから威張る。だからちぢんだのと威張ったのとは一つだ。融けられんのだ。そこに悩みが起きて来る。だから外を見ると仇のように思うのだ。人が笑うておれば、自分の悪口を言うように思う。或は怒っておれば自分を怒るように思う。何かなしに一足踏み出すにも、一声言うにも恐る恐る危ぶんでおる。その心が地獄の心だ。信心をいただくとは、そういう心がなくなるのだ。ほんのりと、丁度春風に雪が解けてゆくように、仏の温かい心に照らされてゆく中に、胸のしこりがとれる。そうすると、どんな人に逢うても、どこへ行っても、ほのかなのびのびした心で、用心することもいらぬ。警戒することもいらぬ。

いつか金沢に骨格から人の心を判断する人がおった。わしの頭を撫でてみて、警戒という骨格が少いと言うておった。そして骨格はだんだん違うて来るものだと言うておった。始めは警戒する骨格の人でも、信心を獲ると骨格が変るのです。警戒ということは疑いの一つだ。融けんことの一つだ。信心の人は警戒がなくなる。こう言うたらこう思われるか、ああ言うたらこう思われるか、身構えするのだ。知らんところへ行くと変に身構えするようなものだ。それは融けておらんのだ。固いものがあるのだ。その間にどこやら飾りがある、繕いがある、嘘があるのだ。その嘘を見破られると思う。飾りが見破られると思う。だから身構えがいる。そのまま有りのままに言えば身構えも何にもいらんことを、なかなか融けられんものだ。

　わしも長い間融けられなかった。ちょっと位の高い人、或は学問のある人の所へゆくと、ひょっと固くなる、固くなるから卑下する、そうするとこれはいかんと思うてそれを破ろうとする。だから反抗したくなる。屈服するか、反抗するかどっちかだ。二つ共悩みの元だ。信心を獲るとは、そういう垣がなくなる。心のしこりがなくなる。ほどけるところから、ほんのり心に喜びが出て来ます。信を獲ると、行いが謙虚になり、がんばりがなくなる。素直になる。大いに慶喜する、信心を我がものにして大いに喜ぶ。信を獲て、見て敬い、大いに慶喜する。見るという時は向うに据えて見るのだ。自然的に、人間というものを向うに据えて見ると、敬いの心が出る、尊む心が出る。大いに慶喜する時は獲てしまった喜びだ。我がものになった時の喜びだ。獲得する時大慶喜の心が湧くのだ。両方とも信を獲ての上の心だが、外に眺める時は敬いが出、内に眺める時は喜びが出る。信心のない者は、他人に見た時は卑しめ軽蔑する心が出、自分の内に見る時は苦しくなる。これは信がないからほどけておらんのだ。ほどけてみると、見て敬い、また大いに喜ぶようになる。その敬いと、喜びとが自分に出て来ると、即ちその場去らず、横《よこさま》に五悪趣を超截する。もう地獄へ行かぬ身となる。餓鬼道へ行かぬ身となる。畜生道へ行かぬ身となる。修羅道へ行かぬ身となる。人間にも還らぬようになる。ただ仏の道一つだ。その信を正定聚不退転という。即《そく》とはその場去らずです。喜びが出たその場だ。喜びが出たその時に五悪趣がなくなる。「横截五悪趣悪趣自然閉」自然に閉じる。地獄の門が閉じる。盆の十五日には地獄の釜の蓋が取れるという。信の一念に蓋が取れるのだ。地獄が壊れるのだ。信心を獲るとは地獄が壊れるのだ。信心を獲た時に直ぐにわしの前には五悪趣というものはないのだ。少しも落ちる気遣いはないのだ。落ちる苦しみということは隔っておるところにある。隔ての垣をとって融け合うたところに五悪趣はない。だからそこにはいつもほのかな喜びがある。夏は夏、冬になれば冬で、男に交われば男になり、女に交われば女になる。年寄子供、大事にする処せん処、どこへ行っても苦しくない。信心を貰った者は、暑ければ暑い、寒ければ寒い。信心のない者は、御馳走をすればどうして返そうかと思う。そんな者は外へ行っても粗末にせられると、あいつ何と思うておる、わしを軽蔑するというて怒る。相手の心にはいれん者はどうすればよいやらわからぬ。大事にせられれば、せられたで苦しい。粗末にせられれば、せられたで苦しい。心が融けておらんとどっちへ行っても苦しい。心が融ければ、大事にせられても、粗末にせられても、どっちでも喜ぶ。向うがどう出ても、心がのんびりしておる。丁度自分が親しい親のところへ行くと、粗末にされても大事にされても、そんなことは問題にならぬ。愛の中におればどっちだってよいのだ。仏の大きな愛の中におるのだ。融けた心は、どこへ行っても融けるのだ。この心持がいただかれると、世の中に自分をいじめる者はなくなる。ひとが自分をいじめると思い、憎むと思うのは自分からだ。鬼は誰がつくるか、自分だ。三悪道は誰がつくるか、自分だ。

信心を獲ると垣がとれる。そうするとほのかな心になる。この心は、貪欲瞋恚の心が出ても、信の一念によってその根が途絶えておる。ちょっと起って来るが、すっと消えてゆく。薄いものだ。だから昔から、同じ花でも活け花は実を結ばぬ。地に生えたものは実を結ぶ。信の一念に五悪趣を飛び超えておるから、貪欲瞋恚、そんなものは実を結ばぬ。起っても起っても妨げにならぬ。何が起ってもさらさらとしたものである。その下から喜びが湧いて来るのです。

第二十六講

一切善悪《さいぜんあく》の凡夫人《ぼんぶにん》 如来《にょらい》の弘誓願《ぐぜいがん》を聞信《もんしん》せよ

今日はこの二句についてお味わいします。昨日は「信を獲て見て敬ひ大に慶喜すれば 即ち横に五悪趣を超截す」というお味わいを話しました。信心を獲て喜ぶと、直ぐにもう、地獄・餓鬼・畜生・修羅・人天へは行かぬようになる、すっかり悪趣の道が閉ざされるという教えであります。

その次は、「一切善悪の凡夫人 如来の弘誓願を聞信せよ」であります。先に信心の御利益をお述べになって、その次に直ぐ、一切善悪の凡夫人は、如来の弘誓の願を聞信せよとおっしゃったのであります。一切善悪の凡夫人、一切はあらゆるということ、第十八願では、十方衆生とある。その成就の文には、諸有衆生とある。その心でここには一切とある。智者や聖者でない。「善悪の凡夫人」この善悪というのは、善人と、悪人と、凡夫人と三つにかかるか、或は凡夫のうちを善悪の二つに分けられるのかというと、両様に考えられる。すべての衆生です。それで今度はそれを心の上で分けてみると、一切衆生を善人と悪人に分ける。その中で、凡夫というと、凡といわれるのは悪だ。凡夫とはつまらん者ということだ。だから善人じゃなかろう、悪人だ。一切が善悪に分れて、その中の悪人凡夫、その悪人凡夫は如来の弘誓の願いを聞信すべし。丁度この前のお言葉に、信心を獲て喜ぶと、五悪趣の道が閉ざされるということを教えられてある。その五悪趣へ往く者とはどういう者か。悪人凡夫だ。信心を獲るとその場去らず悪いところへ行く道が塞がる。そういう御利益がある。そこで、そこを受けて、一切善悪凡夫人というのです。一切という中にも我々がはいっておる。善悪という中にもはいっておる。殊更に自分に引受けてみると、凡夫人というものが一番適切なことに味わわれる。善人悪人というのより、凡夫人というのは、大変味わいが深い。

凡夫じゃということは何というか、例えば品物に特別と並とがある。凡夫とは並です、並品です。特別扱いでない。ありふれた人間じゃということです。

今印度では独立運動を起しておる。その中心の人物はガンジーという人です。今の印度三億二千万の人はガンジーを生きた神様と仰いでおる。マハトマ・ガンジー、この人はすべての特別扱いということを嫌う人です。度々国事犯で牢屋へ入るのです。そういう時、政府は、正直な立派な人だから特別な待遇をする。ガンジーはその待遇を受けぬ。わしは皆と一緒の物を食べると言うて、特別待遇を喜ばぬ。変った人です。それがまた特別な人だ。普通の人は特別待遇がほしい。わしだけは特別にと望む。どこそこへ行ったら誰へも来いと言わんのに、わしだけに来いと言うた、というて特別を喜ぶ。皆そういう根性がある。特別を願うのは並の人間です。ガンジーのような特別待遇を喜ばん人は特別の人です。並の人は特別を喜ぶ。

店へ行って、そしてお前だけ特別にまけておくと言うと喜ぶ。何か特別のものを欲しいと思う。それが凡夫人だ。わしは十人並で、特別な身だと思えぬのに、何か肩をいからしてみたいのだ。学校へいって教練を見ておると、外の者から見れば皆同じように見える。洋服を着ておる、鉄砲を持っておる、誰彼の区別はない。があの中に並んで歩いておると、わし一人外の人よりいいのに見てほしいという気がある。そういうのが凡夫の有様だ。凡夫はいつもそういうことを思うておる。それなら特別の値打があるか。何にもない。これというて特別に見出だされるようなものがない。それが凡夫だ。謂わばかわいらしいのだ。特別なもののある人は、肩をいからして人に見出されようと思わない。

その一切善悪の、殊に凡夫人は、如来の弘誓の願を聞信すべしとある。仏様の弘い誓いというのは、十方衆生、智者でも愚者でも、悪人でも凡夫でも、すべてを洩らさず助けねば、わしは正覚を取らぬという弘い誓願です。その仏様の弘い誓いを聞信する、とおっしゃる。聞信、聞は聞く、信は信ずる、如来のその弘い誓願を聞いて信ぜよ。ここにこの弘いという言葉が殊更味わわれにゃならん。一切善悪の凡夫、すべての衆生というても、あまりに自分は浅ましい、何ぼ何でもわしのような者は救いに洩れるじゃろうというような気がする。そこで聖人は念を押して、逃げて行こうとする者を引張り出して、善悪の凡夫人とおっしゃってあるのです。凡夫人とあるから、弘誓の弘という字が大切である。弘い願いだ。御和讃に、

無明長夜の燈炬なり
智眼くらしとかなしむな
生死大海の船筏なり
罪障おもしとなげかざれ

願力無窮にましませば
罪業深重もおもからず
仏智無辺にましませば
散乱放逸もすてられず

如来の願力には極まりがないからして、この罪が重いというて心配するには及ばぬ。仏の智慧の光が弘いから、いくら自分の心が散乱放逸で飛び廻り撥ね廻っても、その仏の智慧の光明の外へ出る気遣いはない。いくらでもあばれてみよ、いくらお前があばれても仏の心の外へは出られ

んぞ、どんなに重い罪を持っておっても、その罪は引受けて、沈まさぬだけの力が願力に具わっておるとおっしゃるのが御和讃の心である。非常に弘いそして手強い願いである。お前が逃げるなら逃げてみよ、叛くなら叛いてみよ、いくらお前が叛いても、いくら逃げてもわしはお前を離さんぞ、と。ちょうど小さな子供がやんちゃを言う、その子を親が抱き寄せて乳をやるように、大きな仏様のお心は、いくら毒づこうが、いくら撥ね廻ろうが、さ、やんちゃ言うだけ言うてみよ、お前がいくら言うてもわしは離さんぞ。こういう親の心。また一切衆生の中一人洩れてもわしは仏にならんぞ、こういう手強い誓いである。その大きな願いを聞いてそれを信ずる、聞信するのである。聞くということと信ずるということとは一つだ。聞く上の信の一念です。聞即信だ。ただおおよっに聞くにあらず、無名無実に聞くにあらず、善知識に遇うて、仏の本願のお手強い心を聞いて、それが本当に聞かれた、ということが自分のものになることだ。聞いてそのまま信ずるのだ。聞いてもそれを単に向うの話と聞いておれば本当に聞いたのじゃない。向うのものを我がものにして聞くのです。如来様の本願は、いかなる罪業深重の者でも助けて下さる、助けにゃおかんという誓いであると聞いて、本当にそういう大きな誓いがあるのか、そういうお慈悲があるのか、そんなものは本当か嘘かわからぬ、というのは疑いだ。それかというてその疑いもなく、結構なことじゃ、そんな広大なお誓いなら疑いはせん、と言うて感心ばかりしておる者は自分はその本願のお目当だというところまで出ておらぬ。つまり、その本願が自分に移って来んのだ。自分のものにならんのだ。

聞信するということは、如来の弘誓の願いが聞かれて、それが我がものになることです。如来の弘誓は、『大無量寿経』の四十八願として説いてある。それに三つの願いが重ねて誓うてある。それが「三誓偈」である。この四十八願なり「三誓偈」なりの心は、次の「嘆仏偈」のお言葉の中におさまるのである。

願《ねが》はくは我作仏《われさぶつ》して　聖法王《しょうぼうおう》に斉《ひと》しく
生死《しょうじ》を過度《かど》して　解脱《げだつ》せざる靡《な》けん
布施《ふせ》調意《じょうい》　戒忍精進《かいにんしょうじん》
是《かく》の如《ごと》き三昧《さんまい》　智慧《ちえ》を上《すぐれたり》と為《な》す
吾誓《われちか》ひて仏《ぶつ》を得《え》んに　普《あまね》く此《こ》の願《ねがい》を行《ぎょう》じて
一切《さい》の恐懼《くく》に　為《ため》に大安《だいあん》を作《な》さん

わしは仏になろう。生死の境を越えて、すべてに隔てなく広い心を得たい。こういうお味わいだ。これは、限りのない命をもって、すべての人と心ほどけ、どこへ行っても、明るいゆたかな自由な心の生活を得たいという心です。だから仏の願いは、一切衆生のどこにも障らないようになりたいというのだ。誰の胸の中へもはいって行くようになりたいというのだ。打融けん者が一人もないようにならにゃ、わしは気がおさまらん、仏にならぬ。一切衆生の誰でも一人が晴れん胸を抱いておるなら、わしの胸は晴れぬ。余さず洩らさず助け遂げねばおかんという弘誓です。その弘誓が我がものとして味わわれた時にどうなるか。今まで自分一人で窮屈な心で暮して来た。

この自分の窮屈な悩みのために、この広大な願いを建てて下さった仏の心を曇らしていたな、御心配をかけておったな、迷うておったな、仏にまで迷いの悩みを与えておったなということに気がつく。自分一人が迷うておることは、仏の心に悩みを与えておることだ。そう気がつくと、また仏に対して申訳のないことであったと気がつく。何とした広大なお慈悲であったか、と自分がその仏の心に打融かされる。自分が仏の心に融けてみると、今度は一切衆生の心に自分が融ける。自分が皆の心に融けられる心になったときに、衆生の中に心の融けん者があるならば、どうかして融けて貰いたい、どうかして融かしてやりたいと願う。謂わば、融けん者を抱いておるものの方が悩みだ。どうかして融かしてやりたい。如来の弘誓が、我が心の願いとなって現われたのだ。だから、ここは味わいが三段になる。如来の弘誓を聞かされて、自分が今日まで親に心配をかけてきた奴じゃと気がつくのと同時に、またこういう者をそれ程に思うて下さる願いとは有難いことじゃと、如来に飛びつくような、打融けた心になる。今度は、打融けてみると、如来の心がわが胸に入り満ちて、一切衆生の心を融かし破ってやらにゃならんという、この大きな心が生まれて来る。だから如来の弘誓願を聞信するというのは、仏の願いのすべてが我がものになるということだ。仏の願いを聞いて、その聞かして貰ったことのすべてが我がものになるのだ。「一一の誓願は衆生のためなるが故に」とおっしゃった。四十八願がわしのためじゃということは、一つ一つの願いがわしの願いじゃということです。

ここまで味わして貰うと、如来の本願と、わしの生活というものが一つになる。今日までは凡夫の心を主にして日暮しをして来た、今度は、如来の本願が聞信出来ると、自分の心の主人公が違う。毎日の日暮しの中心がはっきりして来る。如来の本願が聞信出来るまでのわしの日暮しは、すべて外界の刺激に動かされ、順境逆境に左右せられ、喜んだり悩んだり、わけのわからん日暮しをしておった。如来の弘誓の願いを聞信出来ると、心の中心が定まる、宗が定まる。毎日の日暮しは、この弘誓に乗托し、如来の本願の心を獲て進んでゆくようになる。こうなると、自分をどうして行こうという心が一転して、一切衆生を導こうという味わいが出て来る。そこで、

願作佛の心はこれ
度衆生のこゝろなり
度衆生の心はこれ
利他真実の信心なり

である。自分が助かりたいという心は、一切を助けたいという心である。自分の心から広い世界を開いて、そこに打融けて明るいゆたかな暮しを立てて行こうという心が生まれて来るのです。その味わいをここに、聖人は「一切善悪の凡夫人　如来の弘誓願を聞信せよ」とおっしゃったのであります。

第二十七講

仏《ぶつ》は広大勝解《こうだいしょうげ》の者《ひと》と言《のたま》へり

是《こ》の人《ひと》を分陀利華《ふんだりけ》と名《なづ》く

今晩はこの二句のお心を味わわして貰います。「仏言」というのは、仏の言葉、「広大」というのは、広く大きな、「勝解者」というのは、勝は、勝利の勝、勝《すぐ》れるという言葉です。解は解くという言葉、解釈ということ、氷が解ける、或は問題が解ける、結び目が解けるというときにはいつも解という字を使う。むずかしい言葉である。解決するという言葉もある。仏教で解脱《げだつ》というときはやはり解脱《かいだつ》と書く。長い間の煩悩の縛り縄が解けて、自由の身になる姿を解脱という。ここに勝解者とあるのは、勝れて解く者ということです。仏の言葉の広大なことを勝れて解く者は、この人を分陀利華と名づく。分陀利華とは、白蓮華ということで、白い蓮華のことです。仏様は華がお好きであった。禅宗の伝えておるみ法は、華によって伝わったとお経に記されてある。

或る時にたくさんのお弟子が集まっておられた。そこへお釈迦様が小さな華を持って出て来られた。すると、たくさんのお弟子の中の迦葉という方が、――この人はお釈迦さんのお弟子の中で最も学問の勝れた方で、まだお釈迦様の済度を受けられない前は、自分で一派の学説を立てて千人の弟子を持っておった方だ。この迦葉は、お釈迦様が華を持って皆の前に出られると、にっこりと笑うた。するとお釈迦様もにっこりと笑われた。それだけでお釈迦様の腹一杯の教えを迦葉が貰った。それが以心伝心で禅宗の人の信心はお釈迦様のこの心一杯を言葉でなく心からいただく。

永平寺の第二世懐奘禅師は、道元禅師の亡くなられたあと、二十年の間お師匠である道元禅師のお骨のお給仕をされた。ちっとも外へ出んと、師匠がおいでになると同様にしてお仕えされた。そしてとうとう八十三歳で死なれるまでお給仕をされた。これはやはりその師匠からお釈迦様の心がはっきり伝統し、伝わったというお礼である。心が通うておるとあまり話をせんでもわかる。にっこりと笑うた迦葉には、華を持って出られたその日のお釈迦様の気持が皆呑み込めたのである。お釈迦様は何にも言うことがいらんようになった。肚と肚が通じたのだ。華というものが一つの導きになって、心と心との通いが出来た。お釈迦様が華を好まれたというので、おかくれになってから今日まで三千年になるけれど、印度へ行っても支那・日本へ来ても、お釈迦様のお像を祭る者は皆華を捧げる。印度へ行くと、日本の華の上げ方と違う。華だけを切ってきて水に浮かす。又籠に華を盛り、盛り華にする。日本のように枝ぐるみ活けぬ。

とにかく、お釈迦様は華が好きだったということがわかる。それで、何でも尊いものをお譬えになるとき華をもってお譬えになる。『法華経』のことを『妙法蓮華経』という。妙法とは妙なるみ法、勝れたみ法、この勝れたみ法を蓮華に譬えたのだ。蓮華とは蓮の華のことです。『法華経』は何を蓮の華に譬えたのか。『法華経』のみ法は、今まで仏になられなかった声聞・縁覚が仏になられる。それどころじゃない、五逆罪を造って地獄の中へ真っ逆様に落ちた提婆達多さえも仏になられる。又これまでは男は助かるが、女は助からんとせられた、その女も成仏出来る。又、人間の外の草も木も石も土も皆仏になる。だからどんな悪人愚人でも、どんな間違うた考えを持っておる者でも、獣だろうが虫だろうがすべてが仏になる。世の中の一切に仏の徳が具わっておる。だからこの世に生きて行くものは、善人に対しても、悪人に対しても、男に対しても、女に対しても、獣に対しても、虫に対しても、木に対しても、草に対しても、石に対しても、泥に対しても、火に対しても、水に対しても、仏に対するような尊みの心をもって、拝む心をもって向わなければならぬ、ということを書いたのが『法華経』です。

日本の国で新しく出来た神道に金光教がある。これは岡山に本山があって、まだ出来てから日も浅いが、金光という大工さんの篤い信心がもとになって出来たもので、今の教主は二代目である。この金光さんの教えを受けておる人は、一切万物には神様のお徳が具わっておる、殊に神様は大地の上に身を現わして下さる、地面が神様のお身体である。だからわしは神様の額の上に住んでおる、道を歩くのは神様のお顔の上を歩いておるのだということを味おうて、すべての物を大切にする。だから金光様になると金持になるという。大地を神様の額や顔と思うて物を大事にすれば金持になるだろう。その心が物を豊かにさせるのだ。二代目よりも、その副管長が有徳な方だということである。朝から日暮れまで神様の前に坐っておられる。すると信者の方が話を聞きに来られる。大阪東京あたりから詣りに来る。そしてお礼を上げる。お礼は次の間においてゆく。若し名前を書いてあれば上げた人のところへ返して来る。何千円何万円上げても誰が上げたか分らぬようにして上げる。そうしたお金で中学校女学校が建っておる。何でそう上げるのか。何か御利益があるからだろう。勿論病気が癒るということもあるだろう。ともかくその教えの中に、大地を神様の額・顔じゃと言うておることは非常に尊いことだと思う。わしが岡山へ行くと金光教の信者の方が話を聞きに来られる。そして、わしらの宗旨の御信心と先生の話と違わんと言うて喜んでくれる。わしはその気持を尊いと思う。祈禱の意味でなく、自分の踏んでおる大地を拝み、物を粗末にせず、土地を大切に出来れば大変よい。金光教の人は、田圃や道で小便をせぬ。それも不作法でなくてよい。

こういうことを聞くと、『法華経』は、そうした心を最も切実に説いた教えであることを思う。『法華経』の一番終いに、常不軽菩薩が一切を拝んで歩く姿が説かれてある。誰にでも手を合わして拝む。「わしは誰を見ても、何を見ても皆仏のお姿が現われておる。だから拝まずにおれんのだ」と言うておられる。常不軽菩薩は『法華経』の御信心の現れだ。今までは真宗の南無阿弥陀仏と日蓮宗の南無妙法蓮華経とは、何か違うもののように考えられて来た。が違わんのです。『法華経』と真宗の教えとは同時の教えです。殊に『観無量寿経』は、お釈迦様が耆闍崛山で『法華経』を説いていられたのを中途にしてお説きになったお経であって、中に盛られてある教えは違わんのです。『法華経』に現われておる教えは蓮華です。蓮の華はいつも尊い心を譬える時にお釈迦様の引かれる華です。何んでか。印度は暑い国です。水を喜ぶ、従って蓮の華を喜ぶというような解釈をすることは出来る。しかし、蓮は泥田の中であんなきれいな華が咲くのだ。泥の中にいて泥に染まずにきれいな華が咲く。泥中の蓮華と昔からよくいう。人間の相を見ると泥のように汚い。その汚い中にきれいな信心の華が咲くというところから『法華経』というのです。声聞・縁覚が仏になれる、悪人女人が仏になれる、草木国土が仏になれる、そのお謂れを書いたお経だから『妙法蓮華経』というのです。

又、華の名の『華厳経』というのがある。厳は荘厳で、華を飾ったお経ということである。この『華厳経』には何が説いてあるか。山川草木国土の神が出て、毘盧遮那仏《びるしゃなぶつ》を御供養されると、毘盧遮那仏はその神々に対して、皆信じ合っておる、融け合うておる心の世界をお説き出されて、すべてが相つながり相融けて、一切万有が尊い光を放って睦み合うてゆくことを書いてある。だから『華厳経』というのです。

仏様のお姿を刻むときに、蓮台に乗っておられるお姿を刻む。蓮の華の上に乗っておられる。これはやはり蓮は泥から生まれてきれいな華が咲くということの心持を現わしておる。御和讃の中に、

　如来浄華の聖衆は
　正覚の華より化生して
　衆生の願楽ことごとく
　すみやかにとく満足す

と書いてある。「如来浄華の聖衆」というのは、如来は阿弥陀様、浄華は浄らかな華、聖衆は菩薩。阿弥陀様のお浄土の菩薩達は浄土の蓮台の上におられる。菩薩はすべて阿弥陀様の荘厳の華から化する。阿弥陀様を正覚に譬えたのだ。正覚の華から化け現われる、阿弥陀様の正覚の華から蓮台に坐られる身になられる。これは、阿弥陀様の心が貰えたところから、華の上に坐られる

身になるということである。蓮如上人は『御一代記聞書』の中に信心を蓮華にお譬えになって「仏心の蓮華は胸にこそ開くべけれ」とおっしゃってある。

今この『正信偈』のお言葉は、「仏言広大勝解者」仏様のお言葉は広大だ、その広大な仏様のお言葉のわかった者は、分陀利華という、蓮華という。これは人のことを分陀利華というのです。このことは『観無量寿経』に出ておる。『観経』の要めは何か。阿弥陀仏・観音菩薩・勢至菩薩の三尊のお徳を説いたものである。お釈迦様はこの三尊のお徳が本当にわかった人は、人中の分陀利華だとおっしゃった。阿弥陀仏の心が本当に味わえた人が人の中の分陀利華だ。これはやはり、近くは韋提希夫人が、牢屋の中で愚痴無智の女人の身で、仏様の心をいただいて喜んだ。それを讃えて、泥の中に出来た蓮の華に例えたのだ。韋提希のみが華でない。どんな悪人凡夫でも、仏の心がわかった者は皆分陀利華だ。この分陀利華ということを味わわれた人のことを、無上人、或は上上人、或は妙好人と、いろいろの名を以って讃歎された。無上人とは、この上ない人、上上人とは、上の上の人、妙好人とは、不思議ないい人だということである。昔は御信心を喜んだ人の伝記に『妙好人伝』という名をつけた。信心の人を妙好人という。いい人になる。蓮の華になる。この人は分陀利華だ。

「仏言広大勝解者」仏様のお言葉の広く大きなお味わいがわかる人ということだ。あまり広大なお言葉はちょっと耳にはいりにくい。「大声は里耳《りじ》に入らず」と支那の学者がいわれた。広大な心から出た広大な言葉は、耳にはいらんものだ。そういうことはあるものだ。あまり自分と対手との境界が隔たっておると、ちょっとその言われる言葉がわからんものだ。やはり自分と近づいておらにゃ言葉がわからんものだ。だから聞いておっても、何か紙一重向うのことのように思う。どんな話やら、どんな道理やら、どんなわけやら理解出来ないものだ。凡夫にはとても出来ん。どうしても隔てがあって我がものに聞けんのだ。耳へはいらんのだ。仏様のお言葉はなかなか融けてはいらん。ちょっと聞くと固いものになってはいる。言葉が言葉としてはいる。いつも言葉は残っておる。言葉は残って心ははいらんのだ。「仏言広大勝解者」とは、言葉が聞こえて、言葉と残らんほど胸の中へとろけ込んだのだ。言葉の中へ融かされてちょっともそこに隔たりがないようになった、その相を勝解者という。ちょっとわからんことなんだ。わからんことがわかると勝という字をつける。勝れた人だ。勝れるということの一字があるによって、いかに仏様のお言葉が耳にはいらんものかということがわかる。むずかしいということだ。そのむずかしいということがこの次の御文に出てきておる。

弥陀仏本願念仏
邪見憍慢悪衆生
信楽受持甚以難
難中之難無過斯

とある。このお心はこの次にお話しするがなかなかむずかしい。むずかしいからそれが分るというところに、この勝という字を使うてある。

仏のお言葉はなかなか耳にはいりにくい。『法華経』には、はいりにくいということを譬えて、子供が家の中で遊んでおるとその家が火事になった。火事だから出よと言うても知らん顔をしておる。火事を見たことがないのだ。家の前に牛が来ておる、見よ。それで子供は飛んで出た。仏様は方便でだんだん引出して下さる。牛だと聞いて飛んで出た。ところが獣の牛ではない、真っ白の仏の牛であった。こういうような話がある。なかなか耳にはいらんからいろいろの言葉で誘のうて、遂に仏道へ入れしめて下さるということがわかる。だんだん誘うて下さる。仏様が親鸞聖人をお誘いになるのに、始めは行や学問や戒律を教えられ、いろいろのところからそろそろと誘うて、遂には何にもいらんそのままで助かるということをおっしゃったのである。

『法華経』の有名な長者窮子のお譬えのように、だんだんに導いて下さるのだ。始めから仏の子じゃと言うても信ぜぬ、誤解する。十善を保って大分仏に近づいたら、何にもいらん、そのままでよいと教えて下さる。これが大乗至極の教えである。そこまで行かにゃなかなか耳にはいらんのです。念仏の教え、阿弥陀仏の広大なお言葉も、なかなかはいらぬ。話は話としてはいっておるが、固いものになってはいっておる。融けんのだ。そんなことがあろうかと二の足を踏むのだ。人が喜んでおっても、そんな馬鹿なことがあろうかと、自分がはいらんから人のもわからんのだ。だから人が喜んでおっても、あの人はあんなに喜んでおるが、毎日の日暮しが合わんがと、そこに人のうしろに手を廻して、皆こんなだろうと自分の仲間をこしらえておる。大抵は観測だ。その間に疑い計らいがある。それがだんだん大悲ものうきことなくて、光は闇を照らして下さる。

飽きもせず、倦みもせず、懇ろに話して下さる。その仏のお声がだんだん身の内、心の内にしみこんで下さると、自然の理《ことわり》で、いつの間にやら心の中に融けて下さる。外からはなかなか融けんものだ。栗のいがも時節が来ると中からはじけて破れる。その内の力はどこから来るのか。お日様やら養分によって、だんだん成長したからである。我々の信心の開けるのもその通りで、だんだんお照らしに遇い、教えの肥料やら、内側の肥料やら、外側の肥料やらで、時期が来てぽかっと開ける。開けてみると何んにもない。そうなると蓮華だ。そうなって心の開けた人は人中の分陀利華である。美しい人になられる。白粉をつけてきれいになるのじゃない。心の底の底からきれいになるのだ。だから、顔を見ても身体を見ても、華のようににこやかに、生き生きして成仏の実を結ぶ。命の源を湛えてその色その色の美しさを現わして来る。この人を分陀利華というのであります。

第二十八講

結誡

弥陀仏《みだぶつ》の本願念仏《ほんがんねんぶつ》は
邪見憍慢《じゃけんきょうまん》の悪衆生《あくしゅじょう》
信楽受持《しんぎょうじゅじ》すること甚《はなは》だ以《もっ》て難《かた》し
難《なん》の中《なか》の難斯《なんこれ》に過《す》ぎたるは無《な》し

『正信偈』のお話をだんだんして、今日は丁度この御文に当ってきました。今からこの御文にちなんで聖人の教えを受けようと思います。丁度この四句で、『正信偈』の一段が済むのです。

「弥陀仏の本願念仏は　邪見憍慢の悪衆生　信楽受持すること甚だ以て難し」念仏には尊いお手強い心が現われておるのだが、念仏は尊くても、仏の心がきれいでも、ただそれを向うにかざってみておれば、何の効能もない。口で言えば、十人は十人ながら、百人は百人ながら皆浄土へ往生すべきものである。が又、「往き易くして人なし」ともいわれる。行は易行だが、信は極難信である。何でむずかしいのか。尊い仏の心が信ぜられないから。ただそれだけである。そのわけは、邪見憍慢の悪衆生だからである。

邪見とは曲った了見、正見に対していう。筋の通ったのを正見、筋の通らないのを邪見という。

何にも自分の胸に考えを持たんで、初心な心でおるならお慈悲に遇える。が、邪見で一本さしておるのです。何か自分の了見を持っておる。われわれの日暮しは、だらはだらだけに了見を持っておる。「だらにも針がでる」という。何か了見があるから憍慢になる。憍慢とは高ぶりだ、偉いのだ、頭が高いのだ。お慈悲の水は高いところに溜らぬ。信心の蓮華は、泥の心の中にこそ開く。憍慢の頂きに登って、邪見をつのらしておる者には、お慈悲を信ずることはなかなかむずかしい。この意を『大経』には「憍慢と弊と懈怠とは以て此の法を信ずること難し」といい、親鸞聖人は、「邪見憍慢の悪衆生　信楽受持すること甚だ以て難し」とおっしゃった。仏の心を素直にお受けして、仏の心を保って行くことは甚だ難しい。頭の高い者は仏の心を受けることは出来ぬ。こっちの頭が高いと人の情でも素直に受けられんものだ。よくこの辺の人に、「お菓子一つあがれ」と言うと、「ありがとう、家にたんとあるから結構です」と言う。ああいうことは邪見なんだ、憍慢なんだ。子供に菓子をやると親が「家でたんとやってあるから」と言う。あれも憍慢なんだ。あの心の中は家で何も食わんでおると思われるのがいやなのだ。家で子供にもやってある、わしも食うておるという気がある。家にないからやるのじゃない。子供にやってないからやるのじゃない。そういうことを思うのは曲っておるのだ。

いつか四国の旅をしておった。わしと一緒に歩いておった者が、飯の時にはきっと残す。わしは食べる。五、六日前に金沢の医大の外科部長の熊埜御堂君の家で招ばれた。何でも出たものを皆食べた。「皆食べました」と言うたら横におった人が、「まだ飯粒が四、五粒茶椀についておる」

と言った。眼が薄いのでわからなかったのです。そういう風に皆食べる。丁度食べ切れる程あれば気持がよいが、残ると皆お土産に貰うて来る。欲なのじゃない。その方が招んで下さった人に対しての礼儀である。連れ立っておる者が何もかも残す。「君、若い者が食いたくないのか」何にも言わぬ。「食えんのか」「食えんこともない」「食えんこともないものが残してどうしたのだ」「あんまり食うと、あれは家で何にも食わんから餓えておると思われる」「だら、それが慊慢だ。威張ってみたいのじゃ。招待した人は、お前の所に食う物がないかと思うて食わすのじゃない。食わそうと思うてくれたら有難く思うて食えばよい。あれは食えんから食わすなどと思わんでもよい」と言うたことがあった。

人間は河豚の子のように、ちょっと触れると針を出す。人が御馳走をくれても針を出す。それでいらんのかというと煎餅一枚やらんでもぶっとふくれる。それは針を出しておるのだ。まるで河豚の子のようなものだ。それは邪見憍慢なんだ。素直に受けれんのだ。嫁の里へ御法事に行って、「お前あっちへ坐れ」「いやここでよい」「いやこっちへ」と言うて、羽織袴で相撲を取っておる。そして言うた所に坐れなかった者に限って後から嫁に、「お前の家へ行ったらわしをめとにしておった」と言うて怒っておる。わしの所へ来て「お入り」と言うても「ここでよいです」と言うて入らん人なら始めから来なければよい。わしはそんな人に行けと言うことがある。他所の家へ行って、そこの親爺がここへ来いと言うたら、たとえ床の前でも来いと言われた所へ行けばよい。それが悪ければ来いと言うた人が悪いのだ。だから御馳走でもそうだ。病気でない限りは何でも食う。そうすれば言うた方でもよい。あれは皆食うからと言うてこの次から用心する。ところが邪見があり憍慢があるとそれが出来ない。めとにされるかという気持は自分が偉いのだ。憍慢なのだ。何か持物があるからだ。饅頭一つ素直に貰えんような者は、仏の心も貰えぬ。饅頭一つでも素直に貰えるようになれば、阿弥陀様の心もわかる。ほしいような、ほしくないような、手を出せば恥ずかしい、そしてほしい、いらんと言うてじろっと見ておる。あれは皆地獄へ行く。素直にならんのだ。そういう形は皆にあるものだ。「邪見憍慢の悪衆生　信楽受持すること甚だ以て難し」信心をいただくことはむずかしいのだ。すっきり出来んのだ。何かしっかり持っておるから入らんのだ、持っておるものを離せばそのまま入って来るのだ。昨日も金沢で話しておったのだが、そら、火事だ、というのに立てん。腰が抜けたのか、と思うとそうじゃない。しっかり物につかまって立てなかった。持って立とうとするから立てんのだ。手を離せば立てるのです。阿弥陀仏を頼むに胸に持った物を離さにゃ頼めぬ。持った物を離せばすっと入る。昔は腹痛を直すのに医者は薬を飲ました。今はヒマシ油を飲ませて皆吐かす。そして腹の中を掃除する。何で腹が痛いのか。不摂生して何か毒が腹に溜ったからだ。毒を持った者は何をしても駄目だ。毒をそのままにしておいて注射をしても、注射が利かんようになればまた痛くなる。皆吐き出して、空っぽになれば物が入る。阿弥陀様の信心は、物を入れるより物を吐き出さすのだ。ところがなかなか吐き出せないものだ。だから、「難の中の難斯に過ぎたるは無し」と親鸞聖人ははっきりとおっしゃるのです。骨の折れることじゃ、長い間この邪見憍慢で威張って来たのだから。近代の利己主義・個人主義は「俺が」と威張る。皆邪見憍慢だ。油断しておるとやられる。だから八方眼を配って臂を張っておる。それで娑婆が立つと思うておる。俺が偉いから娑婆が立っておると思うておる。お慈悲の恵みで立たせられておるということがわからんのだ。子供は親に手をとられて「立った、立った」と自分一人で立ったように思うておる。それと同じことだ。自分一人で立っておると思うが、大自然の恵みによって立っておるのだ。そこまで気がつけばよいが、それを気がつかん。その力みがある。だからその毒で悩むのだ。悩みの根本は自力の毒があるのだ。雑行雑修自力の心、その毒をお釈迦様が吐き出させようとして下さるのだ。それがなかなかむずかしい。自分の了見で威張って立ったように思うておる。その皮切が容易じゃないと御開山はおっしゃる。実に容易じゃない。また容易じゃないという御教えを抱いて、わしはまだ喜ばれん、わしはまだいただかれん、わしはあの人のようにからっとならん、こういう人がたくさんある。からっとならんのは何でかということを、今このお言葉で教えて貰うのだ。ならんのはお前の心の中がまだはっきりせんのだ。頭が高いのだ。邪見憍慢が一杯になっておるからじゃ。偉いのだ。威張っておるからだ。まだどうやらこうやらこの世の日暮しを自分の智慧才覚で、遣り繰りが出来るのだ。遣り繰りをして、その場その場にあまりぼろを出さんと行けるのだ。だから頭が下がらんのだ。

その場を合わして行くことが出来る。だから仏の心がわからんのだ。そこいうと、小賢しい性がなくて、正直であっさりしている人は時には深いところへ落ちるが、落ちたところから助かる。

正直に進んでゆく者は、娑婆の馬鹿かもしれんが、その馬鹿が仏の世界へひっくり返られる。利巧者は仏の心はいただけない。どうすることも出来んと泣いておる者が、始めて素直に、阿弥陀仏の本願念仏の教えがいただかれるのです。

信心とは梵語のプラサーダという言葉で、足許に身を投げるのです。我慢我情を出しておれない程、角が折れる。今までのものを投げ出して仏におすがりするより外にない、というところへくればお助けは自然である。いよいよ助かるのはむずかしいということのわかった人にはお助けは容易なんです。どこへいっても自力我慢を教えておるこの世だから、阿弥陀様のお心をいただくのはむずかしいことだ。こんなにむずかしいことはないとおっしゃるのだ。このお経のお心をもって讃歎される時、このむずかしいぞというところをついておる。これから何が出て来るか。龍樹・天親・曇鸞・道綽・善導・源信・源空の七高僧の話が出て来る。非常に用意周到にお述べになったと思う。

邪見憍慢の悪衆生は信楽を受持することが甚だむずかしい。それは、親鸞聖人自身のことをおっしゃるのです。わしのようにこんなにむずかしい骨の折れる者はない。こんな邪見憍慢のわしが仏のお心をお慕い申すことが出来るというのは、まるきり三国の七高僧方の善知識の血のしたたる教えがあったからだ。長い間お世話になってきたのだ。七高僧方のお世話の御恩を尊く思い出さずにはおられんと仰せられるのである。「邪見憍慢の悪衆生　信楽受持すること甚だ以て難し」とこう申されたところに、七高僧の讃歎が出て来なければならんのである。むずかしいと思うたそのむずかしい山坂を越えさして貰うたのは、広大な三国の七高僧の有難い尊いみ教えがあったればこそ、このしぶとい奴が助かるのだというこの喜びに入ることが出来たのであります。

丁度この四句で『正信偈』の一段がすみました。

帰命無量寿如来
南無不可思議光

と端的に聖人が御自分の御信心を述べられた。これは親鸞聖人の最も簡単な御信心のお領解であります。これが即ち念仏です。南無阿弥陀仏ということを延ばしていえば、「帰命無量寿如来南無不可思議光」です。この「帰命無量寿如来　南無不可思議光」の御信心をずっとお述べになるのが『正信偈』です。だから『正信偈』百二十行は聖人のお領解となるのです。そのお領解に印度ではお釈迦様を第一として、龍樹・天親、支那では曇鸞・道綽・善導、日本では源信・源空、この七高僧のお徳を讃歎あそばされる。聖人御自身の信心は、わがかしこくてこしらえた信心でなく、お釈迦様があり、三国の祖師の伝統の相承を受けたのだというお心持を七人の高僧のところでお述べになる。丁度私らが自分の信心を述べるために、時にはキリストの言葉を借りて述べ、或は日本の神代の事を借りて述べ、或は西洋の小説或は哲学者の心をとって述べる。聖人は御自分のお領解を述べられるに、お釈迦様と七高僧の教えを心でよくお味わいになって、そのお言葉をもって自分の信念を述べられた。だから『正信偈』全体が聖人の御信心の相であり、それが真宗の歴史である。自分の今日のこの信心は今日出来たのじゃない。ずっと昔から伝わってきたのだとおっしゃる。その伝わって来たことを語られればそれが教えになる。『正信偈』を読むと、お釈迦様も、龍樹菩薩も、天親菩薩も、曇鸞・道綽・善導も、源信僧都も法然上人も、皆聖人の胸の中においでになる。

そこで始めに、「法蔵菩薩因位の時　世自在王仏の所に在して　諸仏浄土の因　国土人天之善悪を観見して　無上殊勝の願を建立し　希有の大弘誓を超発せり」とこのお釈迦様のことからずっと引続いて『無量寿経』のお心によって御信心を述べられたものです。それが今日の所で一段切れ、その次に「釈迦如来楞伽山」というお言葉から七高僧の御讃歎が始まる。丁度明日からお彼岸で、午後と夜お話をする御縁を得たから、一週間に『正信偈』の七高僧の御讃歎をします。一日に一人ずつ讃歎すれば丁度よいと思うています。

始めのところに『大無量寿経』上下二巻の心をだんだん示し、『大経』のお心を表として教理を現わされ、『観無量寿経』『阿弥陀経』の教えをところどころとりいれておっしゃってある。今日のところには、『無量寿経』の下巻をお教え下さってある。下巻の初めの方に、「憍慢と弊と懈怠とは、以て此の法を信じ難し」というお言葉がある。それから少し間を置いて、「設ひ、世界に満てらん火をも、必ず過ぎて要《もと》めて法を聞かば、会《かなら》ず当に仏道を成じ、広く生死の流を度すべし」と説いてある。こういうような御教えは、信心を保ち持つのは大変むずかしいという教えである。同じお心を『阿弥陀経』のしまいの方に、「我五濁悪世に於て此の難事を行じ、阿耨多羅三藐三菩提を得て、一切世間の為に、此の難信の法を説く。是れを甚難と為す」とある。「難の中の難転是《うたた》れに過ぎたるは無し」「難中之難無過斯」むずかしいことだ。極難信だ。和讃の中に「極難信の法をとき」とある。

「無量寿経」の下巻を頂くと、初めに第十一願と第十七願と第十八願との成就のお心が述べられ、次には、第十九願・第二十願・第十八願の三願転入の心が述べられてある。それが阿弥陀様の正覚成就のお徳から、菩薩達がお尋ねになるにつれてその心を説いてある。仏の心を信じた人の日暮しはどうかということを段々説いてあるのが「聖行段」で、去年の八月の講習会の時に話した。非常に尊い朗らかな生活が説いてあります。気高い尊い生活にふれて、段々聞かして貰うて、ひょっと自分に帰るとき、自分はこんなになっておらん、自分にはこういうきれいな日暮しが出来ぬ、常に小さい光を望んでゆく自分に気がつく、浅ましい奴だということに気がつく。お経の中の三毒段・五悪段を読んでゆくと、光のお徳に照らされたわしの心持をずっとお説きになってあります。それで「聖行段」の後に三毒段・五悪段即ち尊い日暮しを受けた後に、人の穢れた有様をお説きになってある。丁度この順序が『正信偈』にも現われておる。十三日の晩あたりまでは、いかにも朗らかな御信心の喜びが説かれてあって、阿弥陀様の本願名号を信じ称える者は、その人を分陀利華、白蓮華だと非常に褒め讃えてある。穢れのない美しい蓮の華のような人だと信心の人をいうてある。それだけ信心の徳を褒めあげられて自分に帰ってみると、なかなかそうはならんぞということに気がつくのだ。親鸞聖人が『正信偈』をお作りになった時、やはりそういうお心持が現われておったのだということを思います。

「是の人を分陀利華と名く」と信心の人を非常に褒め、その次に、弥陀仏の本願の念仏、これは第十八願の中に「至心に信楽して我が国に生れんと欲し、乃至十念せん、若し生れずば正覚を取らじ」とある乃至十念で、南無阿弥陀仏を十声称えよ、わしの中に打融けてわしの名を称える者は皆迎え取ろうとおっしゃるこの念仏は、もともと第十七願の、わしが正覚成就したら十方の仏から我が名を称えられるようになりたいと願われた、その願いが成就して衆生の口に現われたのが第十八願の乃至十念であります。

依釈段

第二十九講

龍樹章

印度西天の論家　中夏日域の高僧
大聖興世の正意を顕はし　如来の本誓機に応ずることを明す
釈迦如来楞伽山にして　衆の為に告命したまはく　南天竺に
龍樹大士世に出でて　悉く能く有無の見を摧破し
大乗無上の法を宣説し　歓喜地を証りて安楽に生ぜんと
難行の陸路の苦しきことを顕示し　易行の水道の楽しきことを信楽せしめたまふ
弥陀仏の本願を憶念すれば　自然に即時必定に入る
唯能く常に如来の号を称へて　大悲弘誓の恩を報ず応し

本年の一月の二日からこの寺で、又この村で御法話をする御縁を得る度に、『正信偈』をぼちぼち味おうてきました。今日からお彼岸です。久し振りで家にいて、お彼岸のお話をさせて貰う御縁を得たことを喜びます。午後と夜と二回お話をすることにします。

今日は、聖人が、七高僧の第一番目の龍樹菩薩のお徳を讃歎し、御教えを味わせられるところを味わいたいと思います。だんだんお話し申すように、『正信偈』は聖人が自分がまるまる仏様のお与えの信心をお喜びなさる、その気持を『教行信証』の「行の巻」にお書きになったもので、「無量寿如来に帰命し　不可思議光に南無したてまつる」ということの初めの二句にすべてが述べられてある。「無量寿如来に帰命し　不可思議光に南無したてまつる」ということには、阿弥陀様を頼み、まるまる阿弥陀様を信ずる、阿弥陀様に順う、阿弥陀様に任すということころがある。そして聖人は、純情な信心の味わいを細かく述べ現わすために、自分の信心の深い内省で尊い源まで遡られたのであります。今日自分が南無阿弥陀仏の信心を得たのは、近くは法然上人の御教えによって、その法然上人の教えは、源信僧都のお心から、源信僧都の教えは、支那の善導大師から、善導大師の教えは道綽禅師から、道綽禅師の教えは曇鸞大師から、曇鸞大師の教えは、印度の天親菩薩のお心から、天親菩薩は龍樹菩薩のお心から教えられたのである。そして龍樹菩薩のお心の源は、お釈迦様のお心から伝わっておる。お釈迦様のお心は遠く阿弥陀如来のお心から貫われたものである。阿弥陀如来のお心は、法蔵菩薩因位のお心が伝わって来たのである。というようにずっと遠く源にまで遡っておられる。すると、今自分の信心は、昨日や今日の新しいものでない。永劫の昔から流れて来て、今自分の胸にまで到らせられたのである。その味わいをずっとお述べになったのであります。始めは阿弥陀様の本願のお心、次にお釈迦様のお心を述べられ、今度は七高僧の第一龍樹菩薩の御生涯、又御教えによって、聖人がお導きを得られたことをお述べになってある。つまり、龍樹菩薩の上に、聖人が自らを発見せられるのであります。

龍樹菩薩は、お釈迦様がおかくれになってから、七百年程経って南天竺の憍薩羅国《きようさらこく》の婆羅門の家に誕生せられた方でありました。始めは真面目に学問しておられたがその中に随分やんちゃなことをやられるようになった。友達と一緒に王様の御殿に毎夜忍び入って、御殿におる女達を拐すというようないたずらをせられた。ところが、或る晩、自分と一緒に王宮へ忍び込んだ友達が捕えられて殺された。龍樹菩薩は危いところを遁れて命が助かった。しかし、親しい友が殺されたのが、深く感ずるところとなり人生に驚きが立った。今日でも連合いに別れる人、或は子供に別れる人、或は友達に別れるというようなことが御縁になって、自分の身を考え、仏道にはいる人は随分ある。近世キリスト教の改革を計ったドイツのマルチン・ルーテルが、始めて信心の道にはいったのもやはり友達が死んだためである。或る時、友達と一緒に道を歩いておったら、雷が友達の上に落ちて友が死んだ。それからルーテルは真剣に宗教の道にはいったのである。龍樹菩薩は、友が殺されて驚きが立った。が又一方、罪悪ということも考えられたのである。

今日の仏教の門を立てておる八家九宗、どの宗旨でも龍樹菩薩を崇めない宗旨はない。或る学者は、龍樹菩薩は大乗仏教の創設者だと言うている。大乗という仏教はお釈迦様が説かれたものじゃない。『華厳経』は龍樹菩薩が出られるまではなかった。龍樹菩薩が龍宮へ行って、『華厳経』の経文を暗誦して帰られたということである。お釈迦様の滅後世に残っていないみ法を龍樹菩薩が打ち開かれたのです。『華厳経』は、お釈迦様が三十五の歳に、ブッダガヤの菩提樹の下において正覚成就あそばされた、その最初の時のお心持を説いたもので、まだ仏が人に対して一言も口をあけられん前のものである。初めて口をあけられたのは、ブッダガヤから二十里ほど離れた、今のベナレスの側の鹿野苑に修行していた憍陳如・阿湿婆恃・跋提・摩阿男・婆沙婆の五人の比丘にお話をされた。それが初めである。そのことは『阿含経』に説いてあるが、その前、まだ誰にも説かれなかったお経が『華厳経』である。だから普通のお経に書いてないはずです。側におって聞いたお経と違います。側近の阿難・舎利弗が聞かなかったお経を七百年隔っておりながら龍樹菩薩が聞かれた。これはどういうことかというと、心と心が通うと、時間もなく、空間もなくなる。心が隔つと同時間におって隔てがあり、同処におって隔てがある。今日では心が通えば、ロンドンの人とパリの人と一緒におることが出来る。心が隔っておれば、一つ家におっても合うことが出来ぬ。心の垣を超えるのだ。時間空間を超える。龍樹菩薩の開けた心には、年代がなくなった。だから七百年前のお釈迦様の心が、はっきり聞かれたのだ。それを書かれたのが『華厳経』です。だからこのお経はお釈迦様の滅後龍樹菩薩までは誰も知らなかった。何にしろ八十部もあって、随分長いものである。お釈迦様を正覚の華に譬えてある。『無量寿経』も『大日経』も皆その根柢にこの『華厳経』の思想が流れておる。その外の大乗仏教の教典も釈尊のお説きになったものでなくて、同時代に龍樹菩薩の関係者がお説きになったというように伺われる。だから、龍樹菩薩をお釈迦様と同じ仏だとここに尊敬しておられる。

龍樹菩薩はたくさんの書物をお書きになった。お経やらお経の講釈など、千部ほどもある。今日支那の言葉に訳されたもので、「一切経」の中に納められたものでもたくさんある。その中で最も有名なものは、『大智度論』百巻である。随分浩翰なものである。これは『大品般若経』六百部を軟らげて書いたものです。禅宗はこの『大品般若経』によって開かれたものである。その外、『華厳経』の「十住品」を講釈された書物に『十住毘婆沙論』というものがある。御和讃に、

本師龍樹菩薩は
智度十住毘婆沙等
つくりておほく西をほめ
すゝめて念仏せしめたり

とある。この『大智度論』と『十住毘婆沙論』とは、たくさんの書物を書かれた中で殊更有名なものである。この『十住毘婆沙論』の中に「易行品」という一品がある。この中に龍樹菩薩は御自分の自督の信心を述べておられる。その中に阿弥陀様の名号のいわれを説いてある。浄土宗でも真宗でも、龍樹菩薩を宗の元祖だとして崇めるのは、この「易行品」があるからである。

仏教には、大乗・小乗の二つがある。大乗とは大きな乗物、小乗とは小さい乗物である。そういう大乗・小乗の区別からいうと、お釈迦様がおかくれになって後、弟子の主な者が、「我々は尊い師匠の許で、いろんな教えを受けた。仕合せだ。これから後の者はそういう教えを受けることが出来ない。だから皆が受けた教えを思い出して綴っておこう」というので五百人の人が集まって、王舎城の北の入口の山の麓のピッパラ窟の中で結集されることになった。ところがお釈迦様に始終ついていた阿難を仲間へ入れなかった。阿難は泣いておった。外の者は、あんなに泣いておるから入れてやろう、というので入れて貰った。いよいよお経を結集しようとすると、阿難

ほど覚えのある者はなく、よくわかっておる。だから大抵のお経には、「仏告阿難」とある。阿難に聞いて書かれたお経が多いのです。

ところが、その頃は、お釈迦様の教えを受けた者は五百人位でなく、その仲間へはいれなかった者がたくさんあった。そうした人は、わしらはわしらでやろうと言うて、今度は王舎城の東の入口の山の森で、いろんなことを思い出して記録した。それで仏教にはこの五百人の高足の弟子の集めた仏教の流れと、その中へはいれなかった人達の集めた仏教の流れと二つあるわけだが、高足の弟子の伝えた仏教は小乗であります。その仲間へはいれなかった者の伝えた仏教が大乗の源をなしたのです。これは面白いことです。お釈迦様のお側に居った高足の弟子は、智慧学問があって、偉い人達ばかりだ。そしてお釈迦様の正伝といえば、お釈迦様の道を伝えるために、形を守らねばならぬ。そして伝えて行くには僧団の規約が要る。ところが、その仲間へはいらなかった人達は在家の人達が多い。だから教団を維持して行こうという無理がない。自分の喜んだことだけだ。つまり、五百人の伝えた仏教は出家の仏教、つまり聖者派であり、窟外の結集は在家の仏教で凡夫派である。昨日も或る人に、坊主の仏法、神主の神道は嫌いだ。玄人というものはろくなものでない。料理でも家の者の作ったのはうまい。玄人の作った料理はうまくないと言うた。坊主の仏法も神主の神様も有難くないものだ。その点でわしは坊主になりたくない。玄人になると変になる。本当の玄人というものを抜けた玄人ならいいが、自分もわかったようなわからんような仏教になるのである。そういう玄人は却ってわからんものだ。

仏教はそういうように、在家の仏教と坊主の仏教と二つに分れた。しかし表立ったものは、聖道派の弟子の伝えたものが仏教だった。三百年四百年の間その仏教が盛んだった。三百年の後阿育王が仏法を信仰せられた。そのために仏教は弘まり、たくさんの信者も出来、外国にまで伝わったのである。そこまでゆくと、傍流の仏教も弘まった。聖道派の仏教は、行儀作法が大事なのであった。どっちかというと、お釈迦様の形を真似るという方に傾く。又、それによく似た人もあった。ところが在家は形はよくならない。だからお釈迦様の徳を仰いで行こうということになる。ここに万行諸善と、念仏の門とが既に分れておるのである。お釈迦様の側へ行ける偉い者は万行諸善に行き、つまらん者は念仏に行く。しかし、お釈迦様の側の者が遠いところにおり、遠いところの者が近いところにおり、わかったと思う者がわからんで、わからんと思うておる者がわかっておることがある。後に正統の仏教の流れの中に改革者もあった。その後はやはり聖者派の系統を経たのじゃが、その系統から大衆的な信念が盛んになった。龍樹菩薩はその大衆的な信念を伝えられたのである。龍樹菩薩はお釈迦様よりは、もっと理論の上において統一したことを説いておいでになる。

龍樹菩薩は行いの整うた人ではない。悪人凡夫なんだ。だから戒律だけでは助からん、形はどうでも罪は如何ほど深くともよいとおっしゃる教えが龍樹菩薩の胸に合うた教えである。龍樹菩薩とやや同じ時代に、馬鳴という人があった。この人は面白い人で、やはり大乗の方の方であるが、お釈迦様の伝記を芝居に作った人である。そして自分が役者になって、印度中芝居を打って歩いた。これも面白い話である。今でもお寺の御院住が、役者になって、釈迦一代記を打って歩いたら堕落だと言うだろう。禅堂に坐禅しておれというのは聖道派である。大乗の坊さんはそうでない。出来たら役者となって、自分がお釈迦様になって歩くのだ。馬鳴菩薩がそういうことをされたために印度全国にお釈迦様の教えを受ける者がたくさんになった。この態度が大乗だ。しかつめらしい形の上でなく、そこに破壊があり本当の仏教の精神があったのだ。

その馬鳴と同じような思想の上に立てられたのが龍樹菩薩の教えだ。龍樹菩薩の思想系統は、民主的・大衆的・凡夫的なんだ。悪人だ。それは万行諸善でなく、念仏の流れだ。この馬鳴菩薩や龍樹菩薩の流れを伝えるものは、今までのこの聖道派の人達に、どう言うだろう。「お前らは型ばかりだ。型ばかりの仏教だ。我々の仏教は、大きな乗物のようなものだ、広いのだ。お前らの仏教では、戒律の守れる者だけは及第していくだろう。わしらの仏教は智者でも愚者でも、皆乗って行ける。助からん者はない。提婆も助かる、八歳の龍女も助かる。皆助かる、これが大乗だ。お前らは小乗だ」と言う。片方の小乗の仏教者は「それはお釈迦様の教えでない、非仏説だ。お釈迦様はそんなことは説かれないのだ。お釈迦様は『華厳経』のことは話されぬ。それは皆ほらだ。大乗は非仏説だ」と言う。大乗の人が、小乗は形だけだと言い、小乗の人は、それはほらだ、非仏説だと言うて、随分始めは争いが激しかった。

その中に、どうでも大乗の思想が本当にお釈迦様の心が伝わっておるので、感化力が多かった。殊に龍樹菩薩は徳も高いし一遍に風靡したのである。その龍樹の流れが日本に来て盛んになったのである。

その大乗仏教も暫くたつと玄人化する。叡山・奈良・高野山は皆大乗でありながらいつか小乗になっておる。そういう形の間から破《わ》って出て在家の教えとなり、肉食妻帯を許す教えとなったのが親鸞聖人の教えである。それも六百年経つと今日のお寺の坊主であって正統派になる。いつでもそうだ。そうして固定して動きがとれないのです。いつでも大衆の声、素人の声の中の真実の精神に覚めて行くのだ。本当の精神が生きて来るのだ。なぜだろうか。玄人の坊主というものは、どうしてもそこにとどまるところがあり、作るものがある。初めは一生懸命に自分の道を求めておるのだが、暫く経つと人前を作る。そして自分をこしらえてゆく。だからいつでも大衆の目覚めがなければならんのです。

龍樹菩薩はその大乗の教えを輝かせた。今日の学者は、大乗小乗といわぬ。小乗というておったものを原始仏教といい、大乗というていたものを発展仏教という。教理が発展したのだ。その方が穏やかだ。発展したこの大乗の心を現わすために、龍樹菩薩は、仏教を難行道・易行道に分けられた。難行道はむずかしい道、丁度陸道を歩くようなもの、易行道はやさしい道で、丁度船路を船に乗って行くようなものである。仏の信を初めて味わい、不退の位に至るには難の道と易の道とがある。小乗は難の道に行く。易行道は「信方便の易行を以て疾く阿惟越致（不退転）に至る」のである。龍樹菩薩の教えはその易行道だ。たやすい信心の道だ。信心の道は何でたやすいか。曇鸞はこれを、仏願力に乗じて往生することを得るからだ、と言われた。難行道は「唯是れ自力にして、他力の持無《たもち》し」と言われる。易行道は何で易いのか。他力の持ちがあるからである。「阿弥陀如来の本願力に縁る」が故に易行道である。その易行道は大乗至極の教えだ。だから悪人善人皆助かる。そこが念仏の一道だ。

龍樹菩薩は千部の論を作られた大学者だが、それを作られた本意はどこにあるか。念仏の道を明らかにするにある。その念仏の土台が、『華厳経』『十住毘婆沙論』『智度論』に出ておる。龍樹菩薩の念仏の御信心は大乗仏教の根柢の念仏に尽きておるのだ。『法華経』『華厳経』『般若経』皆念仏の心から説かれたものであります。そういうところから三世の諸仏は皆念仏三昧によって成等正覚した、というような言葉が出て来る。念仏にはいらにゃ成仏は出来ない。これがただ一つの道だ、というようにさえ教えられてあるのです。これだけのことを明らかにしてゆくと、この『正信偈』に書いてあることがよくわかるのであります。

印度西天《いんどさいてん》の論家《ろんげ》

印度は天竺、西天は印度です。論家というのは龍樹菩薩・天親菩薩等のお作りになった書物を論といい、それを作った方が論家です。

中夏日域《ちゅうかじちいき》の高僧《こうそう》

中夏は支那、夏は大きいという意味で、支那人は自分の国をよく、中夏とか中華とかいう。日域は日本、つまりここの文は、印度・支那・日本の高僧ということです。

大聖興世《だいしょうこうせ》の正意《しょうい》を顕《あら》はし

お釈迦様がこの世に御出世になったその本意を顕わされた。それは何か。

如来《にょらい》の本誓機《ほんぜいき》に応《おう》ずることを明《あか》す

阿弥陀様の本願が、一切衆生の心に叶うた道であるということを明らかにして下さったのであります。お釈迦様の御出世は、阿弥陀様の本願のお心を伝えるためであり、三国の七高僧の御出世も、この本願の心を説くためである。すると、自分の信心には阿弥陀仏の本願が流れておるのだ。法蔵菩薩の本誓は、お釈迦様の心の中から、七高僧に流れ、長い間血管を通って、今自分に流れておるのであるとその伝統を述べられてあるのであります。このように龍樹菩薩が世に出でてお釈迦様の御正意を伝えられるということを、お釈迦様が予言されたと伝えられておることを次に述べられます。

釈《しや》迦《か》如来《にょらい》楞伽《りょうが》山《せん》にして
衆《しゅう》の為《ため》に告命《ごうみょう》したまはく　南天竺《なんてんじく》に
龍樹大士《りゅうじゅだいじ》世《よ》に出《い》でて

このことが御和讃に出ている。

南天竺に比丘あらん
龍樹菩薩と名づくべし
有無の邪見を破すべしと
世尊はかねてときたまふ

お釈迦様が楞伽山においでになって、『楞伽経』をお説きになった。その中に、「わしが死んで七百年後に、南天竺に龍樹菩薩という比丘が出て、わしの仏法を盛んにするぞ」とおっしゃってある。これは『楞伽経』の中に説いてある懸記の文といってお釈迦様の未来記の中にある。これはお釈迦様が、わしが死んでから七百年の間わしの説いた法のわかる者はないということも書いてある。この経は後に出来たのだという人もあるがそうもあながち決められない。予言というものは当ることもある。また透徹した眼が開けると昔のことが見えるように、未来のこともわかる。だから、懸記に顕わしてあるからというてあとに作ったお経だとは限りません。これは学問的に伝記を決めなくてもよい。ともかく、この『正信偈』に記されてあることは、『楞伽経』というお経にお釈迦様がお説きになってある。これは釈尊の心一杯が、龍樹に伝わっておる。だから七百年の時を隔ててお顔を見たこともないが、お釈迦様の心が龍樹にわかった。龍樹がお釈迦様の心を見て、わしにお釈迦様がこうおっしゃるがとおっしゃるように、お釈迦様も、後に龍樹が出てわしのものをすっかり獲てくれるぞとおっしゃった。先の人と後の人と肝胆相照らして永遠に教えを伝えて下さるというところに、言うに言えん味わいがあるように思います。

第三十講

聖人が龍樹菩薩のお徳を讃歎せられるところをつづいてお味わいします。『楞伽経』というお経の中に釈尊が、「わしが死んでから七百年したら、南天竺に龍樹という人が出て、有無の邪見を破して、「正しい依法の道を教える」という未来記を説いてある。その未来記を受けて、聖人は龍樹菩薩一代の仏教思想の中心を簡単に示されたのが次のお言葉であります。

悉《ことごと》く能《よ》く有無《うむ》の見《けん》を摧破《ざいは》し

摧破とは摧《くだ》き破ることである。有無の見とは、有の見、無の見ということ。世の中を考えて哲学するという時には、その考え方が両面に分れる。ギリシャの哲学でも、存在派と非存在派、変化派とその反対のエレア派とに分れた。エレア派というのは、世の中のすべては実在しておるという有の見を持っておる。それに対して、変化派のヘラクレイトスは、世の中は変化する、いつも変っておる、常住のものはない、という。これは無の見である。この有無の考えはいろいろの形をなして現われる。印度の哲学者も、有の見と無の見とに分れた。分り易いようにいうと、人間には魂というものがあって、死ぬとそれが犬になったり猫になったりする。魂というものは死んでから後にあるものだ。こういう見方をするのが有の見である。人間が死んだら灰の消えたようなもので、何にもない、土になるだけだ。だから魂というものはない。これは無の見である。右でいかにゃ左、左でなければ右というのである。西洋の哲学者で、キェルケゴールという人は、一か多か、有か無かということを考えた。極端から極端だ。どうしても考えはそうなり易い。

ドイツのヘーゲルという哲学者は、弁証法を教えておる。弁証法とは、一つ、甲なら甲という考えが出ると、甲でない非甲という考えが出て来る。そしてその二つが綜合されるのだ。そういう考えが出る。乙が出ると非乙という考えが出て来る。またそこに丙が出て来る。始めの前提に対してその反対が出る。そうすると、その両者の綜合が出来て、次はそれに対して又反対が出る。こういうような工合に、思想が進んで行くものです。人間はすべてこういうようにして進んでゆく。物は反対によって進んでゆく。どうしても人間は反対が出るものです。あ、寒い寒いと言うと、それほどでもないと言う。誰かがあの人はいい人じゃと言うと、そうでもないと言いたい。人のことを褒めて言うと、考え出してまで悪いことを言いたがる。妙なものだ。親は子の事を、親爺は自分の妻の悪口を殊更に言う。あれは、そうじゃないと言うてほしいのだ。だから、そうじゃそうじゃと賛成すると、変な顔をする。だから親爺が妻の悪口を言うたり、妻が親爺の悪口を言うておる時に、それを肯定するといかん。子供のことでも、家の子供はどうも何にも出来んと言うた時は、いやそうじゃないと反対に出るとよいのだ。しかし、反対に出るのは、両方とも本当じゃないのだ。人間が、右と言うたり左と言う、そこに間違いがあるのです。魂が有る、無いと言う。定まったものが有る、無いと言う。そういうことはいつでも出て来るが、それは本当のものでない。それは人間の思いだ。真実の姿は有でもなければ、無でもない。人間の考えた世界と世界が違う。ここに龍樹菩薩の中道ということがあります。

龍樹菩薩の著書の中で、一番哲学的なものは『中論』です。『中論』は近来盛んになったが、中道実相ということを説いてある。有でもない、無でもない。有無の境地を去ったそこに道がある。それを中道という。或は実相という。その思想を天台大師が空・仮・中の三諦といわれた。そしてこの三諦をそのまま一諦に盛るというような考えを構成された。空は無、仮は有、その間に中があり道がある。極端なものはないのだ。あの人は悪い人だ、あの人は善い人だという。本当は、善い人、悪い人、そういうものはない。では何も評をせずにおかんならん。それも間違いだ。人間はどうしても、悪いといい善いという間は間違いだ。何と言えばよいか。何と言うても間違いである。だまっておッても間違いだ。そんならどうするのが本当か。善い悪いは人間の思いで決めただけのことだ。決めた思いを生きた人間に当て嵌める。だからどっちを決めても間違いだ。何か人間は固苦しい理屈をもって決めていたいのだ。そこに病いがあるのだ。有でない、無でない。そんなことを決めておるのが間違いだ。真実は、人間のすべての思いが絶えて、すべての思いも計らいも間に合わんというところにある。ところが多くの人は何にもいらんというと、いらんのだということを持とうとする。龍樹菩薩はその有と無の見を破拆されたのである。

大乗無上《だいじょうむじょう》の法《ほう》を宣説《せんぜつ》し

有無の見を破するのが大乗の無上の法である。真実は大乗のこの有でもない無でもない道にある。これが中道実相です。すべて世の人間の考えで、右と決めたり、左と決めたりするところに真実の姿は現われぬ。真理は現われぬ。だから有の見を捨て、無の見を摧いて、そしてそこに大乗無上の法を宣説された、宣べ説かれた。

歓喜地《かんぎじ》を証《さと》りて安楽《あんらく》に生《しょう》ぜんと

歓喜地とは喜びの位である。龍樹菩薩は『華厳経』の中で、菩薩の階段を「十信・十住・十行・十廻向・十地・等覚・妙覚」の五十二段に説かれた。その十信・十住・十行・十廻向で四十段、それから更に進んで、四十一段目から十地で、その中の一番初めの位が初歓喜地である。初めて真実に目が覚めた喜びである。普通には大地を忌むというような意味がある。地には死の意味がある。その大地の上に初めて足がついたのです。なかなか大地に足がつかんものです。菩薩の行を積んで、十信・十住・十行・十廻向、この四十段を進んで漸く足が地につく。その時は躍り上がるように喜ぶ。それを初歓喜地という。親鸞聖人の御言葉によると、初一念です。龍樹菩薩はこの初歓喜地を証って安楽国に生まれた。龍樹菩薩の一代のお仕事は、有の見無の見を破って、中道実相を説いて安楽国に生まれられたことである。

難行《なんぎょう》の陸路《ろくろ》の苦《くる》しきことを顕示《けんじ》し 易行《いぎょう》の水道《すいどう》の楽《たの》しきことを信楽《しんぎょう》せしめたまふ

難行はむずかしい行の道であるということは昼もちょっと話したが、『十住毘婆沙論』の中の「易行品」の中に、一代仏教を難行と易行との二つに分けて、難行は陸路《おかみち》、徒歩《かち》歩きするようなものであると書いてある。『御伝鈔』の中に、

難行の小路迷ひ易きによりて、易行の大道に赴かんとなり。

とありますが、難行道はいろんな行を積み、そしてそれを積み重ねて仏になろうというのである。一足づつ歩いてゆくようなものである。これに対して易行道は、譬えば、「水道の乗船は即ち楽しきが如し」水の上を舟に乗ってゆくと、何らこっちの力がいらんとある。何で易行なのか。曇鸞大師は、「自力だからむずかしい、他力だから楽だ」とおっしゃった。龍樹菩薩は、「信方便の

易行を以て疾く阿惟越致に至る」信の道へぽっと飛んで出る、と言われた。

『御伝鈔』の中に、法然上人の黒谷の草庵で信の座と行の座を分けられることが載っておる。或る時法然上人の御前に親鸞聖人がお出でになって、「こうやって一緒にお話を承っておりますが、皆の心が一つかどうかわかりません。一遍皆の心を話し合ってみたいものです」とおっしゃったら、法然上人は、「明日皆に聞いたらよかろう」とおっしゃった。聖人はたくさんのお弟子達の集まっておいでになる前で、「今日は信不退の座と行不退の座と分けようと思うから皆さん思う座へ着いて下さい」と言われた。信で助かるか、行で助かるかということを申されたのです。皆だまっておった。聖覚法印と信空上人とは、「わしは信の座に着きましょう」と言うて着かれた。熊谷蓮生房は、後から遅れて来て、「今日は何ですか」とお尋ねになった。聖人は、「今日は信の座と行の座とを分けられるのです」「ではわしは信の座へまいります」と言うて蓮生房も信不退の座に着かれた。そのうちに親鸞聖人も信の座の方へ自分の名を書かれた。しばらくたって法然上人も、「わしも信の座に連なりましょう」と申された。外の人はびっくりした。信じて助かるか、行をして助かるか。ここの行というのは南無阿弥陀仏を称えることである。

行で助かるのは難行道、信で助かるのは易行道です。信ずる一つの心が開ければ行は楽なんだ。信がないから行はむずかしいのだ。毎日毎日仕事をしておる。仕事がむずかしいというのは心が融けんからだ。心が融けておれば何をしても面白い。疲れはせぬ。信心がないからものういのだ。仕事をして疲れる疲れんというのは、信があるかないかによるのです。信のない仕事をすればむずかしい。この頃労働時間が七時間八時間になるといわれるが、労働時間がいくら短うても、その人の心に重荷になるほどならば、たとえ時間が少うても苦しい。その人の心が愉快なら苦しくない。譬えをいうたら、仕事をするのに、或る人と一緒にやると疲れる、或る人とやると疲れん。仕事の難・易は、その人の心にあるのだ。信じておる行はとんとん拍子でゆくし、信心がないと行はむずかしい。難行道を苦しいというのは、心が融けんで、ただこちこちやっておるからだ。易行道は心が融けてゆくのだ。だから勇みがあるのだ。力もあるのだ。易行道は信楽易行水道楽じゃ。

龍樹菩薩は、中道実相の道をどこに教えられたか。有の見でもない無の見でもない。龍樹菩薩は信楽を中道の道とせられた。「仏法の大海には信を以つて能入とす」と『華厳経』の一番始めにある。

聖人一流の御勧化のおもむきは信心をもて本とせられ候。

独り親鸞聖人の流ればかりではない。仏教というものは信心為本です。信が一番大事だ。自分の了見で外のものを見て、それが有るというても無いというても、善いというても悪いというても、それは本当のものでない。自分自身だけの了見がとれて、打融けたところに本当の人間の道がある。隔て心を持って、あの人は善い悪いと考えるのは本当の考えでない。一つに融け合うてしまえば、善でもない悪でもない。わが子供を悪人と言い、又夫や妻を善人と言うておる間はまだ信がないのだ。信が出来れば、盗みをしても悪人でない。「惚れてはまれば痘痕《あばた》も靨《えくぼ》」ということがある。わが子の器量の善い悪いはない。自分の好いた間は器量の善い悪いはない。器量が善いので好きなら風邪でも引いて痩せると嫌いになる。信が出来ればそこに心の通いが出来る。有でもない無でもない。そして有でも無でもよいのだ。その中道の相を信ということで表わされた。龍樹菩薩は無信の難行道が苦しいので、信心の易行道がたやすいということを味わわれたのです。

弥陀仏《みだぶつ》の本願《ほんがん》を憶念《おくねん》すれば自然《じねん》に即時《そくのとき》必定《ひつじょう》に入《い》る

阿弥陀仏の本願を憶念する。憶念の憶はおもうという字、念もおもうという字、本願を思い浮べる。これは念仏の極所です。信心です。念仏の最も極まったところの信心です。弥陀仏の本願を憶念する、信心です。信楽易行です。自然の自は自《おの》ずから、然は然らしむ。自分の計らいをまじえんのだ。計られるままなんだ。阿弥陀仏の本願を憶念する。信ずれば、自然に何にもそこに無理がない、必然です。即時《そくのとき》とは、その場去らず、即時だ。郵便局に即時払いというのがある。その即と同じで、直ぐだ。阿弥陀様の本願を憶念して、幾時間も後に助かるのじゃない。信ずるその場、そこで助かるのだ。自然というのは、力を入れんでもよい。即時とは後のことでない。必定に入る、動かん、一つのレールにはいるということ。どうでも後戻りのない、進まにゃおられん一つのレールへはいるのです。ちょっと考えると、我々の生活に軌道がないということは危い。それは自分の手造りの軌道を作る、手造りだから危い。そこを進んで無軌道になったときはやはりさびしい、危い。そこをもう一段進んで、阿弥陀仏の本願を憶念するとき、阿弥陀仏の本願が軌道になるのです。それが必然です。

必然・必定、ちょっと聞くと窮屈に思われる。自由がない。自由のあるところには必然ということがない。必然があると自由がない。自分の好きなことが出来ればお定まりがない。信心を得るとは、自由がなくなるのだ。身勝手がなくなるのだ。自分の身勝手な、好きなまますするというものがなくなるのである。どうなるのか。無軌道じゃない、軌道へはいるのだ。阿弥陀仏の本願を憶念する時、本願の軌道へはいるのだ。それが必然だ。阿弥陀仏の本願が信ぜられて毎日の日暮しは阿弥陀様の本願と共に動くのである。だから凡夫の心からいう自由はなくなるのだ。自由がなくなって窮屈、そこに本当の自由がある。だからその時の自由は、自然と同じことです。我々がちょっと思うておる自由は、不自然であります。いじくったらきっと行き詰りか転びがある。これはわしの自由だ、とわしのことをわしでやったときを見ると、きっと行き当る。わしの根性が勝っての自由は、自分の手造りだからきっと行き詰まる。そういうような考えでやれば皆堕獄です。本願一実の大道、阿弥陀如来の本願を憶念する、そうすると本願の軌道へはいるのです。

煩悩具足と信知して
本願力に乗ずれば
すなはち穢身すてはてゝ
法性常楽証せしむ

本願力にあひぬれば
むなしくすぐる人ぞなき
功徳の宝海みち〳〵て
煩悩の濁水へだてなし

阿弥陀仏の本願を船に譬え、その本願の船に乗って行けば、船頭まかせである。そういう時は我が勝手自由はない。自由がなくなって、自然がある。必然がある。その自然こそ、突当りのない躓きのないひろやかな道だ。阿弥陀仏の本願に乗じてゆくことは、躓きがない、突当りがない。一切の衆生を助けようという本願に何で突当りがあろう。すべてを抱きしめてゆく大きな心に突当りはない。その本願の船に乗り込んで、本願の大道を歩んでゆく時に、本当の自由がある。身勝手がない。だからそれは必定だ、必然だ。そこの自由がわかりますか。そこへ行かにゃ呑みこめぬ。我々の自由がなくなったときにはじめて本当の自由がある。我が道を我が行くのだ。自由ということをどうも物質的・利己的に考え、わしは不自由だ、小遣銭がない、何にも出来ないという。親爺を持っておって不自由なら親爺がなくても不自由だ。一円の金につまっても不自由、千円の金につまっても不自由である。金に不自由のない岩崎家の主人は金の自由がない。物質的自由は人間にないのだ。息災の時は自由でよかったというが、息災の時でも自由だったか。どこへでも行けたか。足が痛くてお寺へまいれんというが、足のよい時まいったか。親爺の用やら子供の用やらでまいれん。「あんた眼が見えんで不自由だろう」と言うから「見たいものが見えんから不自由だ」と言うと、「わしは眼が明るうて仕合せだ」と言うから、本当に明るいのかと思うて「この本が読めるか」「読めぬ」日本の字で書いた本もろくに読めにゃ、英語で書いた本は尚更読めん。「何にも読めんならわしより尚不自由だ」専制でどうも世の中は不自由だという、自由な世界を慥えにゃならんという。が、社会がどう変っても一生涯自由なことはない。不自由不自由で一生涯ゆく。そういうところに自由はないのだ。阿弥陀様の本願に乗托した世界にこそ真の自由がある。煩悩に縛られた者が、本願に縛られるのだ。

清沢先生は、如来の奴隷になると言われた。我々が如来の奴隷になるということに、一番の開放がある。「自然に即時必定に入る」必定とは有難い言葉です。不退に住する、必定に住する、正定に住する、必定とは、脇道へ行かんのだ。それないのだ。そしてそれが本願の大道だ。船に乗るというか、レールに乗るというか、一心不乱だ。だから安心だ。どこへ行こうという案じがいらない。本願の大道にとんとん拍子で行く。ここに心が据ったのである。

唯《ただ》能《よ》く常《つね》に如来《にょらい》の号《みな》を称《とな》へて
大《だい》悲《ひ》弘《ぐ》誓《ぜい》の恩《おん》を報《ほう》ず応《べ》し

この心は据りが得られたときの有難い仏のお姿です。仏のお照らしによって、こういう結構な自然の大道を得さしめられる。唯能く如来の号を称えよ。南無阿弥陀仏を称えて、大悲弘誓の御恩を報ずるのだ。南無阿弥陀仏を称えて助かるのじゃないというのだ。信じて助かるのだ。阿弥陀如来を、ああ有難いと思う心から南無阿弥陀仏を称える。それをいただいた御恩報謝の心だ。

お礼じゃ。お礼というと、娑婆のお礼のように仕返しをせんならんと思う。菓子箱を貰うと返さにゃならんと思う。御恩報謝は、一円貰ったから一円返すというのじゃない。仏の本願で自然の大道を示して貰ったお礼心でたまらなく仏が慕わしい、恋しい。雨につけ、風につけ、仏の名が称えられる。それが一番の報謝だ。それはどういうことか、大慈悲の仏は物を貰わんでもよいのだ。わしらが喜んで仏の許へ南無阿弥陀仏で慕うて行けば、よく来たと、信じてすがってゆく姿を、仏は人間の報謝に受取って下さるのだ。友達が来ても、或は親類の者が来ても、いくら沢山の品物を持って来ても、心が融けておらんと胸につかえる。品物を持って来んでも、ぱっと飛びつくような気持で来てくれれば、空手《からて》でも喜んで下さる。それを望んでおるのだ。仏の南無阿弥陀仏を称えてゆけば、それでよいのだ。だから、仏のお土産を貰うておけばそれでよいのだ。よこしたいものを貰うて上げれば、それより外にない。

ところが南無阿弥陀仏を一万遍も称えればお礼になるかと思う人がある。

蓮如上人は、「朝な夕な報謝のために念仏をせよ」とおっしゃるが、これはよく味わわなければならん。「信心正因称名報恩」という教えがここに出ておる。念仏称えてから助かるのじゃない。本願を憶念する、その時に必然に信心にはいるのだ。そんなら念仏称えんでおるか。仏に助けられれば仏の名前が自然に出て来るのだ。「唯能く常に如来の号を称へて　大悲弘誓の恩を報ずべし」うれしいという心から念仏称えるのだ。自然に出て来る。だから「自然と多念に及ぶ道理なり」と言われるのだ。余計称えればよいというのじゃない。信の喜びの一念から出るのだ。

それ以上の御恩報謝はない。むずかしいことでない。

御信心はただ惚れぼれと弥陀の御恩の深重なることを喜ぶより外にない。毎日機嫌よく日暮しをして、この心を仏のお照らしによって示して貰ったときに、南無阿弥陀仏を称える。そして御相続する。それより外に謝恩がない。報謝を仕事のように思うのはわしの受けた恩を返そうという心があるからである。

如来大悲の恩徳は
身を粉にしても報ずべし
師主知識の恩徳も
ほねをくだきても謝すべし

命を貰った御恩返しには、何にもいらぬ。慕うてゆく一つの心が御恩を返す道になる、と報謝の道まで教えて下さるのだ。だから報謝せねばならぬというあとしざりはいらぬ。ここに中道の実相がある。何にもこれに根拠があるのでない。そんな心を打捨てて、仏を慕うて、仏の名を呼んでゆく。それが中道実相だ。仏の御心を信じて、御名を称えてゆくと自然の大道、必然の道を、危げなく、恐れなしに素直な心で、丈夫に足が大地についてゆく。それが龍樹菩薩の私共に教えて下さる最も大事な教えであります。

天親章

第三十一講

天親菩薩は論を造りて説かく　無碍光如来に帰命したてまつり
修多羅に依りて真実を顕はし　横超の大誓願を光闡し
広く本願力の廻向に由りて　群生を度せんが為に一心を彰はしたまふ
功徳の大宝海に帰入すれば　必ず大会衆の数に入ることを獲
蓮華蔵世界に至ることを得れば　即ち真如法性の身を証せしむ
煩悩の林に遊びて神通を現はし　生死の薗に入りて応化を示す

昨日は龍樹菩薩の御教えをいただきました。今日は昼と夜と、天親菩薩の御教えを味わわしていただくことにします。

天親菩薩は、龍樹菩薩がお出ましになってから二百年、お釈迦様がおなくなりになってから九百年後にお出ましになった方である。北印度の西の方にあたる、ヒマラヤの傍のペルシャ境にある北天竺富婁沙富羅国、今のカシミールという所に誕生せられた方である。龍樹菩薩は南印度の熱い国にお働きになり、天親菩薩は北印度の稍々寒い地方にお働きになった。お二人の性行の上にもそういうような違いがある。龍樹菩薩には南方的な心の現われがあり、天親菩薩には北方的な心の現われがある。龍樹菩薩は昨日のところにあったように、有の見無の見の二つの邪見を摧いて、中道実相の妙理を現わして下さった方であります。しかし、その中道の現わされる形と申しましょうか、理論の進め方と申しましょうか、それは空思想の形をとっておられる。『大智度論』は、『大般若経』の心を軟らげられたもの、『中論』は中道実相を説いたもので、『大智度論』も『中論』も空と無我が基礎になっておる。従ってすべてを打摧くということがこまごまと書いてある。

これに対して天親菩薩は、一心にじっと一つに思いを潜めるというような態度のお方であった。龍樹菩薩は消極的な態度であるが、天親菩薩は積極的な態度である。龍樹菩薩を破壊的な態度であるというなら、天親菩薩は建設的な態度である。龍樹菩薩は他力で進むということを主とし、天親菩薩は自力を主とする行き方をした方である。龍樹菩薩が空論なら、天親菩薩は有の論である。けれども、この有・空とは、有無の邪見の有無と趣が違うのである。どうしても人間の言葉に現わし、体にかけると、空といい、有というが、一つの色彩が出る。一つの中道をいわれても、龍樹菩薩にはすべてを打摧く姿がある。天親菩薩は摧くというより、建ててゆくという傾向がある。龍樹菩薩は雑行を捨て、天親菩薩は一心に弥陀を頼む、それだけ違う。南方の者は朗らかでありますが、北方の者はじっと沈みこむ。天親菩薩のお味わいは、一つのものにしみこんでゆくお味わいが多い。印度の龍樹・天親二菩薩のお蔭で、空・有の中に阿弥陀如来の信心の教えをはっきり教えられてあるのであります。

天親菩薩はどういう生い立ちの方であったか。天親菩薩は三人兄弟であって、その中の方であった。兄を無著といい、弟を比隣持跋婆というた。三人共に出家し、仏教の学問の深い方々であった。わけて兄の無著という方は大乗仏教を学んで悟りを開いた方であった。天親菩薩は始め正統派の小乗の方で出家せられた。そして大乗仏教を外道だ非仏説だと言うて非常に非難された。話をされても、書物を書かれても、大乗の悪口ばかり言うたり書いたりされた。大乗を誹る書物ばかりでも五百部も著わした。ところが因縁が熟したものか、兄の無著によって、仏法の本意は小乗の仏法でなく、大乗の仏法だということがわかってきた。そこで申訳がないというので、この舌で尊い大乗を誹ってきたのだと言うて、舌を噛み切って死のうとせられた。無著菩薩は、「早まったことをするな、死んでも罪は遁れられん。その謗った舌で、これから大乗を褒めることだ。五百部の論を書いて大乗を謗ったのなら、今から五百部の論を書いて大乗を褒めることだ」と、教えられた。非常に味わいのある言葉です。我々もちょっと済まんことをすると死のうとする。死んでも罪は消えぬ。逃げて行っても駄目だ。失敗すると逃げる人があるが、あれはいかん。昔はこういうことがあった。人と諍いをする、いよいよこっちが悪かったということがわかると、その罰にどうかわしをあなたの奴隷にして下さい。一生使うて下さい。長い間あなたの仇になって、あなたに心配をかけた、これからあなたにこの体を捧げますから使うて下さい。こういう工合に家来になる。これは面白いことです。今まで叛いた体で死んだものを生かしてゆく。死んだ者が命を吹き返す。まるまると生まれ変る。天親菩薩は兄の教えを受けて、それから大乗の勉強をされた。そして大乗を褒める論を書かれた。

龍樹菩薩は千部の論主というが、天親菩薩も千部の論を書かれた。支那語に訳されておるものが随分たくさんある。龍樹菩薩が、八宗の祖師と崇められるように、天親菩薩も、八宗の祖師と崇められておる。空論の傾向を持った龍樹菩薩の教えは禅宗や三論宗の方に重んぜられ、有論の傾向をもった天親菩薩の教えは法相・倶舎に重んぜられた。真宗は空有の両面を持っているともいわれる。難行を捨てるというのが空、一心に弥陀をたのむというのが有、この二つを合わしたところに信心がある。

天親菩薩の書かれたたくさんの書物の中に『浄土論』というのがある。これは正しく『無量寿経』『観経』『阿弥陀経』の三部経の心によって御自分の得られた信心の告白をせられたものである。龍樹菩薩は『十住毘婆沙論』の中に阿弥陀仏の御信心を述べておられるが、まだその阿弥陀仏の御信心ばかりを説いた書物はお作りにならなかった。天親菩薩はそれだけを述べた『浄土論』をお作りになられた。天親菩薩の思想の基礎をなしておるものは唯識・法相の思想です。唯識は仏教の唯心論の学問です。それが『二十唯識論』『三十唯識論』となって残っておる。この三十唯識はむずかしいもので、その理論が西洋の学問にもてはやされておるように、相当名高いものになっておる。

龍樹菩薩の『中論』は肚でゆく、天親菩薩は肚より姿で行く。ここに生誕地の南北という外界の影響はあるが、やはり過去の生活がその教えの上にも現われておる。同じく今まで悪いことをして来た人だというても龍樹菩薩は情熱的な罪悪を犯しておる。だから気がついたというても余程感情的だ。天親菩薩は理屈の上の罪を犯した。だから余程理論的のところがある。罪悪感ということになれば、龍樹菩薩の方が強い。天親菩薩の方には罪悪という感じより自分の力がないという感じの方が強い。よく味わえば同じことだが、悪い者と、力のない者とに分けられる。

龍樹菩薩は友達といっしょに王宮へ忍び入って女官をかどわかし、友達がつかまって殺された。それがためにひどい感動を受けられた。そして、自分の罪を感じて仏法を聞かれた。そこに情熱的な喜びがある。罪の深い者だという懺悔がある。

天親菩薩は小乗仏教を信じて大乗仏教を誹られた。小乗仏教は釈尊滅後ずっと学者の弟子が相承したので、行儀作法の正しい流れがある。その正統派の中にはいって行こうとすると、形が整って、内心が整わぬ。そこで内心に矛盾が出来る。どうしてもやって行く力が足らぬ。だから、「算盤合うて銭足らず」で、算盤は合うてゆくが、さていよいよとなると、銭が足らぬ。そこで無力ということが感ぜられる。天親菩薩の教えを相承し、後には、この天親菩薩の『浄土論』の講釈を書かれた支那の梁《りょう》の時代の曇鸞大師は、この『浄土論』の講釈を書いておりながら最初に天親菩薩のことを書かずに、龍樹菩薩のことを書かれた。龍樹菩薩が『十住毘婆沙論』の「易行品」の中に、難行道・易行道の二つを分けられたことから書かれた。天親菩薩のことを書くのに、龍樹菩薩のことを書かれた。難行は自力だからむずかしい、易行は他力だから楽だ、と。これは龍樹菩薩と天親菩薩は学問の傾向は違うが、一つの道を歩ませられたということを現わされたのだ。共に自力は間に合わんということを示して、他力におすがりになったということをだんだん現わしておいでになるのです。

そこで龍樹菩薩の罪の自覚、天親菩薩の無力の自覚というものは相表裏して、そしてそこに一心帰命の信心の背景をなしております。天親菩薩はどっちかというと、悪い者だ、当てにならん者だ、そういうことをあまり言われぬ。直接自分の阿弥陀如来に対する信心を述べても、その信心の上に礼拝・讃歎・作願・観察・廻向のこの朗らかな信心生活が出て来ること、また、その法によって得る第一から第五までの五つの功徳門を示された。すべてが一歩ずつ浄土へ進んでゆく姿であります。龍樹菩薩のお書きのものには、地獄から飛んで出る姿を、天親菩薩のものには、だんだん極楽を建て上げてゆくことを多く書かれてある。これだけのことがちょっと頭にはいっておると『正信偈』の中にある言葉がわかる。今度は本文にうつります。

天親菩薩《てんじんぼさつ》は論《ろん》を造《つく》りて説《と》かく
無礙光如来《むげこうにょらい》に帰命《きみょう》したてまつり

天親菩薩が論をお造りになって、無礙光如来に帰命するとおっしゃった。その『浄土論』の初めに、

世尊我一心に、尽十方の無礙光如来に帰命し、安楽国に生れんと願ひたてまつる。

という偈文があります。この「我」とは自《みずか》らの御自督です。お釈迦様に対してお領解を述べられるのです。世尊よ、お聞き下さい、と言われるのです。「我一心とは天親菩薩の自督の言葉なり」

と曇鸞大師が述べられた。自分の信心を打明けられ、私の信心は、尽十方無碍光如来に帰命して、安楽国に生まれたいと願うこと、これだけですとおっしゃった。親鸞聖人が天親菩薩を讃歎されるのに、千部の論の中心を味わい、「天親菩薩は論を造りて説かく　無碍光如来に帰命したてまつり」これだけの言葉で天親菩薩の御信心をお表わしになったのです。

『正信偈』の最初にお述べになった「帰命無量寿如来　南無不可思議光」のこの南無不可思議光の根源をなしておるのは、只今の尽十方無碍光如来である。在家のお内仏の真ん中にお絵像を飾り、両脇に九字の名号、十字の名号を飾ってある。九字の名号というのは「南無不可思議光如来」、十字の名号というのは「帰命尽十方無碍光如来」です。「帰命尽十方無碍光如来」というのは、天親菩薩が『浄土論』に記しておかれたお言葉である。南無不可思議光というのは、善導大師が『往生礼讃』に書いておかれたお言葉である。皆同じ信心です。南無阿弥陀仏の信心です。親鸞聖人のところへお弟子が出されたお手紙の中に、

「南無阿弥陀仏と言うたり、帰命尽十方無碍光如来と言うたり、南無不可思議光如来と言うたりすることがありますが、どっちを言えばよいのですか」

とお尋ねになったのがあります。親鸞聖人のお答えは、

「どっちでもよい。南無阿弥陀佛、帰命尽十方無碍光如来、南無不可思議光如来、どう言うてもよい」

とおっしゃった。こういう問答を承ると、親鸞聖人はいろいろにおっしゃったものとみえる。そ

ここにこの仏の名を呼ぶということは、一つの兜文のようなものでない、心がいただかれて、心からそのお徳を慕うてゆくときに、呼び出される名前だということが味わわれる。だからいろいろの名前をもって呼び出さして下さる。だから六字でなければならんということはない。

南無阿弥陀仏の信心を述べられる天親菩薩は、帰命尽十方無礙光如来とおっしゃった。『正信偈』には、「帰命無礙光如来」と尽十方を略してある。無礙光は障りのない光、不可思議光というときは、計り知られぬということになるが、ここは、障りのないということである。何らの妨げるものがない。『正信偈』の始めにも、無量光・無辺光・無礙光・無対光・光炎王・清浄光・歓喜光・智慧光・不断光・難思光・無称光・超日月光の十二光仏が書いてあった。天親菩薩はこの十二の光明の中の無礙光ということを中心に味わわれた。礙りのない光、何にも障りがない。仏の朗らかな光である。その広い気持がここに現われておる。

修多羅《しゅたら》に依《よ》りて真実《しんじつ》を顕《あら》はし

天親菩薩の御信心も、南無阿弥陀仏より外にない。尽十方無礙光如来に帰命するとは阿弥陀仏を頼みたてまつるということです。この信心が、どういう具合に細かな相で現われて来るかということを述べられるのであります。

『浄土論』には、

我《われ》修《しゅ》多《た》羅《ら》真実《しんじつ》功徳相《くどくそう》に依つて、願偈《がんげ》を説き総持《そうじ》して、佛教と相応したてまつらん。

とあります。この修多羅は、スートラというて経のことである。印度では経をスートラという。

セイロン島では、スートントラという。スートラとは釈尊のお説きになったお経のことです。天親菩薩が御自督の信心を「世尊我一心に、尽十方無礙光如来に帰命し、安楽国に生れんと願ひたてまつる」と述べられた。このわしのお領解は、私の手造りでない。世尊、あなたのお説きになった御教えによって、育った御信心であります。で、この自分の簡単に述べました信心の相は、あなたの御教えを、お経のお心に照らしてこまごまとありのままに申し表わしとう存じます、と。これが「我修多羅真実功徳相に依つて、願偈を説き総持して、仏教と相応したてまつらん」のお味わいであります。『浄土論』に、細かに信心の誠の相をお経によって現わすというのです。自分のすること、なすこと、思うこと、すべてが仏様の与えて下さるものだ。衆生の三業は如来の三業に通ずる。「彼此三業不相捨離」如来の言わしめ給うところを言い、如来の思わしめ給うところを思い、如来のなさしめ給うところをなす。すべてを如来に打任せられる。私をもって言わず、私をもって思わず、私をもってせず、すっかり任す。如来のお徳にただ惚れ惚れおすがり申す。こういうような信心のお味わいは、自分の毎日の信心の上の日暮しで、お経の真実を現わすのです。自分の今やっておることは、何百年の昔のことが今現われて来ることだという。そういう意味から、私は有難いことです。天親菩薩に承ると、わしの今やること、思うこと、することはお経に書いておかれたことであります。

天親菩薩は「我修多羅真実功徳相に依つて、願偈を説き総持して、仏教と相応したてまつらん」と仰せられたとき、わしのこの生活に如来のお経が、今現われて下さるとおっしゃる。これは三千年後になる私の上にもほのかに味わわれることです。あ、これじゃこれじゃ、お経に書いてあるのはここじゃ、いろいろのことにあたると、お経に書いてあるのがここじゃ、このことをおっしゃって下さるのだと、自分がお経にはまって行くというより、自分の貰ったお経の信心がこれに出てくるのです。自分の言うこと、思うこと、すること、皆お経の現われであります。わがかしこくて信ずるにあらず、如来の心がわが上に現われて下さるのだ。仏を礼拝し、仏にお給仕する思いの中にも、一切衆生を助けたいという如来の心を見せられる。手を合わすことも、拝むことも知らん者が、教えによって知らされた。自らお給仕するということになって、仏の心が現われて下さる。ちょっと暇があると、田圃のこと、金のことを思うた者が、如来のことを思わせて下さるのは、如来の教えによってだ。今までは人の辛抱は三年でもするような利己主義だったものが、皆と一緒に手をとって、広大な仏のお心を喜ばして貰うという廻向の心の出るのも、如来の心が現われ出て下さるのだ。こう思うと、『浄土論』に細かに出ておる五念門の言葉は、仏の修多羅によってのことだ。その同じ教えがわしの心に現われて下さる。「世尊我一心、帰命尽十方、無礙光如来、願生安楽国」の信心が自分の形の上に現われて下さる。この信心は、あなたの御教えからいただいた信心だ。また信の上の相続も、あなたの御教えから与えて下さるのだ。あなたのお説きになったお言葉が、実際に現われて下さるのだ。如来の仰せの空しくないということを、わしが今判を押してゆくのだ。

我々一人一人が本願に夜明けさせられて、一切衆生が助からにゃわしは正覚を取らじとおっしやった如来のかけごとは誠じゃと判を押してあげるのがわしの信心だ。わしが信じなければ仏さまの願いは無駄事なんだ。わしが仏の心に夜明けが出来て、仏におすがり申すのは、仏の願いをわしが成就させて上げるのだ。この信心の出来るのが仏様の本願の相である。わしがかしこくて信ずるにあらず、如来の心でわしに到り届いてそうさせて下さるのである。

第三十二講

天親菩薩の御教えをお受けになってお書きになります文を、昼からだんだん味わわして貰ってまいりました。

天親菩薩がお書きになられた『浄土論』の一番最初に、

世尊我一心に、尽十方無碍光如来に帰命したてまつる。

と、お釈迦様に対して御自分のお領解を申し述べられた。それをこの『正信偈』には「天親菩薩は論を造りて説かく　無碍光如来に帰命したてまつる」とお書きになった。次に『浄土論』には、

我修多羅真実功徳相に依つて、願偈を説き総持して、仏教と相応したてまつらん。

とある。お経の真実のお心に頼って、私はこの論を造る。そうして、仏様の御心に叶いたてまつろうと思います、と。こういう心持で、だんだん筆を運んでおいでになった。

この『浄土論』にいわれる要めは一心です。「尽十方無碍光如来に帰命したてまつる」とおっしゃる。これをつづめれば一心です。その一心の相をだんだん五念門に開き、五功徳門に味おう

て、信心の上に現わし、その生活の相や、心の喜びをお書きになったのが『浄土論』です。その『浄土論』には、自分の信心は自分の慥えたものでなく、仏様のお心がこたえて、自分に発起せしめられた信心である。従ってその信心から現われ出る生活というものは、仏様の心がわしを通して現われ出て下さったのだ。そういう意味で、「仏教と相応したてまつらん」と『浄土論』に書いてあるのである。この心を軟らげて聖人は、「修多羅に依りて真実を顕はす」とおっしゃったのである。その真実は、因の五念門、果の五功徳門、長々とお書きになってあるが、その根本は信心を得るのです。そのお味わいを簡単に次にお述べになってある。

横超《おうちょう》の大誓願《だいせいがん》を光闡《こうせん》し

横超の横とは、先の悪趣の道を横《よこざま》に超えるというところで、詳しく話をした。横という言葉は他力を現わす。飛び超えてゆくのだ。親鸞聖人はあらゆる仏教を分ちて、横《わう》と竪《じゅ》との二つにせられた。横は横着・横車或は横道というように何にも順序を経んことをいう。飛び上りだ。これは三段論法の論理の階梯を経んこと、理論的の結論のないということである。自らの範疇の中へ入れられたものと違う。それが横超だ。だから、小さな論理を超えたということなんです。

「横超の大誓願を光闡し」仏様の大きな願いです。光《こう》は光《ひかり》、闡は顕わす。光闡という字は、『無量寿経』の上巻に、「道教を光闡し、羣萠《ぐんもう》を拯《すく》ひ、恵むに真実の利を以てせんと欲《おぼ》してなり」とある。天親菩薩は三部経のお心によって横超の大誓願を顕わして下さった。

広《ひろ》く本願力《ほんがんりき》の廻向《えこう》に由《よ》りて

広くとは、一切衆生に通ずることで、むずかしい言葉でいうたら、客観的妥当性。一人の思いでない。私はこう思う、わしはこう信ずる、仏をどう思う、と、そんな狭いのでない。わしがこう信ずるとは、宇宙と共に進んで、仏と別のものでないということで、私のない偉大な心である。廻向というのは、廻転趣向のことである。廻転趣向というものは、こっちのものを転ばして、向うに向わすこと。普通に廻向というときには、菩提廻向と衆生廻向と二つある。菩提廻向というのは、自分の善根功徳で仏になろうというので、仏の方へものを向わせて助けて貰おうというのである。衆生廻向というのは、自分の善根功徳を他に施すのだから、衆生にものをやって、救おうというのである。

親鸞聖人は、『無量寿経』の下巻の初めにある「信心歓喜、乃至一念、至心廻向」という至心廻向を、それまでの人は「至心に廻向して」と読んでいたのを、「至心に廻向したまへり」と読まれた。「廻向して」と読んで行くと、衆生の方から仏に対して廻向するように聞こえるから、聖人は、「廻向したまへり」と読まれたのである。「廻向したまへり」といわれるときに、名号を聞いて信ずるのも、称えて喜ぶのも、すべてが仏のお誠から与えて下さるのだということです。そのお与えは、本願力の廻向によって、仏の願いが力を与えて下さるのです。他力です。天親菩薩はまだ自力他力ということを言われなかったが、そのお心の中には充分に他力ということがある。本願力の廻向によって我らが信心を得るということは、助けにゃおかんという仏の念力が到りとどいて下さる、その念願力のお与えだ。一度は晴らさにゃおかん、知らさにゃおかんという念願力があって、初めて一心の信が得られるのだ。

「世尊我一心に、尽十方の無礙光如来に帰命したてまつる」という信心は、本願力に因る。仏の願いが力を与えて下さるのだ。わが賢くて信ずるにあらず、如来の方より授け給う信心が、現われて下さるのである、と親鸞聖人がおっしゃった。だから、晴れるのは今だが、その晴れた心は、久遠劫の昔からの誠の現われて下さったのである。晴れたかどうかという返事はいらぬ。晴れたのが返事だ。そこに二人の握手はいらぬ。わしはこう思うが、向うはどう思うか。そういうのはまだ駄目だ。わしのこう信ずるのは向うのお心が開いて下さるのだ。今までは何にも知らず、いいころかげんに当てごうておった。それは、すべてが煩悩である。すべてが迷いである。すべての思いも行いも間に合わんのである。そういうことを相手にしないで、真実の本願に心がからりと晴れたら、始めて広大な道がある。その道は自分の妄念妄想で慥えたものでなく、仏の大きな願いが現われて下さるのだ。それが本願力の廻向に由ると言われたおこころであります。

群生《ぐんじょう》を度《ど》せんが為《ため》に一心《しん》を彰《あら》はしたまふ

群生とは、群がり生ずるもので衆生ということである。衆生を度せんが為に一心を現わす。一心とは、我一心だ。天親菩薩が、「世尊我《われ》一心に」とおっしゃったのは、衆生を利益しようという思召しだったと聖人がお味わいになったのであります。天親菩薩が、我一心にと余念なしにお釈迦様に対してお領解をせられた、そのお領解を親鸞聖人がお聞きになって、そのお領解はあなたのお領解だがわしのためだったのであるとお味わいになったのであります。これは、もっと適切にいうたなら、天親菩薩の、我一心というのは、私のためだった、わしのためにおっしゃったのだ、ということになります。

『教行信証』の中に、三・一問答というのがある。第十八願の「至心信楽欲生我国」の信心の姿を、三つに分けて説いてある。それを何故に天親菩薩は『浄土論』で、一心といわれたのか、ということが、三心一心問答である。この問答の上に聖人は、「至心・信楽・欲生我国」のお心をだんだん深くお味わいになって、三心とは、行者の信心の相で、わしらが仏に帰命する一心だと結論された。それではどうして一心とせられたのか、愚鈍の衆生を化導せんがために、三心を合して一と示された。愚鈍な衆生は三と分って与えられても、なかなか分らない。それで、だらな他所見をせぬことだ、仏の顔をじっと見つめることだ。横を見れば泣かねばならぬことがある。苦しいことがある。いろんなことがある。だから仏の顔を一心に見つめよ、三心とはこの一心のことだと教えられた。その一心になるということは、二心のないということ、余念がないこと。この二つの味わいがあることを、曇鸞大師が『浄土論註』に、

我一心とは天親菩薩自督のことばなり。心は即ち無礙光如来を念じて安楽国に生ぜんことを願ず。心心相続《しんしんそうぞく》して他想間雑《たそうけんぞう》することなし。

とおっしゃった。

一心というのは、心を一つにして、ただ無量寿如来をのみ拝むことです。そして、その心が相続して他の心がまじわらない。これが一心の味わいです。この一心とおっしゃった天親菩薩の御

自督を、親鸞聖人は、わしの信心だったとお喜びになるのです。

功徳《くどく》の大宝海《だいほうかい》に帰入《きにゅう》すれば必《かなら》ず大会衆《だいえしゅう》の数《かず》に入《い》ることを獲《う》

一心を獲ると功徳の大宝海に帰入するのです。帰入の帰は帰命の帰の字で、帰納と解する。帰は「よりかゝるなり、よりたのむなり」と、御本書のお左仮名に聖人は現わして下さった。或はまた、敬順の義、敬い順う心だともおっしゃった。又帰は、帰《とつ》ぐという字で、女の人が嫁に行くときは帰《とつ》ぐという。帰入すとは丁度嫁にゆくようなものです、全身をそこへ持ち運んでゆくのです。功徳というのは、御和讃の「功徳は行者の身にみてり」の功徳と同じです。功徳とは、功労の上に現われる徳であります。徳は得なりで、道徳の徳は所得の得だ。仏の本願、仏の修行、それが功労だ。力だ。その功によって仏の心に広い喜びやら、力やらが具わる。それが徳だ。あの人は徳のある人だという。徳のある人だということは、いろいろの意味にいう。大事にかけられるということにもいう。わしがいろんな珍しい物を貰うと、「あなたは徳のある人だ」と言う。又「あの人の処へ行くと何か心がすんやりする、何か徳のある人だ」と言う。その徳はどこから出て来るのか。その人の骨折りから出て来る。ただ徳は来ぬ。徳とは、その人の骨折りが現われて来るのだ。だから功があったり、徳があったりするのだ。それを功徳という。

仏の五劫永劫の御苦労から、光明無量・寿命無量の徳が現われるとおっしゃるのである。その功徳のある宝の海の中へ流れ込む。一心というと、一つのものに凝り固まってゆくように思うが、それは間違いです。一心は、広い心の中へはいり込むことだ。仏の心の中に融け込むことだ。自分にしっかり持っていることでない。仏の心に融けこむ心だ。自力の一心も他力の一心も仏の大きな宝の海に融け込むのだ。流れ込むのだ。犀川・手取川の水が大海にはいって融けて塩水になるように、どんな者でも阿弥陀如来の本願の海にはいると皆一つになる。それが一心だ。一心は自分が無くなるのだ。仏の心一つになるのだ。南無阿弥陀仏の外に何にもなくなるのです。蓮如上人は、仏法は無我にて候と申された。或る人が、「私は仏法を聞いておっても笊に水を入れたようなものですぐ抜けてしまう」と言うたら、蓮如上人は、「笊でも水の中へ漬けておけばいつも水がつまっておる。それと同じことで、いつも仏法につかっておればよい」とおっしゃった。これが大宝海に帰入したことである。功徳の大宝海につかっておれば、いつもお慈悲が満ちておる。こうなると、「必ず大会衆の数に入ることを獲」この大会衆とは、悟りの位で果の五功徳門の一つです。果の五功徳門とは、近門・大会衆門・宅門・屋門・園林遊戯地門である。礼拝・讃歎・作願・観察・廻向の因の五念門を修すると、そこから功徳が生ずる。それが五功徳門である。功徳の大宝海に帰入すれば、この五つの功徳のうちの「大会衆門」に必ず入ることが出来る。二河白道の譬えに、西の岸に至ると「善友相見て慶楽すること已むこと無からんが如し」というてある。自力の心をもっておる者に真の友達はない。信心があるかないか、人に検査して貰わんでも本当の友達があるかどうか、自分の胸の中を見ればよい。形の上の友達はあるかもしれんが、心から共に躍り、共に歩く、我が胸も人も躍るような友達があるかどうか。個人主義者には友達はない。利己主義者には友達がない。わしはわし、人は人、後生は一人一人という人があるが、それは自力の執心に拘っておるのです。自分の思いを当てにしておる。小さな心に閉ざされておる。誰にでも打融けれんのだ。これはまだ自力の心がとれんのです。一心に功徳の大宝海にはいると、友がたくさん出来る。いい友がたくさん出来る。一切衆生が友達になるのです。小さい我慢我情におる間は火の海だ。自分の肉体的な好みを標準にして、友を慥えようとしても、なかなか友はない。皆身勝手である。そして自分の思いを正《しょう》にしておる。そういうことは皆間に合わんということが分って、大きな如来の功徳の大宝海に融けこんでみると、友達が沢山ある。大会衆の数にはいることが出来る。じろじろと睨み合いをしなくてもよい。向うが融けてくれにゃどうするなどと思わなくてもよい。向うの融ける融けん、そういうことはどうでもよい。こっちが融けて向うが融けておらにゃ、一度は融かしてやろうと願うのです。

蓮華蔵世界《れんげぞうせかい》に至《いた》ることを得《う》れば
即《すなわ》ち真如法性《しんにょほっしょう》の身《しん》を証《しょう》せしむ

この大会衆門にはいる。そうすると今度は次の宅門に至る。宅は家である。ここで蓮華蔵世界に行くことを得る。和讃に、

如来浄華の聖衆は
正覚のはなより化生して
衆生の願楽ことごとく

すみやかにとく満足す
功徳の大宝海に入れば、浄土に近づくのだ。
そして今度はいよいよ浄土の家にはいるのだ。家にはいる姿を「蓮華蔵世界に至ることを得る」とある。その家が即ち真如法性の浄土です。真如法性の身は、聖人が「自然法爾章」の中におっしゃってあるように、

無上佛とまをすはかたちもなくまします。かたちもましまさぬゆゑに自然とはまをすなり。かたちましますとしめすときは無上涅槃とはまをさず、かたちもましまさぬやうをしらせんとて、はじめに弥陀仏とぞきゝならひてさふらふ。

本当に証れば無上仏で、影も形もない広大な仏になる。それが真如法性の身を証ったのである。これが屋門でいよいよ奥に出る。お浄土の奥の院は、真如法性だ。無上仏は形がない。その次に何が出て来るか。いよいよ奥まではいったから、庭に遊びに出る。園林遊戯地門である。それが次の言葉です。

煩悩《ぼんのう》の林《はやし》に遊《あそ》びて神通《じんずう》を現《あら》はし

非常に味わいのある御文である。証りをひらけば何にもない。空々寂々、無上仏だ。ところがその空々寂々の真如法性の身から、また形が出て来る。「煩悩の林に遊びて神通を現はす」煩悩とは、何か心の患い、貪欲・瞋恚・愚痴、嬉しい、憎い、可愛い、そういうことは起る。起るが、その起るのはそこへ遊びにゆくのだ。煩悩へ遊びに行くのだ。だから止めようと思えば止む。人

間仲間へ遊びにゆくのだ。人間の食い気、色気は皆煩悩だ。その林に遊びに行くのだ。だから何にもいらぬ。何にもないのかと思うと日暮しはあたりまえの通り、そのままだ。

そんなら信心のない者と同じかというと違う。同じ腹が立っておっても、同じ欲を起しておっても、同じ愚痴を言うても遊びだ。本当の毒と違う。遊んでおる三毒で、三毒の中に神通がある。神《じん》は神、不可思議、通は通力、心の通いだ。そこに不思議な力が現われる。だからちょっと見ると、信心のある者とない者とは同じようだが違う。皆、物を食うが、信心のない者は物を食うて物がひっつく。信心のある者は物を食うて物がひっつかん。信心のある者も金が欲しい。ない者も金が欲しい。しかし、様子が違う。ひっつくか、ひっつかんか、信心のある者は煩悩の林に遊んで染まぬ。丁度鴛が水の中へはいって羽が濡れんようなものだ。

信心を獲た者は、煩悩の林にはいって煩悩に穢れぬ、食いもし飲みもするのだ。しかし、食うたもの飲んだものに縛られぬ。さらさらして停滞することがない。大いに違うておる。親鸞聖人は妻子を持っておられた、信心のない者も妻子を持っておる。が、聖人の持っておられる妻子の交わりと、外の者の妻子の交わりと違う。そこで争いもあろう。笑い腹立ちもあろう。併し、信のある者の腹立ちと、無い者の腹立ちとは違う。信のない者は、くどくどへばりついてそこから出られないのだ。丁度堀に落ちると藻にからまって出られぬように、信心のない者は、煩悩の中へはいると呑み込まれて出られぬ。信心のある者は今日の日暮しが遊びだ。だから百姓するも遊び、わしらの本を読むのも遊びだ。わしは徹夜して本を聞く。遊ぶのだから徹夜も出来る。徳川家康は「人の一生は重荷を負うて遠き道を行くが如し」と言うた。わしは仕事はしない。遊びである。本を読もうと思うてたくさん蒐めておるが皆読まにゃならぬということはない。中には「あなたはよいですね。秘書があって読んでくれるから仕合せだ。読んで貰う人がなくなったらどうする」と言うが別に弱りません。有難いもんで読める時は読むが、読めんようになればまたどうかなる。ないようになったらと、そんなことは思わぬ。世の中には金がないようになったらどうしようと心配する人がある。箪笥に着物が三替りなければ着れぬという人がある。なくなったらどうしょうと思うから着れんのです。みみずがお釈迦様に餌食を貰いに行ったら「お前は一生土を食え」とおっしゃった。みみずは「一生土を食うて土がなくなったらどうしましょう」と言うたら、「なくなったら道端で馬に踏まれて死ね」とおっしゃった。田の作りが悪かったらどうする。せいっぱい悪ければ死ねばよい。死んでよいのだ。死にたいということはないが、死んでよいのだ。

こう不景気でどうなろうかというが、物が足らんだけだ。物はあってもなくてもよい。子が死んだら、妻が死んだら、主人が死んだらどうしよう、となやむ。せいっぱいで死ぬだけだから、命のある間は機嫌よく遊んでおることだ。百姓がいやになったら止めることだ。止めりゃ食えん。食えにゃ死ねばよい。生きておるから死ぬということがあるのだ。死んでしまえばよい。仕事するのはものういというが、するなと言うたらどうする。婆は子供の守をしてくれと言われるのがよいか、あっちへ行っておれと言われるのがよいか。お前は何にもせんでもよい、と言われると、今までえらい目に遇うて来たのに年寄ったら若い者が構わさんと言う。何かしてくれと言うと、この歳まで構わせてわしに心配ばかりさせると言う、馬鹿なものだ。毎日が遊びであるのに。仕事をするのは好きでやっておるのだ。嫌なら止めればよい。「煩悩の林に遊びて神通を現はす」どうでもよいということがあるから楽なのです。

生死《しょうじ》の薗《その》に入《い》りて応化《おうげ》を示《しめ》す

生死は生まれては死ぬ。こういう世界におってそして成長して応化を示す。示すは、衆生の機に応じて、煩悩の林の中におる衆生を済度する。信心を得た者は何をするか。娑婆の日暮しの中へはいるのだ。証った者は証らん者の中へはいる。「煩悩の林に遊びて神通を現はす」のだ。何にもなくなる。証りまでなくなるのだ。凡夫そのままなんだ。何にもないのだ。そして、何にもないそこに本当の済度があるのだ。高い処に坐っておる者に済度はない。こっちが一緒におる、そこにこっちと共に行ける道があるのだ。信心得たというて堅苦しい顔をしてじっとしておる者が本当に証ったのじゃない。証った臭みがなくなるのだ。即ち「生死の薗に入りて応化を示す」のであります。

第三十三講

曇鸞章

本師曇鸞は梁の天子　常に鸞の処に向ひて菩薩と礼したまへり
三蔵流支浄教を授けしかば　仙経を焚焼して楽邦に帰したまひき
天親菩薩の論を註解して　報土の因果は誓願なりと顕はしたまふ
往還の廻向は他力に由る　正定の因は唯信心なり
惑染の凡夫信心発れば　生死即ち涅槃なりと証知す
必ず無量光明土に至れば　諸有衆生皆普く化す

この一段は、七高僧の第三番目の曇鸞大師の御教えを受けて、親鸞聖人が御自分の御信心を現わされる一段であります。

曇鸞大師は、天親菩薩から五百年程隔たって、即ちお釈迦様がなくなられて、千四百年程後に支那にお生まれになった方である。その頃の支那は、南北朝というて、揚子江を中にして南と北とに分れ、又その南と北との中に国が六つに分れて、天下を争うた時代であります。曇鸞大師はその北朝の後魏の国の五台山の近くで生まれられた方と伝えられております。始めは三論宗の学問をせられた。三論宗とは、『中論』『百論』『十二門論』の三つの論によって立った宗旨である。

これは支那で出来たもので、日本にこの三論宗の渡って来たのは飛鳥時代、推古天皇の御代で、元興寺がその最初のお寺であります。

この三論の中心は空の思想から出立して、中道を現わしておるものである。龍樹菩薩の所でもちょっと話したが、『中論』は、龍樹菩薩の最も骨折られた書物である。この三論によって初地の学問をせられたということで、曇鸞大師の大体の頭或は思想の根柢が出来ておるのだ。御和讃には、

四論の講説さしおきて
本願他力をときたまひ
具縛の凡衆をみちびきて
涅槃のかどにぞいらしめし

とある。四論というのは、『中論』『百論』『十二門論』の外に『大智度論』を加えていうのである。

曇鸞大師は随分と学問をせられて、自分が学ぶばかりでなく、人に対しても『中論』『百論』『十二門論』『大智度論』の講義をしておられた。その後『大集経』を読まれた時、これが大へんむずかしいので、この経の註釈をしようと思い立たれ、筆を染められた時、急に病気に罹られた。曇鸞大師は、自分は今『大集経』の註釈をやりかけておるのに、それが終りをつげぬ先に死んではつまらぬ。自分の仕事は半端になる。どうでもこの願いの満足するまで娑婆におらなけれ

ばならぬ。こういう心を起された。今から二十五、六年前、わしが東京におった頃に、肺病だと言われたことがある。その時にいろんな悩みが襲うてきたが、その悩みの一つは、その頃わしは丁度『歎異鈔講話』を書きかけて、半分しか書いてない、わしが今死ぬとあの書物が完成出来ぬ。せめてあの書物の完成するまでは生きておりたいなと思うたことがある。そういう心からこの曇鸞大師の心が察せられるのであります。これは学問上のことでなくても、よく私共は、「ここ十年程死ねんぞ」「どうして」「子供が学校を出るまでは」又は「この仕事が仕上がるまでは」というような事を言います。自分の平生の日暮しで、その日その日を完成してゆくという気持で暮しておると、いつ死んでもよいのだ。ところがその日その日を完成出来ないで後のことばかりを思うておると死ねない。同じことを言うておっても、その生活が或ることの土台になっておる人と、生活それ自身が目的の完成になっておる人とある。仕事を切りをして考えると向うに行きつきたいというあせりがある。永遠の仕事を思い立っておるものは完成に急がぬ。そのかわり、一足一足の完成を楽しんでおる。昔から、名工は出来上がりを急がぬという。彫刻者は一彫一彫は楽しんでゆく。成功ということを向うに見ないで一足一足に命が籠っておると、いつ死んでもよい。また生きていても楽しい。正定聚にして不退転、ここに味わいがある。

曇鸞大師は、まだその安心がなかったのだ。講釈しておられた『中論』『百論』『十二門論』には何が書いてあるか。生死を過度した大きな心の世界が書いてある。それを講釈するときは、悟ったつもりで講釈は出来るが、いよいよ病気になると、平生の該博な理屈はどこへやら行ってしまう。理屈は間に合わぬ。四論の講釈では間に合わん。死んでは困る。中途に死ぬと仕事が止む。命は法の宝だ、法を弘通するためには死んではならぬと、死ぬことに突き当ってびっくりされた。平生理屈でわかっておっても、そういう時になると、理屈と実際の安心とはなかなか一緒にならぬということがここにわかる。もう一つは昨夜話したように、仕事をしてもよいが、せんでもよいという安心がないのだ。命があれば何でもする。命がなくなればせんでもよいのだ。だからするならそれは遊びだ。それは園林遊戯地だ。この世にわしは生きておらんでもよい。生きておってもよい。だから生きておれば毎日機嫌よく遊んでおればよい。命がなくなれば往けばよい。曇鸞大師は当時名僧知識といわれて、お経の講釈をしておられたが、病気になってあわてた。どういうことを考えたか。法の弘通のためには長生きせにゃならんと思われた。

支那には以前から仙術というものがあった。仙人の教えである。日本には霊気療法とか西式健康法とかいろいろのものがある。そういうものは皆長生きしたいという生物の本能から考え出されたものである。無理はない。また、新しく興っている宗教で天理教や金光教・大本教等皆病気平癒が本だ。昔日本では、仏教が弘まった時、薬師如来をあっちこっち安置して、天皇陛下の御病気平癒を祈った。それが病気平癒を祈ることの始めだという。日本に仏教の弘まったのも金光教・天理教のような新興宗教の系統をとって弘まったのかなと思う。曇鸞大師は仏教の方をしばらくおいて、長生きすることの方にはいられた。今日でもやはりあることであって、ともかく病気を直そう、病気が直らにゃという。曇鸞大師はそのつもりで、仙人の陶隠居という人から仙術を受け、又長生不死の仙術の書物を貰うて得々として、長安というところをお通りになった。その頃印度から支那へ菩提流支三蔵という方が来ておられた。この方は随分サンスクリットを支那の言葉に訳した方である。それで仏教の経典などもこの方の手で支那訳にされたものがたくさんある。この方のお蔭で私共は印度のお経の教えを受けることが出来たのである。曇鸞大師はこの菩提流支に逢われた。菩提流支は、

「あなたはこれからどこへ行くのか」と尋ねられた。それで曇鸞大師はあからさまに言われた。

「実は私は病気になって、自分の仏法の仕事をするについて、命がなければ駄目です。だから命を延ばさにゃいかんと思い、陶隠居のところへ行って、長生きの法を聞いてきた」

菩提流支はぱっと地面に唾を吐いて、

「あなたは長い間仏法を聞いておりながら、今更のように何を戸惑いして歩いておるのです。これを読んで御覧なさい」

と言うて出されたのが『仏説観無量寿経』である。その表題を見ながら驚かれた。『観無量寿経』は無量寿を観るお経だ。三論或は四論の講釈をしておいでになるから『観無量寿経』を見られるのは初めてではない。御存じの筈である。しかしやはり機縁です。それだけに考えておられなかった。曇鸞大師は菩提流支から『観経』をさしつけられてはっきりせられた。わしは仙人の術を授かって長生きしたいと思うてきたが、人間の命は五十年か長くて百年だ。二百年三百年は生きておられぬ。ところが仏教には無量寿の命の道がある。百年や二百年に命を延ばす道でない。無

量に命が延びるのだと気がついた。そうすると、自分が今までとぼとぼとからだの長生きの道を聞きに行ったことが阿呆らしくなった。あわてて仙経を焼き捨てて、浄土の教えに帰入された。御和讃に、

本師曇鸞和尚は
菩提流支のをしへにて
仙経ながくやきすてゝ
浄土にふかく帰せしめき

とある。その心をここには、菩提流支が『観経』を授けたので、仙経を焼き捨てたと書いてあるのである。

曇鸞大師は非常な熱心をもって『観経』をお読みになった。本当の心を見れば、三論の中に記されてある道理と、『観経』の心というものとは隔たったものでない。しかしそこが因縁で、三論の講釈もしておられたが、本当のものがわからんものだから、仙人の教えを聞くように戸惑うておられた。相当智慧を得た立派な名僧として位置の高い人でありながら迷うたのだ。それが菩提流支から『観経』を貰って本当にはっきりした。そして、自分の道がわかった。今までの覚えておったものは理屈だ。今までは頭で仏教を研究しておったのだ。我がものになっておらなかったというて、自分の愚痴無智を感ずる心の上に『観経』の御教えがすっと入った。それで阿弥陀仏の本願を信ずる南無阿弥陀仏の行者になられた。

曇鸞大師はそれからその開けた目で、天親菩薩の『浄土論』の講釈を書かれた。それが『浄土論註』である。『浄土論』は一冊、『論註』は二冊の本である。この外に『讃阿弥陀仏偈』という本も残しておられる。『讃阿弥陀仏偈』は、阿弥陀仏のお徳を讃められたもので、詩の形で現わされてある。その心を軟らげて親鸞聖人は、『讃阿弥陀仏偈和讃』四十八首を作られた。親鸞聖人が『浄土和讃』を御製作になるにその最も強い刺激を与えたのは、この曇鸞大師の『讃阿弥陀仏偈』であると思う。『讃阿弥陀仏偈和讃』を書いてそれからだんだん興味が乗って来たので、『大経』の和讃、『観経』の和讃、『弥陀経』の和讃をお作りになり、しまいには『高僧和讃』『正像末和讃』が出来た。

曇鸞大師の『論註』を見ると、始めは龍樹菩薩の思想を受けられたことがわかる。『中論』『十二門論』は龍樹菩薩の作であり、『百論』はその弟子提婆菩薩の作であるから、やはり龍樹菩薩の思想の流れである。龍樹菩薩の教えは無の思想である。それを註釈せられた天親菩薩の『浄土論』は有の系統である。曇鸞大師は『浄土論』を講釈せられたが、一番先に龍樹菩薩の思想系統と天親菩薩の思想系統とは一つだということを始めに現わされた。天親菩薩は龍樹菩薩の思想系統をそっくり受けられたような観がある。それで『浄土論註』に龍樹菩薩と天親菩薩との一つの合致点を見てゆこうとせられた。そういう心持を『論註』を読むときに受ける。そして曇鸞大師は、『浄土論』『十住毘婆沙論』の「易行品」遠くは三部経のその中心を、他力ということで表現された。他力の信心ということを言い出されたのは実に曇鸞大師である。自力他力ということを曇鸞大師が始めて言われた。だから三部経の中には他力という言葉はない。又龍樹菩薩の御作の中にもない。

日本では曇鸞大師の出られた頃は、聖徳太子の時代よりまだ百年程前だ。その時にはや自力他力を言われたのである。そして曇鸞大師の性格から龍樹菩薩の流れを引かれたものですから、自力を捨てよ、計らいを捨てよ、ということに力を入れられた。ということは、三論宗の根本になっておる教えが「八不中道」で、中道の道理を現わすに、八不ということをもってする。八つの不の字、あらずという字がついておる。生・滅・断・常・一・異・来・去の各々に不の字をつける。不生・不滅・不断・不常・不一・不異・不来・不去。随分むずかしい話になるが、不生とは生がない。不滅とは滅がない。断でもない、常でもない、一でもない、異でもない、来でもない、去でもない。この八つのものでない。生まれると思うも迷い、亡くなると思うも迷い、有ると思うも迷い、消えてゆくと思うも迷い、行くのだと思うも迷い、来たと思うも迷い、一と思うも迷い、多と思うも迷いだ。すべてが迷いだ。人間の決めたすべての考えは皆間に合わんということの味わわれるのが八不だ。中道ということはそういう人間で決めた生でもなければ滅でもなく、断でもなく常でもなく、一でもなく異でもなく、来でもなく去でもない。そんな理屈で決められない。そこに中道がある。こういうお育てを受けておられたところが、曇鸞大師の根柢になっておる。自分は間に合わん、すべての計らいは間に合わない。魂があるものだ、無いものだ、永遠の生だ、永遠の滅だ、そういうことは皆間違いだ。我々の頭をどうあぜかえしてみても、あぜかえしたところには据り場がないのだ。真理は私共の頭で決めるものでない。真理を切り出したら真理の命はなくなる。真実の真理は、凡夫の計らいを離れたところにある。小さな論理の理屈でないのだ。それが如実だ。それを中道ともいう。ありのままともいう。他力ということは自然だ。計らわぬことだと、この心持を阿弥陀如来の本願で味わわれたのだ。

親鸞聖人は法然上人の御教えを受けられた始め頃は、善信といわれた。或は綽空ともいわれた。善信は善導の善を取り、綽空は道綽の綽を取り、最後に自ら親鸞と名乗られた。親鸞は天親の親と曇鸞の鸞である。聖人自ら名乗って親鸞と名乗られるところを見ると、非常に尊敬しておられたということになる。法然上人と善導大師とに多くの似寄りを感ずる私は、親鸞聖人を見ると、曇鸞大師の思想を思わずにはおられない。親鸞聖人が、本願他力を現わすとか、或は他力に帰するとか、或は自然法爾と言われる。計らいのない心、計らわれてゆく、或はこれを常に沙汰せば義になるなり、等、ああいう言葉は、曇鸞大師の言葉を通して出て来たものと思われる。『高僧和讃』を見ると、曇鸞大師の御和讃が他のどれよりも一番多いということは、親鸞聖人がいかに曇鸞大師に深くお帰依になっておられたかということがわかる。最近、西本願寺から親鸞聖人がお写しになった『浄土論註』が、コロタイプ版になって出たので、私はいただいて拝読しておる。聖人が自らそれを写して持っておられたところを見ると、如何に大切に仰いでおられたかということがわかる。

ともかく、自力他力という訓釈がこの曇鸞の時に出た、他力ということは、曇鸞大師の『論註』を見なければはっきりわからぬことだ。これだけ話して聖人の偈文を見るとわかる。

本師曇鸞《ほんじどんらん》は梁《りょう》の天子《てんし》
常《つね》に鸞《らん》の処《ところ》に向《むか》ひて菩薩《ぼさつ》と礼《らい》したまへり

梁の天子が曇鸞大師のおいでになるところへ向うては鸞菩薩と言うて礼拝された。当時の天子様からそれ程に尊まれておいでになった。この菩薩とは菩提薩埵で、菩提は道、薩埵は求める。求道者のことを菩薩という。この菩薩ということは、当時の支那では一種の位のようになっていた。声聞・縁覚・菩薩の三階級になっていて、声聞は仏の声を聞いて喜ぶ、縁覚は自分一人で考える。声聞縁覚は一人で求める者であり、菩薩は考えて知り、求めてする。小乗の道は声聞縁覚のゆき方であり、大乗の道は菩薩のゆき方である。印度では弥勒・馬鳴・龍樹・無著・天親などの方々を菩薩という。菩提を求める者は、皆菩薩なんだ。その点からいえば、私達でも皆菩薩の筈なんです。菩薩とは始めはそういう意味だった。後に特別な人の称号のようになった。支那へ来てはあまり菩薩とはいわなかった。智者大師・懐思禅師・曇鸞大師・善導大師と、大師というたり、禅師というたりする。梁の天子が、曇鸞大師のおいでになる処を望んで、菩薩と拝されたのは、非常に尊まれたのだ。そこには、印度の龍樹菩薩や、天親菩薩と肩を並べる程の立派なお方だというお心の現われで、鸞菩薩といわれたのでしょう。御和讃には、

本師曇鸞大師をば
梁の天子蕭《そう》王は

おはせしかたにつねにむき
鸞菩薩とぞ礼しける

とある。ともかく一段と仰がれておいでになった方である。

三蔵《さんぞう》流支《るし》浄教《じょうきょう》を授《さず》けしかば
仙経《せんぎょう》を焚焼《ぼんしょう》して楽邦《らくほう》に帰《き》したまひき

これは先程にお話ししたことです。三蔵流支とは菩提流支のこと、三蔵とは、経・律・論の三蔵に深く通じた人という意味で称号のようにつけられるのである。三蔵流支が浄教を授けたというのは、『観無量寿経』を授けられたのです。そうすると『観経』の表題を見ただけでいたく驚かれ、非常に自分は間違うておったと仙人から貰ったお経を焼き捨て、浄土教にはいられた。天子様から菩薩と尊まれた方でも、やはり死ぬということになると迷うのだ。本当の長生きは、弥陀の心を貰うということだが、わからなかったのです。仙経を捨てて浄土教にはいられたというところに本当の仏教があるのです。ここまでゆかねばわからんのです。お釈迦様は城を出て出家せられた。法蔵菩薩は王様の位を捨てて仏の道を求められた。娑婆を捨てねば浄土へ行けぬ。娑婆と浄土と二手には行けぬ。どっちへ向うて行くか。身体を基礎にして考えられた娑婆を大事にするか、その身体の世界から一歩超えた世界を開くか。浄土とはこの世じゃない。身体の世界でない。身体のなくなる向いにある国を浄土という。

この世のいろんな施設は皆身体の世界だ。国家の仕事或は家の仕事、食うこと、着ること、住むこと、そういう事に侵し侵されんように、それがまあ政治というものです。それだけでよければ我々に仏教はいらないのです。ところが、肉体の世界の日暮しには苦が伴う。いくら満足な家庭でも死んで往くということがある。いくら国家は治まっても死んで往く。英明な明治天皇も、万民の涙の中にこの世をお去りにならなければならなかった。日本に仏教を弘め、始めて憲法を定められた聖徳太子は、僅かに四十九歳でおかくれになった。お子様が十三人あったが、太子がおかくれになってから二十二年目に、蘇我家の乱暴のために皆殺しになられた。それで太子様のお血筋の方は一人も残らなかった。随分惨酷なことだ。しかし、聖徳太子の肉体を超えた国家の理想、仏教の信心は今日まで輝いておる。お子様が皆殺しされても聖徳太子の信心の力は今まで光っておる。そこに無上の光がある。

親鸞聖人を見ても、親鸞聖人の血筋は本願寺に伝わっておる。又、いろんな方に伝わっておろうが、その血筋の人は何をやっておるか、聖人に残っておるものはこの信心である。これは肉体の世界を超えた世界だ。娑婆だけでよければ仏法を聞かんでもよい。この身体の向いの国、それを教えるのが浄土の教えだ。そこに無量寿がある。仙経の教えでこの肉体の命を延ばす、それもよかろう。せい一っぱい祈ったり、呪ったり、八卦をおいたり、いろんな神だのみをしたところで、誰か百年の命を保つべき、われやさき人やさきです。飴はいくら伸ばしても限りがある。風船玉は吹いておるとしまいに破れる。いくら仙経をならっても身体も身上もなくなる。そんなものは本当に当てにしておられん。それを超えたあなたに始めて無量寿の世界がある。それがお浄土だ。

　それでは身体は死なんのか。そうではない。死んでもよい身になる。この身体が身体を超える。お浄土の出店になる。そうするとこの身体にまた意味が出る。それは浄土へはいった人の味わわれる世界です。身体を身体のまま大事にかけておる人は、永遠の命の味わいを身体に見ることが出来ないのです。一遍捨てなければわからぬ。変に誤解すると娑婆を遁れてあなたへ往くのは厭世教だという。そうだ、親子兄弟争い、かかり合いするこの娑婆を超えてゆきたい。娑婆がよいくらいならわしは何にも教えを受けけんのだ。そういうところに落着いておられんから、そこを超えた世思を求めてゆくのだ。そこに真実の仏教がある。病気平癒、家内安全、そういう小さなものでない。もっと大きな、厭世教なんだ。どうして浄土を願うのだ。いよいよ明るい浄土が向うに見えて来ると、今度はこの世は娑婆でなくなるのだ。この肉体の世界は娑婆界だが、永遠の光が満ちて来る。

　こうなるとこの世界は単なる肉体だけの世界でない。叩き合いや、競争をしておる世界でなく、それは大きな絶対の命がいろいろの形をして現われておる一つの飾りとなる。一人一人から無量寿の命が現われ出て来る。一つの人間だが、絶対の一つに躍り込むのだ。この世に生まれ出て、躍れるだけ躍って、時が来れば「さいなら」とゆく。長いことおってよいのでもなければ、早じまいすれば悪いのでもない。先日京都からわざわざまいりに来た人がある。その人は大事な二十一の子が死んだ、転々舞うて悩んだ。無理はない。それで驚きが立った。やはり死んだ子を肉体の世界に戻したい気がするものだ。それを戻して自分はいつまでおるのだ。命長ければ愁い多しだ。無量寿を味おうてこそ目出度いのだ。ただ肉体に執著しては何にもならぬ。

だからというて、この肉体がなければ尊いみ法を聞いて悟りを開くことが出来ぬ、逢うて喜び、別れて悲しみ、死んでもよいのだ。そこに何らこだわりはない。絶対の境地が味わえるようになる。そうなると、捨てた娑婆が捨てなくてもよいようになる。本当の意味で息災になる。命も延びてこの世の利益がある。いや、この世の利益がいらぬようになる。肉体のこの世が無量寿の光をもって輝いてくるのだ。それを摂取の光明にあずかったという。正定聚の位になったのだ。曇鸞大師が仙教を焼き捨てて浄土にはいられたというところに尊い教えを我々に残して行って下さったのであります。

第三十四講

昼からのお話をつづけてまいります。曇鸞大師は何はさておき命を延ばさにゃならんと考えられた。ちょっと考えられることです。勉強する時は、身体から慥えねばならぬ。田圃する時は、鍬を研がねばならぬ。それがちょっと順序がよさそうに思われる。一時岡田式静坐法がはやった。静坐すると人間が息災になって命が延びるというのでなかなかはやったが、岡田という人が四十一になった時死んだのではやらんようになった。それから近来はいろいろそういうことがはやる。東京には西式健康法というのがある。わしの眼を心配して或る人が是非西という人に眼を見て貰えというてくれたこともある。病気を直す法はいくらあっても、人間の命というものは延びんものだ。そういうような命を延ばす何々法というものをやるときは、人間の身体にちょっとした細工をやればよい。そういうことをやることは悪いと思わん。医者へ行って直ることもある。直ってもそれだけのことだ。わしの眼がよくなったとてそれだけのことだ。いくらよくなっても今から百年は生きられない。いくららくな目におうても十年か二十年だ。仏教の道は、そうした身体を息災にする、ものをきれいにする、というのじゃない。生死出離の一大事だ。肉体には生があれば死がある。逢うことがあれば別れることがある。こういう人生を超えてゆくのだ。人生の土台をつくるために仏法を聞くのは間違いだ。仏法を聞いて家庭円満になろう、仏法を聞いて金持になろう、息災になろうと思うならそれは間違いだ。お釈迦様は病気を直そうと思うて修行はせられなんだ。お釈迦様は家庭を円満にしようと思うて仏教を開かれなんだ。家庭の生活を厭うてお浄土に往生する道を願われたのだ。娑婆を離れて浄土へ往くことが仏教の教えなんだ。肉体の世界をあんばいして生きておるというのは仏法でない。それを超えて行くのだ。そこに無量寿がある。五年や十年の命がほしいのじゃない。無量の命がほしい。

天親《てんじん》菩薩《ぼさつ》の論《ろん》を註解《ちゅうげ》して

仙教を焼き捨てた曇鸞大師は、三部経の生粋を味わわれた天親菩薩の『浄土論』を深く研究された。そして、『浄土論』の講釈を書いてその上に自分の信心を現わしていかれた。それを『浄土往生論註』とも『浄土論註』ともいう。『正信偈』には「天親菩薩論註解」とある。『浄土論註』にはどういうことが書いてあるか。それをずっと親鸞聖人が味おうておいでになるのであります。

報土《ほうど》の因果《いんが》は誓願《せいがん》なりと顕《あら》はしたまふ

報土は真実報土です。浄土を報土といいます。報は報い、報い現わす土。因があって果が現われる。因が報い現われる土です。ただぽっかり出て来る浄土じゃない。種がある。その種から報い現われて来る土なんだ。そこに自然の約束がある。因果応報で、いくらおる場所がきれいなところでも、おるべからざる者がおれば、そこに合わんようなものだ。汚いところでもおるべき者がおればのどかなところだ。おるべき者が、その相応したところにおるということほど安楽なことはない。外形がいくら整うておってもそこに関係のない者はいにくい。自分の蒔いた種で出来上がったところにおるのが一番安楽だ。着物でも自分が働いて着る着物は一番安楽だ。外から貰えば嬉しいかもしれぬがまた窮屈なものが出て来る。

真実報土に対して化土がある。化土は化け土だ。因果の連絡がない。同じ浄土でも報土・化土がある。他力の行者は報土に生まれる。自力の行者はなぜ化土へ生まれるのか。自力は自分の計らいで往くからである。化は仮に通ずる。仮りだ。確かでない。足が確かに大地についておらないのだ。真実報土はどっしり足が大地についておる。

「報土の因果」とは、報土へ往く因と果のことで、それはどこから来るのか。阿弥陀仏の誓願が因だ。四十八願の第一には、

設《たと》ひ我佛を得んに、国に地獄・餓鬼・畜生有らば、正覚を取らじ。

とあって、それから四十八の願を述べてある。「設ひ我仏を得んに」これは願い、「誓ふ正覚を取らじ」これは誓い。願いと誓いの中に、わしの国に地獄・餓鬼・畜生のないようにしたい、とある。つまり、餓鬼道は貪欲の心にかき廻されておる者、畜生道は愚痴のために心がかき廻され、地獄道は瞋恚にかき廻されておる者。そういうような地獄・餓鬼・畜生がないようにしたい。もしそういうものがあるならわしはまだ仏にならん、と。それから細かに四十八の願いがある。報土というのは、この願いから現われた土です。願いがあって、願いの如く修行して、そして、願いが成就したところが報土だ。ただ阿弥陀仏の報土は、突然出てきたものじゃない。仏の骨折りから出てきたのである。阿弥陀仏の報土の因は誓願だ。誓願の因から報土が出て来る。だから誓願が我がものにならにゃ、報土は我がものにならぬ。仏の報土は、仏の建てられた願いが因になって出来た。それではこの度我々が阿弥陀仏の報土へ往生するにはどうするか。やはり誓願をいただかなければ行けぬ。阿弥陀仏の誓願を我がものにして、いただかなければ行けぬ。それがいただかれたのは既に因だ。そのいただかれた者の上に果報が報われてくることは間違いがない。ただ自分に種を貰い受けたら、実がなることは疑いのないことだ。そのことを『浄土論』に説いてある。

往還《おうげん》の廻向《えこう》は他力《たりき》に由《よ》る

往還の廻向とは、往相の廻向、還相の廻向である。往相ということは、この娑婆からお浄土へ往く相である。還相とは、お浄土から娑婆へ還ってくる相である。差別の境地から絶対の境地へ到る道が往相で、絶対の境地から差別の世界へ還って来るのは還相である。『浄土論』には、因の五念門に、果の五功徳門とある。この果の五功徳門のうち、近門・大会衆門・宅門・屋門というところまでが往相門で、最後の一つの園林遊戯地門が還相だ、とある。これはあらゆる菩薩についておる。お浄土へ往ったら、またちょっと還って来る。その往く相も還る相も、みな他力廻向による。往相廻向も還相廻向も他力だ。仏の力だ。往くも還るも自分の力でどうも出来ぬ。仏の力でやらして貰う。往く相も貰いもの、還る相も貰いものである。凡夫自力の慥えもので浄土へは往けぬ。還ることも出来ぬ。こっちの思った料見や感じたものを持って出てゆけば、いつも暗闇に出てゆかにゃならん。そういうものをすっかり捨てて、他力に帰依する、というときに仏の力でお浄土へ往く。又お浄土から還らして貰う。

正定《しょうじょう》の因《いん》は唯信心《ただしんじん》なり

正定は、心が正しく定まること、どうしたら心がしっかりと定まるか。信心一つだ。唯信心だ。外に何にもない、信心だ。一にも信心、二にも信心、助かるのは信心一つだ。信がないから暗いのだ、信がないから恐ろしいのだ、信がないから苦しいのだ。心がたしかに据るもとは信心一つだ。正定の因は唯信心だ。「報土の因果は誓願なりと顕はしたまふ　往還の廻向は他力に由る」報土の因果を貰い、往還の廻向を貰うて、たしかに心が据る、その落着きが出来る、それは唯信心一つだ。

惑染《わくぜん》の凡夫信心発《ぼんぶしんじんおこ》れば

惑は惑い。居ろうか、行こうか、前へ行こうか、後へ行こうか、と戸惑うことである。向うが見えねば惑うです。染は染まる。心に汚いものが付いておるのです。煩悩の心でものを決めるのです。どうしようかと迷うのじゃない、決めるのだ。自分の邪見で、こうするのだ、ああするのだと決めるのです。惑の凡夫、染の凡夫、惑うており、心の汚れておる者。凡夫とは、つまらん奴だ、ということです。その惑に沈み、埃に汚れて煩悩の中に染まっておった凡夫が、一度信心の眼が開けると、

生死即《しょうじすなわ》ち涅槃《ねはん》なりと証知《しょうち》す

生死とは、生まれ死ぬことで、これは変化のあること、無常の姿である。涅槃というのは、生死を超えること。いつも乱れることがなく、いつも絶えることがなく相続しておる、それが涅槃である。生死は騒がしいが、涅槃は寂かな世界である。正定の信心が一度発ると、娑婆と未来の垣がとれるのである。あ、情ない、こんな当てにならん娑婆があろうか、こんなところを遁れて、早く浄土へ往きたい、と思う。ところが本願が信ぜられると、いやなところがなくなるのである。有るわ無いわ、足らんわ足るわというこの娑婆がそのまま涅槃の世界である。逢うたものは逢うただけ、別れるものは別れるだけ、暑ければ暑い、寒ければ寒い、逢うて別れ、生まれて死ぬ。そのまま、このままが涅槃だ。どこへも行くのじゃなかった。場替えするのじゃなかった、それがわかるのです。

始めは、場替えをして浄土へ往こうと思うた。ところが、本願のいわれを聞いて本当の信心が

発ると、今まで迷うておった凡夫、沈んでおった凡夫が、生死即涅槃ということがわかってくる。ぼかんとしたものだ、どこへも行くのじゃないのだ。本願の舟に乗ろうとかかっておったら、本願の舟は、足の下にあったのだと喜んだ人があった。別じゃない、このままだ。お浄土の蓮台、百味の飲食は娑婆の向うだ。信心が出来たら、娑婆の向うに行けたのだ。同じ家におっても、娑婆の中におる者と、娑婆の外におる者とがある。もう還って来た者には、娑婆も未来もない。このままだ。ここに広いものがある。善だ、悪だ、正だ、邪だ、そういうことは何にもない。ただ朗らかな世界がある。そして、善があり、悪があり、正があり、邪があって、このままである。信心の眼が開けるとそういうのどかな世界がわかる。それが無量光明土である。

必《かなら》ず無量光明土《むりょうこうみょうど》に至《いた》れば

無量光明土とは量り無い光明の土ということである。親鸞聖人は、『教行信証』をお作りになって、お浄土の証りをおっしゃった「真仏土の巻」に何と書いてあるか。「土はこれ無量光明土なり」とある。真実報土は無量光明土だ。無量光明土へ往くと、西も東も、前も後もない、非常に広い、娑婆と未来との垣もとれ、仏と凡夫との隔たりもとれる。どこへ行っても無碍光だ。生死即涅槃という心は、無量光明土へ至る姿である。信心を得ると、生死即涅槃がわかって、それから無量光明土へ至るというのじゃない。生死即涅槃の証りが、そのまま光明土である。信心が発ると無量光明土が得られるのだ。無量光明土に至るとどうなるか。

諸有衆生皆普化《あらゆるしゅじょうみなあまねくけ》す

無量光明土へ至るのは、涅槃の姿である。その涅槃の姿がそのまま、あらゆる衆生を皆化する、普く化する。これが生死の世界へ出て来るのである。涅槃即生死だ。生死即涅槃が証られたから、涅槃即生死の境地へはいるのだ。「仏ともなりかたまりていらぬもの石仏らを見るにつけても」仏というても、固い冷たい石仏のようなものでは仕方がない。真の仏は、石でない、血の通うたものである。だから切れば血が出る。喜びがあり、悲しみがある。が、そのままだ、どうしてそのままであるのか。すべてを化する、すべてに融ける、普く化する、皆融け合うておるのです。「無量光明土に至る」無量光明土の相は、どういうところか。諸有の衆生を普く化する、皆が折合うて行く、隔たりがない、疑いがないのである。これと反対に、他の誰にも打融けられん、隔たりを持っておる。そういう者は暗い世界におる、生死と涅槃と別々だ。そういう人はまだ信心がないのだ。信心が発れば、生死即涅槃だ。仏と凡夫の垣が取れる、善悪がなくなる、正邪がなくなる。

「疑ひなく慮りなく彼の願力に乗ずれば定んで往生することを得と深信す」何にも執するものがなくなる。その相が尽十方無碍光である。至るところ可ならざるはなき相である。皆の心がとけて、親しく、なつかしく、融けて行ける心である。それが諸有の衆生を普く化するのだ。そこへ行くと、俺は信心を得たいという硬張りがない。信心を得たということは、そういう変なものがなくなった相だ、凡夫のままだ。そして一切衆生を化するというのが還相廻向である。

「無量光明土に至る」往相廻向がそのまま還相である。お浄土へ往ったと思ったら、それがそのまま還相だ。お浄土を頼んだら、そのままだ。このままであると聞いて往ってみると、お浄土はここまで延びておった。往生とは恐ろしいものと思うておったが、仏に融けてみると、十方衆生は御同朋御同行だ。垣をして睨まねばならぬことは一つもない、のどかな朗らかな心でありま す。

第三十五講

道綽章

道綽は聖道の証り難きことを決し　唯浄土の通入す可きことを明す
万善の自力勤修を貶しめ　円満の徳号専称を勧む
三不三信の誨慇懃にして　像末法滅同じく悲引したまふ
一生悪を造れども弘誓に値ひぬれば　安養界に至りて妙果を証る

今日は七高僧の第四番目の道綽禅師の御生涯、御教えによって、親鸞聖人が御自分の御信心の相を記されたところであります。

道綽禅師は支那の方で、お釈迦様が亡くなられてから千五百十一年目に、曇鸞大師と同じ弁州にお生まれになりました。曇鸞大師より約百年後であります。勿論、曇鸞大師にはお逢いになってない。しかし、曇鸞大師の御教えによって、本願他力にはいられたことを喜んでおいでになる方であります。

道綽禅師は十四で出家せられた。そして涅槃宗の学問をせられた。この宗派は日本に伝わらなかったものです。『涅槃経』に精通されて、その講義を二十四回もなさったそうである。御和讃には、

本師道綽大師は
涅槃の広業さしおきて
本願他力をたのみつゝ
五濁の群生すゝめしむ

「涅槃の広業」とあるように、『涅槃経』を深く究め、又それを伝えられたのである。

この『涅槃経』は、『法華経』と同じような精神を記されたお経で、仏様の広い広いお心を述べたものである。仏のお徳は悪人凡夫の上にばかりでない、禽獣虫魚草木国土に至るまで至らせられる大きな御心を説いてあるお経である。肉体を超えたあなたの涅槃の境地、その大きな心の世界のことを、細かに説いてあるのが『涅槃経』である。道綽禅師はこの広い涅槃の業を擱いて、本願他力の教えにおはいりになったのである。それでは、どうして涅槃宗から、本願他力の教えにはいられたのか。

道綽禅師は、当時高僧として名高かった慧瓚禅師の下で、一切皆空の教えを聞き、いろいろ修行なさった。けれども、どうしても心の安心を得ることが出来なかった。或るとき、汶水石壁谷《ぶんすいせきへきこく》というところにある玄忠寺にお参りになった。石壁谷とは揚子江の沿岸である。揚子江は山の中を流れて、その沿岸には景色のよいところがあって、文人家がよく画にかいておる。その石壁谷にある玄忠寺は、曇鸞大師がお建てになって、ここに久しう住んでおいでになったお寺である。魏の天子が鸞公巌と名づけたというのは、ここのことである。道綽禅師がここに行かれた時、曇鸞大師の碑に目がとまった。そしてその碑文には、曇鸞大師ははじめ三論宗の学問をせられたが病気をせられた時、命がなくては広大な仏のみ法も伝えることが出来ない、という心から仙経を専心に研められた、ところが菩提流支三蔵に逢われてからその仙経を焼き捨てて、阿弥陀仏の道にはいられた、という意味の事が書かれてあった。道綽禅師はそれを読まれて、深い感激を受けられた。曇鸞大師のような高徳な方でさえ、自分の力や、自分の思いや、自分の修行では、とても仏になれないということに気がついて、念仏の一道にはいられた。それを思えば、自分のような者が、いくら学問をしても、いくら修行をしても、なかなか証りを開くことは出来ない。どうしても仏の力を仰がなければならない、ということを感ぜられて、すっかり元の宗旨を捨てて、『観無量寿経』の研究者になられた。時にお歳が四十八であったということである。

道綽禅師は『観無量寿経』の研究をなされつつ、二百遍も講義をせられたということである。随分繰り返してお話しなさったものである。それからお経も写された。それが二十万巻もあるということである。そして毎日七万遍の念仏を称えられたということである。又、人にも念仏を勧められた。それで小豆などで数を取って称える人も出た。たくさん称える人は、日に五石、八石と小豆を積んだそうである。日に二十石三十石も積む人は少くなかったそうである。よほど根気よう称えたものである。念仏によって余念をなくするためである。禅師は、『観無量寿経』のお心を明らかにするために『安楽集』という書物を書かれた。これは上下二巻あって、今日も読まれております。

道綽禅師は七高僧の中でも相当に重要な地位を持っておられる方である。教義上に違った色合いを放っておることは、曇鸞大師や後の善導大師に及ばんのだが、曇鸞大師の教えを、善導大師に伝えられたというだけでも、大きな仕事をした人である。いろいろ有難い話も伝わっておるが、その中の一つにこういう話がある。道綽禅師は曇鸞大師の教えにはいられてから、八十四歳の一生を終られるまで、玄忠寺においでになった。晩年に道撫という人が訪ねて来て教えを受け、念仏しておられた。道撫が玄忠寺を去るときに、お互いに別れを惜しんで、お浄土で逢いましょう、とお約束して別れられた。後に道撫は、道綽禅師の亡くなられたことを御入滅の日から三日後に聞かれた。「私は先に死にたいと思っておったのに後になった。早く浄土でお目にかかろう」と言って、直ぐに玄忠寺に行き、いつも道綽禅師が礼拝をなさっておったところに坐って、そのまま死んで行かれたということである。

昨夜読んだ本に書いてあったことだが、推古天皇の御代に、高麗《こま》から来朝した慧慈《えじ》禅師という方が、当時摂政の宮であった聖徳太子に仏教の経典などお教え申しておった。が太子は、後には先生の慧慈さえ知らぬことがおわかりになるので慧慈もびっくりしておった。後に慧慈は、聖徳太子の御作『法華経』『勝鬘経』『維摩経』の義疏を写して、本国に持ち帰り、高麗で太子の仏教を弘通しておった。ところが太子がおかくれになった報せが朝鮮に伝わった時、慧慈は大変悲しんだ。そして、自分は来年、太子のおかくれになった日に死のうと言うて翌年その二月の二十二日に往生せられたということが書いてあった。昔の高僧方は、道の上に深い契りを結んでおられるということは大変懐かしいことである。信の上の交わりに、こうしたことのあるのは尊いことと思います。それだけ心が通うておるのである。一つの信心になっておるのである。

親鸞聖人が四十歳の御時に越後の御流罪を赦されて、京へ帰ろうとせられましたが、法然上人がおかくれになったということを聞かれた。御師匠様のおいでにならぬ京へ行っても仕方がないと言うて、関東へ足をお向けになった。これもあるべきことだ。関東に二十年御滞在になった。その間、雨につけ、風につけ、法然上人を思いづめにしておられた。そして、六十三歳の御時京にお帰りになった。それから九十の歳まで二十七年の間京にお住まいになった。京においでになったということも、恐らく御師匠のお墓の側におるということが、一番楽しみであったでしょう。永平寺の第二世、懐奘禅師は、御師匠道元禅師が亡くなられてからも、御在世の時の通りにお仕え申されたということである。本当に心の示し合うた仲は、もう心が一つに惹かれてゆく。肉体がそこへお供してゆくのはあたりまえである。以って、道綽禅師のお徳の高かったことも伺われるのであります。

道綽禅師は、善導大師の二十九歳の時にそのお師匠になられて、『観無量寿経』のお心をお授けになった。後、善導大師は『観無量寿経』の講釈の本をお書きになった。善導大師の『観無量寿経』の研究は古今独歩の光を放っておる。善導大師が『観無量寿経』のことを書き残してなければ、法然上人は御信心を得られることが出来なかった。法然上人の御信心がなければ、親鸞聖人の御信心はないのだ。親鸞聖人の御信心がなければ、我々は信心を得ることが出来なかった。

そうすると、道綽禅師が二十九歳の善導大師に『観無量寿経』の教えを授けられたということは、不思議な御縁である。親鸞聖人は二十九歳で法然上人にお出遇いになった。善導大師も二十九歳で御師匠道綽禅師にお出遇いになったのである。何だか不思議な気がせられるのである。

道綽禅師は非常に弟子の善導を信じておられた。善導大師はもともと非常に内省の力の強い方であった。真言宗を学ばれたせいか、今でいう静坐して透視するというようなことが上手であった。御師匠の道綽禅師が、どうかわしの未来の往生を観てくれと申された。善導様は観念にはいって観られた。そして、「御師匠様には三つの罪があります。これを懺悔なさらなければいけません。その第一の罪は、仏像やお経を窓近いところに安置しておいて、自分はずっと奥の方のよいところに寝起きしておられることである。第二の罪は、お寺や塔を建てるためだと言うて、お坊さん達を追い廻して使われたことである。第三の罪は、家をこしらえるのに虫の命を取られたことである。その三つの罪を懺悔なさいという仏様の勅命です。外に何らの罪もありません」と申し上げた。これらは我々の気のつかんような罪なんです。それを善導様が知らせられた。

私はその記録を見ても感心した。師匠が弟子に自分のことを聞かれる。また、弟子が師匠にその通りを申し上げる。それを聞いて師匠は心を励まして真実の道にはいってゆく。ここを見ると、道綽・善導の間には師匠と弟子というような格式張った隔てがなかった。道の前には、師匠も弟子もない。跪ずいてゆかれる。この一事を見ても、道綽禅師のいかに真実に道を求める人であったかがわかる。八十に間近い人でありながら、弟子に、わしは往生出来るか出来んか、お前は観念の力が強いから観てくれ、とおっしゃる。これはちょっと出来んことです。少し歳が大きいと、弟子にそういうことが出来ても、お前に何が出来るというような気の起るものです。それを弟子に聞かれる。御師匠から信頼される人も偉い。又、自分の道を弟子に聞かれる人も尊い。道綽禅師には、どこまでも習おうという心がある。いくつ何十になっても習おうという心がある。その心に尊いものがある。親鸞聖人が、「弟子一人も持たずさふらふ」とおっしゃったのと、同じ心だろうと思う。どこまでも習うてゆこう、どこまでも明るい知識に遇うて聞く。そして若い者のような気持になって、道を求めてゆく。その相が尊く仰がれるので、大変有難いと思う。

　道綽禅師が、浄土門の教理の上に残されたお手柄は、一代仏教を聖道・浄土の二門に分けられたことである。真宗などでよくいうところの聖道門・浄土門ということは、道綽禅師によって初めて言い出されたことである。一代仏教を二つに分けることは、龍樹菩薩が難行道・易行道に分けられた。それを相承して、曇鸞大師は難行道は自力の道であり、易行道は他力の道であるとせられた。それを更に相承して、難行自力の道は聖道門であり、易行他力の道は浄土門である、とせられたのが道綽禅師である。この二つの門は、共に仏の家へはいる道である。

　では難行自力の道をどうして聖道門というたのか。又、易行他力の道をどうして浄土門というたのか。聖道門は清らかな道の門である。浄土門は浄らかな土《ど》の門である。聖道の聖という字と、浄土の浄という字とは、共に清らかな穢れのないという字である。それで、一つの門は清らかな道とあるし、もう一つの門は浄らかな土とある。一つは道だし、一つは土だ。それでは道というのはどういうわけなのか。人が歩いてゆくところは道だ、人の往来する所を道という。道を行くというと、何か作ったもの決まったもののところへ行くようだ。自分で歩いて行くことだ。だから、龍樹菩薩が、難行道は陸路の苦しいようなものだとおっしゃった。土というと、全体が皆土地だ。道は土地の上にあって、限られた部分だ。土は、田圃も畠も道も皆土である。道と土とはこれだけの違い目がある。それでは、道を行く聖道門と、土地の浄土門と、これはどういうことをいうのか。聖道門は自分の心から世界を開いてゆくことだ。浄土門は開けた世界にはいって、自分の心が開かれてゆくのだ。環境は人を作るか、人が環境を作るか、これは昔からの問題だが、聖道門の道は、自分から環境を methods 環境を餸えてゆこうとする道なんです。浄土門は、環境の中で自分が餸えられる道なんです。聖道門と浄土門との違い目はここにあるのです。

仏教への出立ちはどうしても聖道門でなければならん、自分の胸の中から環境を開いてゆくのだ、自業自得、自分の胸の中から世の中は開けてゆく。「疑へば華開かず、信心清浄なれば華開いて仏を見たてまつる」自分の眼が開かれにゃ世の中が暗い。世の中が明るいというのは、自分の眼が開かれておるからだ。世の中を立派にしよう、立派な世の中に住まおうという時には、先ず自分がよい生活をしてゆく。先ず自分の道を行く。これが聖道門です。それに対する浄土門は、自分でなかなかそれをこぎわけてゆく力がない。力のないものが仏の心の中へはいる。その仏の心中へはいると、その暖かみ、その光で、自分が照らされる。だから環境に助けられるというのです。浄土とか環境とかは土地の徳です。土地の徳ということはあるものです。桜島大根は桜島以外の土地には出来ぬ。いくら土地がよくても出来ぬ。昔から、江南の橘を江北に植えるとからたちになるという。又崑崙山へ鉄を上げると、それが金になるということも記されておる。土地によって物が変るのです。葎は麻田の中に植えると真直ぐになる。真直ぐな中へはいれば真直ぐになる。周囲が曲っておれば曲る。こういうところから教育ということが始まったのだ。浄土門は真直ぐな仲間にはいって、その仲間の力で助かってゆこうという教えです。その仲間とは何か。阿弥陀様だ。仏様の光明の中へはいって行く。仏の心の中に浸る。それで助かる。これが浄土門です。

つまり、仏教には自分の胸から開いてゆく道と、仏の胸から開かれる道と二つある、道綽禅師は、今まで自分は聖道門の道を来たが、これはとても助かる道でないと『観無量寿経』によって、易行他力の教えを明らかにして浄土門に帰入せられたのである。そしてそのお味わいから、綱格を立てて聖道門と浄土門に分けられたのである。

併しよく味わいますと、聖道門・浄土門と二つに分かれておるのじゃない。先ず私が仏の教えを受けて気が付く事ですが、教えを受けん間はどんなことを思うておったか。すべてを客観的に外に見て、自分が苦しいことに遇うたり、嬉しいことに遇うたりすると、これは人がさせるのだ、或は自然だ、或は周囲がさせる、あれがあんなことをするからこんな目に遇うのだ、不景気だからこんな目に遇う、と、何でも自分の悩み苦しみの原因が外にあると思う。それで外を怨んだり、はかなんだりする。それが、仏の智慧に照らされますと、そうじゃない、自業自得だ、わしのせいでわしがつくるのだ、人が苦しめるのじゃない、自分で苦しんでおるのだ、自分の目を覚まさにゃ駄目だ、それが自覚だ、と。そこで、これは自分でやらにゃいかんぞと思うて勉強してゆくのです。ところが、自分でやらんならんが、やってゆくうちになかなか出来んことに気がつく。出来んで困っておるときに、そこに働かせられた仏の相が見える。仏の心が味われて、その仏様のお心、仏様の世界の感化をだんだん受ける。自分でやってゆくという力がなく、やってゆかれたお方のお徳にだんだん親しまれる。ここに目が覚めてみると、自分でやってきたぞと思うた道は、自分の料見でこしらえた道なので、何かしらんが自分が明るくなったのは全く仏の光に照らされて明るくなったのだという事に気がつくのです。

聖道門を励んできたが、気がついてみれば、浄土門だ。光明のお照らし、土地の徳で、いつの間にやらそこまで出られたのであった。お慈悲のお与えであった。自分で励むことの出来んものに励み、自分で諦めることの出来んものに諦めさして貰うた。仏のお照らしによって明らかにして貰うたのだ。お育てだ。土地がよいのだ。土徳だ。土地の徳だ。桜島大根のように、御信心の道にも土徳がある。やはり誰かが一人お慈悲を喜んでおると、その村の人はその徳を蒙むる。安田の村でも、寺へ来る者も来ん者もある。が、その来ん者も安田におると土徳でお慈悲を喜ぶようになる。誇っておっても、誇ったおかげでわかってくる。誇る材料も持たんものは、いつまでも暗い。そういう点で、知識を求めることは大事である。また、その側に寄ることも大事である。それで、お釈迦さんの御存命中は弟子達はよく側へ寄ってきた。が、お釈迦様がなくなられるとき、「あなたがおなくなりになりますと、こうしてお側へ寄ってゆく方がありませんが、どなたを仰いで行ったらよろしいでしょう」とお聞きしたら、「わしが死んでもわしが説いたみ法がある、天地自然の大道がある、それを師として仰いで行け」とおっしゃった。

大道は滅せぬ。法は絶えぬ。しかし、我々人間は法の響きをそのままに聞くことが出来ぬ。いくら御経に説いてあっても、仏に遇うような喜びは感ぜられん。どうしても理屈を聞いておっては駄目である。仏に遇わにゃ駄目である。が、その仏には、どこへ行ったら遇えるだろうか。お釈迦様の御経には、この次に仏になられる方は弥勒菩薩だということが書いてある。だから、その弥勒菩薩のおいでになる所へ行こう、というようなことを考えた。弥勒菩薩は兜率天においでになる。それで熱心に感化を受けておった者は、この次の生には兜率天へ行こうと思うた。これが兜率天の往生である。これと前後して出たのが浄土往生の思想である。現に阿弥陀仏は西方浄土におられる。そこへ行けば阿弥陀仏に遇える。こういう思想が仏教の中に起って来た。何で仏の光明の輝いたところへ行くのか。曲った者が美しいところへ出れば、自然に美しくなる。だからそこへゆきたい。こういう心が起る。

これは聖道門で進んだ人が、本当は浄土門におったのだ。浄土門を感得することが出来れば、その人は眼が開かれたのだ。この頃の人は、西方の浄土なんてあるのか、本当にあればわしはまいりたい、と言う。行かにゃわからん。行くとわかるのだ。それでは死なななければいかんのか。信ずるのだ。あると信ずるのでもなく、ないと思うのでもない。信ずるとはあると本当にわかったときだ。だから、同時だ。自分で一生懸命にやっておった者が、何にもすることはいらん、むしろ、わしのやっておったことは皆損うておった。そういう自力を捨てて、そのままの世界にこそ、広々した明るい徳が具わっておる。善悪正邪というような凡夫自力のさかしらをしておったのに、仏の光に照らされてみると、この土そのままが浄土だ、ということがわかる。娑婆即寂光土だ。至ってみれば娑婆の外に浄土はない。理屈の上で娑婆即寂光土をいうのはまだ聖道門だ。至ってみれば、『法華経』も『涅槃経』も皆浄土の光景で尊いお経である。それを自分の胸で計ろうてゆく間は、『法華経』も『涅槃経』も『大無量寿経』も『観無量寿経』もみな聖道門になる。自分の計らいで悶々しておる間はみな聖道門である。仏のお心で建て上がっておったのだ。出来上がっておったのだ。大自然のこのままに出来ておるのだ。その証りに出てゆく、それが浄土門だ。浄土門は道を歩くのでない。天地至るところが道路だ。土地がそのまま道だ。そこへ導かれるのだ。これはすべて仏のお光である。

弥陀観音大勢至
　大願のふねに乗じてぞ
　生死のうみにうかみつゝ
　有情をよばうてのせたまふ

今朝読んだ蓮如上人の『御一代記聞書』の中に、南無阿弥陀仏はわしが仏になるという証文だ、それは誰が下さるのか、十方の諸仏から貰う証文だ、とあった。十方諸仏は三千大千世界を覆うような舌を出して阿弥陀仏のお徳を称讃しておられる。南無阿弥陀仏はわしが往生する証文だ。それは何でというなら、南無阿弥陀仏とお念仏が心の中に起ると、右左どっちを向いても朗らかなお慈悲で導いて下さる。というようなことが書いてあった。天地至るところ道ならざるはなし、天下至るところ光明ならざるはなし。どこへ行っても仏が現われ、どこへ行ってもお慈悲の手がある。そうすると、娑婆も未来も隔てがない。広大なお慈悲があるばかりだ。浄土門とはそれが味わわれることである。娑婆の外に浄土がないと心が目覚めてみると、娑婆と浄土との石垣はなくなり、凡夫と仏との隔てもなくなる。そこに機法一体或は仏心凡心一体ということが味わわれるのである。この世このままがお浄土だという喜びを喜ばして貰う。そしてこの世を超えたあなたの光をいつも仰がして貰うのだ。

聖道門と浄土門とは、横に並んでおるものではない。竪に時間的にあることで、聖道門を過ぎにゃ浄土門へ行けぬ。聖道門は自力の門です。が、ここを過ぎにゃ浄土門へは行けんのです。だから自力の勤めをやってもよい。やっておる者もいくのだ。よく究めたらそこではじめて大きな道に出るのだ。だから、初めから自力・他力というておる者には直ぐにわからない。腹の減った者が、ふくれた者の真似をしても駄目である。その減った腹に物を食わすことを忘れて、喜ぶことだけを羨んでおる。併し親鸞聖人や法然上人のように本当に喜んでおる人のことを聞くと、自分も喜ぶ身になったように思う。それでよい。それを聞いておる中に本当のものが浸みこんで下さるのだ。ともかくも光の側に寄ってゆくと、丁度火の側へ寄ったように暖こうなる。側へ寄ることは大事である。自分で開いて行こうという一心があれば、自分で寄って行かにゃならん。だから、信心を得たい者は、善知識や友達を求める。自力門の人は善知識や友達を選ばぬ。そういう人は雑行雑修を専修専心に一人でやって行くのだ。浄土門は心が開けるから、友達や師匠がある。そのお蔭で助けて貰う。前後左右に親しみがある。この世は一人の世界でない。個人主義の世界でない。ここに朗らかなゆたかな心が味わわれる。聖道門と浄土門と二つあるのでない。一つの門だ。聖道門の門を通って向うに浄土門がある。その門を通ってはじめて仏のところへ到るのであります。

第三十六講

昼は道綽禅師の御生涯の大体を話しました。只今から『正信偈』の御文について、だんだん話をしてゆこうと思います。

道綽《どうしゃく》は聖道《しょうどう》の証《さと》り難《がた》きことを決《けつ》し

昼も話したように、道綽禅師は、一代仏教を聖道門と浄土門との二つに分けられて、聖道門の修行では証り難い。ただ浄土の一門のみが通入すべき道であるということを明らかにせられた。なぜ聖道門は証り難いのか。聖道門の証り難いのは無理があるからだ。又、聖道門の修行には自分の我がはいっておる。今までの日暮しが罪悪の日暮しであるならば、聖道門の修行は罪悪に対しての善根である。悪に対するの善である。だからそこに無理がある。世の中の真実相は、善でもなければ、悪でもない。善、悪、そういうことに分けられんのです。分けることが出来んほどに些細な世界、微妙な世界である。それを凡夫が、自分の小さい理智・論理を交えて、自分できめた勝手な道理に基づいてする生活が、所謂罪悪というものだ。罪悪ということは、自然の大道に叛き、大道を汚す生活だ。

飯を食べて腹が悪くなったら絶対に飯を食わんという絶食療法がこの頃ある。それは道理として、腹を休ますのはよいかもしれんが、そういうことを長く続けたら死んでしまう。だから一面、絶食は多食と同じように罪悪だ。

罪悪がわかると、極端に悪を止めて善根を修めてゆこうとする。しかし、そのよいということは自分が頭で作ったものだ。決めたものだ。だからそこにはいりきれんのだ。聖道門の修行が出来ないということはここでしょう。ところが聖道門の修行の出来ないのは自分があさましいからだ、と思うておった。が、出来んのがあさましいというより、よく考えると、出来んようなそういうきまりを立てたことがあさましいのだ。そういうきまりを立てて、そのきまりの中にはいってゆこうと思うたその心が間違いなんだ。邪見が悪いというて、又正見という邪見を一つ作る。そこにまた一つの善という煩悩が出て来る。

恵空講師は、往生のために毒になるものは二つある。一つは苦い毒、一つは甘い毒である。苦い毒とは罪悪、甘い毒とは善根だ。苦い毒に妨げられるということは少いけれど、甘い毒に妨げられて報土往生の遂げられん者が多いとおっしゃった。盗み、人殺し、そういうことは悪いことである。が、それは直ぐにわかる。ところが、人に金を施す、病人の介抱をするというように所謂善いことのくくられはなかなかとれ難いものだ。悪いということは反省することは出来るが、善いということは捨てることが出来ん。聖道門は善ということに執著する、だから証り難いのだ。

唯浄土《ただじようど》の通入《つうにゆう》す可《べ》きことを明《あか》す

唯だ。唯、信心の道一つが開いておる。唯浄土へ帰入する一つの道が開いておる。その道一つだ。浄土門と聖道門と二つの道があるが、そのどっちでもよいというのでない。この道一つしか助かる道がないのだ。それは大きな自然の法の道で、明るいのであります。その中に抱かれ、その中に育くまれるというのである。それは、悪と決めるのじゃない、善と決めるのじゃない。善悪二つを離れた道である。凡夫の理屈で決めるという世界を離れて、本願他力の心のままに打任せるのである。山から出た水が集まって流れるように、我々の求める道は、仏を念ずる道より外にないのだ。絶対の道なんだ。そういう味わいを「三世の諸仏は、弥陀仏三昧によって正覚を得る」と善導様がおっしゃった。これは、唯浄土のみが往生すべき道であると道綽禅師がお味わいになったと同じ心であります。

我々が信心にはいるのは、右へ行こうか、左へ行こうか、どっちでも行けるからこの道を選ぼう、そういうことでない。どっちでもというような道がないのだ。左にも右にも行くべき道がない。善導大師が、二河白道のお譬えの中で、「行くも死せん、退くも死せん、住まるも亦死せん」と言われましたように、窮処に陥った者に一つの道が開かれる。それが浄土門です。念仏門はそこに開かれるのだ。どこへも行けん者が必然にそこへ行かにゃならんのだ。「我がかしこくて信ずるには非ず」です。自分が選ぶのじゃない。選び出されて必然に行くのだ。大慈悲によって引かれてゆくのだ。浄土の一門に悲引せらるるただ一つの道なんであります。

万善《まんぜん》の自力勤修《じりきごんしゅ》を貶《おと》しめ

万善を施す、病気の介抱をする、酒を飲まん、或は嘘をつかぬ、などいろいろ善いといわれておることを自分の力でやってゆく。それはちょっと善いことにされておる。「諸悪莫作衆善奉行《しょあくまくさしゅぜんぶぎょう》」諸《もろもろ》の悪を作すこと莫れ、衆《もろもろ》の善を奉行せよ、ということで、自らその身に行うのである。ところが、道綽禅師は、万善の自力勤修を貶しめた。勤修を貶しめるとは止めるというのだ。明治三十五年の頃、私は一生懸命称名念仏していた。ところが清沢先生は、それは止めたがよかろうとおっしゃった。道綽禅師も、万善の自力勤修を貶しめられた。そんなちっぽけなことを勤めることを止めよ、とおっしゃった。そして何を勧められたか。

円満《えんまん》の徳号専称《とくごうせんしょう》を勧《すす》む

念仏を専ら称えることを勧められた。清沢先生はそれを称えることを止めよとおっしゃった。念仏を称えることを善いことと思うようになるから、私の先生は止めよとおっしゃった。念仏を称えることを善いことと思うて称えれば、それは万善の修行の一つだ。悪いことをすれば悪いが、善いことを善いことと思うてやれば、やはり悪いことだ。だから少々善いことをし、善根功徳を積んだ人は憍慢だ。そういう人には打融けた友達がない。自分一人善いと思うておる。そこに生活に無理がある。そういう善いと決めたことは、決めた調子が高い。出来んというのじゃない。勤まらんのだ。そういうようなことは要らん行だ。標準を立てる、その心をいかんというのだ。それで自分を括り、他を括っておるのである。そこに信心のむずかしいところがあるのだ。我々は何かしようと思うときに、これを運んでゆくときは標準を決めねばならんとよく言う。そして、その決めた標準に括られて、真実を忘れようとする。決めると括られる。括られても、決めねばならぬものは、決めにゃならん。そこに中道実相の本当の道がある。どっちへも拘泥せんのだ。一切衆生、智者も愚者も、男子も女人も来いよという、大きな心の現われが南無阿弥陀仏である、そのお念仏を称えよとおっしゃるのである。それでは南無阿弥陀仏を称えればよいのか、それではまた円満でなくなる。やはり善根だ。仏の名号を己れの善根にすることになるのだ。それが自力だ。そこに牢屋がある。辺地懈慢だ。ここに道綽禅師が、円満徳号の専称を勧められるのである。

欠け目のない、角のない、円い徳を具えさせられた仏の御名、それが称えられれば、我々の世界は角のない円満な世界になる。そこには善悪に分けられんものがあるのだ。そこに善悪を超えた微妙なものがある。形の上には善があり、善の底には悪がある。切るに切れんものがある。それを人間の小さい計らいで、善と決めたり、悪と決めたり、固苦しいことにする。そして、自らも傷つき、他をも損う。そうした善悪の二つを捨てて、円満な仏の名を称えよ。ということを勧められるのである。

三不《ぶ》三信《しん》の誨《おしえ》慇懃《おんごん》にして

三不三信とは信心の相で、淳心・一心・相続心が三信、そうでないのが三不信である。この三不信と三信のことを、三不三信と一つにしていうてあるのである。勿論この三不信・三信のことは、曇鸞大師の『浄土論註』に出ておるのである。それを道綽禅師が承け継いで、一層ねんごろに教えられたのである。『正信偈』にはこれを道綽禅師のお手柄として書いてある。が、この三不三信のお味わいについては、親鸞聖人は、曇鸞大師の御和讃の中に細かにお書きになってある。

不如実修行といへること
鸞師釈してのたまはく
一者信心あつからず
若存若亡《にゃくぞんにゃくもう》するゆゑに
二者信心一ならず
決定なきゆゑなれば
三者信心相続せず
余念間故《けんご》とのべたまふ
三信展転相成す
行者こゝろをとゞむべし
信心あつからざるゆゑに

決定の信なかりけり
決定の信なきゆゑに
念相続せざるなり
念相続せざるゆゑ
決定の信をえざるなり
決定の信をえざるゆゑ
信心不淳とのべたまふ
如実修行相応は
信心ひとつにさだめたり

ここに不如実修行と、如実修行と二つある。誠の道理による素直な日暮しは如実修行である。誠に順わぬ生活は不如実修行である。不如実修行ということは、曇鸞大師が解釈しておっしゃるには、一には信心があつくない。或る時は信じてみたり、或る時は疑うてみたりする。ぽっかり曇りが出て来る。つまり若存若亡するのだ。信心が有ったり無かったりするのだ。二つには信心一ならず、信心が一つでない。決定がないからだ。打任すところがない。やはり危いのだ。三つには信心相続せず、仏に私が雑るのだ。信心あつからざる故に決定の信心がない。決定の信がない故に念相続しない。念相続しないから決定の信を得ない。決定の信心を得ないからあつくないのだ。嘘を言うからたしかな決定の据りがない。据りがないから心が相続しない。相続せんから決定がない。信心がしっかりしておらんからそれが続いてゆかん。続いてゆかんから、又しっかりせんのだ。これは互いが因果をなしている。その根本は決定の信を得ないから、信心が不淳なのだ。「如実修行相応は　信心ひとつにさだめたり」本当に修行の相応してゆくのは、信心が一つだからである。本の信心をしっかり得れば皆出て来るのだ。信心の決定が出来んものだから、信心が不淳になり、一心もなく、相続もしない。

こうした三不三信をねんごろに教えられるということは、我々の日暮しの上に不純なものが出て来て、心が変ったり、ぐらついたりするからである。それは、やはり心に信心がないから、仏様と隔たっておるから、心に垣が出来てくる。それからいろんなことが出て来るのだということを親切に教えられたのであります。

像末法滅《ぞうまつほうめつ》同《おな》じく悲引《ひいん》したまふ

像末法滅とは、お釈迦様がなくなられてから、五百年の間はお釈迦様の教えも残り、その教えの通り行う者もあり、証りを開く者もある。この時代を正法の時代という。その次の千年間は教えもあり、行う者もあるけれど、証りを開く者がない。ただ像《すがた》だけが正法の時期に似ておる。それでこの時代を像法の時代という。それからの一万年程の間は、お釈迦様の教えだけがあって、行う者もなければ、むろん証りを開く者もない。その時代を末法の時代という。それからは法滅の時代である。その像法・末法・法滅のことを、像末法滅とおっしゃったのである。ところが

『大無量寿経』の中に、

当来の世に経道滅尽せんに、我慈悲哀愍を以て、殊に斯の経を留めて止住すること百歳ならしめむ。

と書いてある。末世に経道が滅びても百年の間この経を留めよう、阿弥陀仏の御法を百年留めよう、とおっしゃるのは、浄土の教えを永く世に留めたいというお釈迦様のお心だ。像法の時代、末法の時代、法滅の時代のときでも、阿弥陀仏のお慈悲で同じく引入れられる。それはその人の根性を眺めない。自分がどう変っておっても、その変った心を変ったままで中心に引いてゆくのだ。

一生悪《しょうあく》を造《つく》れども弘誓《ぐぜい》に値《もうあ》ひぬれば

一生悪を造っておる、そして弘誓に値う。この一生造悪ということは、弘誓に値うまでのことだろうか、或は弘誓に値うた後までも一生のうちにはいるのだろうか。こういう議論が出て来る。ここで一生造悪ということは、五十年七十年の一生、死ぬまで悪を造っておる。その悪を造っておりながら、広大な本願に値うのです。これは何をおっしゃるのか。この機を邪魔にしないとおっしゃるのである。悪を止めてから本願を頼むのでない。その悪を掃除してから本願を頼むのでない。この機このままで本願を頼むのである。そうなったら、悪を止める、或は止まらん、そういうことを思うのでない。蓮如上人は「罪消して助けたまはんとも罪消さずして助けたまはんとも、弥陀如来の御計ひなり」とおっしゃった。併し一生涯悪い事は止まんものだがこのままだ、腹立ちが出るがこれが止まったら一生造悪でないのだと、こう言うならそれはわからぬ人の言うことです。「一生造悪値弘誓」ということは、直ろうとか、直らないとか思うのでない。我が機の善悪に心をかけずして、ただ一すじに本願他力を頼むのである。ただ一すじに助けにゃおかんという如来の本願を頼むのである。今からやることを決めないでおきましょう。こういうことでない。この凡夫このまま、どう眺めても罪のかたまりである、それを気にしないで、このまま弘誓に値うのです。

安養界《あんようかい》に至《いた》りて妙果《みょうか》を証《さと》る

自分の悪を造ることを気にかけず、誓願に値い奉ったとき、もう安養界に行って、罪はどこへ行ったやらわからぬ。罪の沙汰は無益なのである。

本願力にあひぬれば
むなしくすぐるひとぞなき
功徳の宝海みちみちて
煩悩の濁水へだてなし

仏の心が流れ込んで下さると、凡夫の濁りがなくなる。罪を消して本願に値うて、そして証りを開くのでない。罪を持ちながら、悪を持ちながら、その悪も罪も苦にせず、それを相談せず、それでよいと言うのでない、悪いと言うのでもない、止めよと言うのでもない、止めんでもよいと言うのでもない。ともかく、自分の機に善悪の心をかけない。そういうものに相談して、悪いとあやまったり、善いと高ぶっておっては駄目である。そういうことはそのまま、打任せておいて、偏えに弘誓に帰するのだ。そうすると本願の力で、安養の浄土に往生して、無上涅槃の証りを貰うのだ。本願に乗托したら、先の悪も罪もどこかへ行ってしもうて、仏のみしか見えて来ない。「金剛の信心は彼らにも障へられず」で、本願の船に乗り込んで行く者には、何の妨げもない。とんとん拍子で安養の浄土へ往くことが出来るのであります。

第三十七講

善導章

善導独仏の正意を明にし　定散と逆悪とを矜哀して
光明名号の因縁を顕はしたまふ　本願の大智海に開入すれば
行者正しく金剛心を受け　慶喜一念相応の後
韋提と等しく三忍を獲　即ち法性之常楽を証せしむ

今日のところは、七高僧の第五番目の、善導大師の御生涯と御教えによって、聖人の御自督を申し述べられるところであります。

この善導大師という方は、支那の隋時代の煬帝の時に、泗州というところで生まれられた。隋の次に興った唐の時代に、長い間働いておられ、御齢六十九歳で亡くなられた。それで、唐の善導大師として、よく知られておるのであります。幼少の御時、密州の妙勝という法師について出家せられた。この妙勝という人は三論宗の学匠であった。それで、善導大師は初め真言密教の教えを受けられた。そして、『法華経』『維摩経』を深く研究しておられた。或る時、西方浄土の曼陀羅を見られて欣求浄土の念がしきりに動いた。その後、妙開という律師によって具足戒を受けられた。この頃、はからずも『観無量寿経』を手にせられた。どうかして有縁のお経がほしいと思われ、経蔵にはいって目をつむって手当りまかせに取上げられたお経が『観無量寿経』であった。そこで非常に喜ばれてこれを専心学ばれた。

大師、二十九歳の時、石壁谷の玄忠寺に道綽禅師ある事を聞かれ、はるばる玄忠寺を尋ねられた。そして、自分は浄土を願い求めておるということを話された。そこで道綽禅師は『観無量寿経』を授けられた。善導大師は、自分が経蔵ではからずも手にしたお経が『観無量寿経』である。それに今、はるばる尋ねて来た御師匠が授けられたお経も又『観無量寿経』である。それで非常に喜ばれた。善導大師は、道綽禅師によって、自分の進むべき道が明らかになったのである。

『観無量寿経』は、当時、天台大師や嘉祥大師などの高徳な方々が味おうておいでになったお経であります。が、これらの方のお味わいになったのは、単に観念を凝らすというような方面を多く味わわれたのであります。そうした中にあって、念仏の道として、道綽禅師から善導大師に伝えられたのであります。昔から、『観無量寿経』は観仏三昧を主とするか、念仏三昧を主とするか。どちらが『観無量寿経』の根本義かということについては、学者達の争いがあった。天台宗などの人々は観仏三昧であるとし、道綽禅師や善導大師は念仏三昧を主となされた。

しかし、善導大師は『観無量寿経』の大切なところは観仏にあるということを、「定善義」「散善義」の中でお説きになってある。それには日想観・水想観・地想観など十三の観法があげてある。日やら水やら土地やらいろいろのものを観、そうすることによって心を澄ませて、仏の国を想いうかべ、仏を想いうかべるのである。じっと思いを静めておると、例えば、水を観て心を凝らすと、浄土の八功徳水が目に見えるようになる。大地を観て心を凝らすと、お浄土の七宝の宝を敷きつめた地面が見えるようになる。というように、こっちの観念で向うが見えるようになるのだ。善導大師は、観仏三昧を発得した方である。が、師匠の道綽禅師は観念を凝らすというようなことはせられなかった方である。善導大師はどうして観念の上にお浄土を観るというような力を得られたかというと、初め真言密教を学ばれたからである。密教は『瑜伽経』の流れを受けておる。『瑜伽経』は秘密の教えで、神秘な洞察によって解決するのである。じっと想いを静めて、真理を見出すのである。その流れを汲んだ真言密教である。その教えのもとに青年時代を育てられなさった善導大師が、観仏に重きをおかれるのも偶然でない。

伝記によると、大師は非常に行業の厳重な方である。毎日何万遍かの念仏を称えられた。又『阿弥陀経』を十万巻写されたり、浄土の絵を三百遍も画かれたそうである。又、いろいろの物を供養する人があったけれども、いいものは皆人に与えて、自分は粗末なものを食べ、粗末な着物を着ておられた。それからお湯へはいられる外は帯は解かれなかった。決して横になって寝られるというようなこともなかったそうである。又三十年の間、目を上げて女人を見られなかった。女を見るために心の乱れることを恐れられたのであろう。日本にもそういう行業の正しい人が江州にあった。この人は香樹院講師の弟子で、師がなくなられてから、その師の講釈せられた書物を毎日読んでおられた。一生涯読んでおられた。そしてちっともお説教はせられなかった。が、皆その本を読まれるのを聞きに行った。だんだん聴聞する人が多くなった。そうすると、その人は自分の前に衝立を立てて読まれた。向うで聞いておる人が見えると気が散るというてそういうことをされたのである。面白い話である。善導大師も三十年の間、一心不乱に念仏しておられた。一すじにじっと向うて行かれた。むろん、こういうことは俺が真似しようと思うてやっても出来んことである。

善導大師はそうした中から托鉢に出られた。どうして托鉢に出られるのか。お釈迦様でさえ托鉢に出られた、末世のわしのような不徳な者が、じっと家において法施を貰うには忍びないと言うて出られたのである。お釈迦様が、後の者に高ぶりの心が出んようにというお心で托鉢に出られたのとお心が通じておる。今頃の貰いに行く者には欲がある。善導大師が貰いに出るというところの道を行かれたことを尊く仰がれます。

善導大師のお徳を慕うて来る人達は、大師のお話を聞いて、早くお浄土へまいりたいという願いから、崖から落ちて死んだり、川にはまって死んだり、光明寺の前の柳の木から落ちて死んだりする者があった。何でも見つかった者ばかりで三十人程あったそうである。伝記によると、善導大師もその柳の木から身を投げて死なれたということである。「この身は厭うべきだ、もろもろの苦が次から次と迫って来てやむときがない」と人に言うてその柳の木の上に登り、西の方に向うて仏様に願うて「どうか私を摂受して下さい。観音様も勢至様も私を助けて下さい。私は正念を失いません。驚きも致しません。どうか弥陀の法中において、怠り退くようなことのないようにして下さい」と願い終って木の上から身を投げられたということが伝記に書いてあるが、柳の木から身を投げた善導と、『観経』の疏を書かれた善導と違う人だという説もある。併し、善導大師の教えを受けた人の中には、浄土を願うあまりに、自殺をした人があったのである。

日本でも、法然上人が京から土佐の国へ御流罪になられる時に、室《むろ》の津にお泊りになった。室の遊女が法然上人の教えを聞き、阿弥陀仏の本願を聞き、念仏一つで浄土まいりが出来ると聞いて、その晩こういうあさましい商売をしておるより死んだ方がよいと言うて死んだ。厭離穢土欣求浄土という信心を味わうと、いっそ死んで早くお浄土へ行こうという心の起るのも無理はない。しかし、これも一つの考えだ。必ずしもこの世を去って向うへ往くことを急がんでもよい。本当に味わえたら、この世におりながら、お浄土の風光を味わうことが出来るのだ。併しこういうように味わうと、自殺してまで浄土へ往くというようなひたむきな御信心は、味わえんような気もする。そう思うとそうした人の心の中の真面目さ厳粛さを尊まずにはおられんのであります。善導大師が浄土への往生を急いで自殺されたから、善導大師の信心が未熟であったとは言いたくない、又思いたくもない。そこに善導大師独自の深い信心があったものと思う。お前はそういうことをするかという質問があると、私は今のところそういうことをしようと思わぬ。しかし、仏のお召しがあって、仏のお言葉がかかれば、どういうことをするかしれん。恐らく善導大師は阿弥陀仏のお指図があったことだろうと思います。

善導大師は『観経』の講義を書かれた。これは、「玄義分」「序分義」「定善義」「散善義」の四巻に分れておる。善導様はその最後の跋の文にあたる中で、尊いお経を私の心で解釈を施してはならない、だから私の今書こうと思うておる解釈が仏様のお心に叶うものであったら、どうか証明をして下さい、と仏様の証明を願われた。そして、日毎に『阿弥陀経』を三遍読誦され、お称名を三万遍称えて、真心こめてお願いなさった。すると毎夜瑞相が現われて、夢の中で一人の僧がこのお経の深い広い意味を教えて下さった。その教えによってこれを書いた。又この四冊を書き上げてから夢に金色の仏様を夜毎に拝むことが出来た。それで、明らかに仏様の証明を得たものと思う、というようなことが書いてある。又、これは正身の阿弥陀仏の証明によって書いたものだから、一字一句も加減してはならない、疎《おろそ》かに思うてはならんぞ、ということも書いてある。随分自信の強いお言葉で書いてある。私共は自分の計らいで書いたものだから、間違いがあれば直して下さいという心であるが、善導様は、すべて仏様のお指図で書いたという心があるから、一字一句も動かしてはいかん、ということを申しておられる。

蓮如上人が『御文』に「阿弥陀如来の仰せられけるやうは、末代の凡夫罪はいかほど深くとも、われを頼まんものは必ず救はん」とおっしゃってある。

この『御文』を読んでも、蓮如上人は阿弥陀如来の仰せられけるようをお書きになっておるのだが、阿弥陀如来のおっしゃる言葉を直々にお聞きになったのだろうと思う。阿弥陀如来は申すまでもなく、この地球上にお出ましになった仏でない。ないが、塵点の昔に御出生になったと『無量寿経』に書いてある。地上に相を現わさない方の声が聞こえる。その仏はどういう方か。光明によってこの世界を照らされる。阿弥陀仏は人間の形をして現われて下さるのである。

無碍光仏のひかりには
無数の阿弥陀ましく〳〵て
化仏おの〳〵ことぐ〳〵く
真実信心をまもるなり

阿弥陀様がたくさんおいでになる。そして信心をお守り下さる。そうなると阿弥陀様の声が聞こえるのだ。阿弥陀様の声が直々に聞こえる。聞こえなければはっきりして落着きが出んのです。善導大師は、その阿弥陀仏のお声を聞いて『観経』の講義をお書きになったのです。

善導大師の御著述は、この『観経』の御講釈の外に、『観念法門』『往生礼讃』『法事讃』『般舟讃』があります。法然上人は浄土門の流れを汲む高僧方の中で、殊に善導様が有難いとおっしゃった。勿論法然上人が信心にはいられたのは、善導大師の「散善義」をお読みになって、その中の教えによって胸が開けられた。それで、善導大師を善知識として仰いでおられるのです。或る時法然上人が野道を歩いておられたら、夕日の雲の中に、腰から上が阿弥陀仏、腰から下が善導大師の半金色の仏像を拝まれた。それからは、善導様を生きた阿弥陀仏の御化身として仰いでおいでになるのである。そこで『正信偈』の御文にはいります。

善導独仏《ぜんどうひとりほとけ》の正意《しょうい》を明《あきらか》にし

この独りというのは、七高僧の中で善導大師だけ独りというのでない。善導大師と同時代にたくさんの高僧方がおいでになった。が、その中で、本当に仏の御心を得た人は、善導様独りであった、という意味です。善導様独りが仏の正意を明らかにしておられた。ここの仏はお釈迦様のことである。お釈迦様の仏教の本意はどこにあるかということを明らかにせられたのだ。仏教の中心はどこにあるか。広い深い仏教の教えはたくさんの経典に記されてある。それらのたくさんの教えの中の正意とするところはどこにある。それを善導様が明らかにせられたのだ。釈尊の正意となさるところはどこにあるかというと、それは阿弥陀仏の本願にあるということをはっきりお味わいになった。

定散《じょうさん》と逆悪《ぎゃくあく》とを矜哀《こうあい》して

「定散」というのは、定善と散善のことです。定善ということについては、「定善義」に委しく書いてあるが、妄想妄念を払いのけて、心を凝らして三昧の境にはいることです。これには十三の観法がある。日想観・水想観・地想観・宝樹観・宝地観・宝楼観・華座観・像観・真身観・観音観・勢至観・普観・雑想観の十三です。こうしたいろいろのものによって静かに観念を凝らして三昧にはいることが出来ると、証りを得ることが出来るというのです。散善とは、上輩観・中輩観・下輩観の三つである。この上輩というのは、大乗の菩薩の修行をしてゆく人のことである。その中の人にまた、上品上生・上品中生・上品下生の三つの階段をつけてある。中輩にも上・中・下の三つに分けてある。中品上生・中品中生の二つの階段は、小乗の根性を持った凡夫である。中品下生の人は、世間一般の道徳を守る凡夫である。下輩というのは、罪悪の凡夫人のことで、その中に又その罪の重し軽しによって、下品上生・下品中生・下品下生の区別がしてある。

我々のようなこういう人間の日暮しは散善です。ちょっとざっぱに分けると、定善というと坐禅でもくんで、戒律を守り、魚を食わず、目を上げて女人を見ない、というようなことと思う。が形の上からいえば、これは散善である。同じ善でも、心を静める善と、実際によいことをやって行く善と二つある。この定善・散善は、我々がやって行くこの修行の道です。善人の道なんです。人間には、この定善の機と散善の機と二つあるのです。

「逆悪」とは、五逆と十悪とです。五逆というのは、一に父を殺し、二に母を殺し、三に阿羅漢を殺し、四に仏身より血を出だし、五に和合僧を破る、この五つの罪です。十悪というのは、殺生・偸盗・邪婬の身体の三つの罪、妄語・綺語・両舌・悪口の四つの口の罪、貪欲・瞋恚・愚痴の三つの心の罪を犯すのが十悪です。定散といえば善根を植えて行く人のことだが、逆悪は悪人だ。『観経』の上上品から下下品までの機類に、いろんな人間がある。行儀のよい者悪い者、智慧のある者ない者、善といわれることばかりやる人、悪といわれることばかりする人、などの機類がある。定善の人は道に明るい、悪をなさない人だ。

ところが、善導様は散善の機の信心をお味わいになって、

自身はこれ罪悪生死の凡夫、曠劫より已来常に没し常に流転して出離の縁あることなしと深信す。

とおっしゃった。善導様は、身は罪悪生死の凡夫、五逆十悪の凡夫だとおっしゃる。外から見れば、目に女人を見ず、悪いことを口にせず、常に念仏をしておられる高徳な身で、わしはまだ何

にも出来ておらん。愚痴無智の身だとおっしゃる。そんなら、その愚痴無智の身をしておって、善根功徳を積んでおる人を羨んでおられるのか、というと、そうでない。十悪五逆の罪人とは俺だと発見せられた、その罪人の俺が、念仏で助かる。

光明《こうみよう》名号《みようごう》の因縁《いんねん》を顕《あら》はしたまふ

助かる道は、光明名号の因縁の外にないのだ。仏のお光を受けて無量寿になるのだ。光明名号の外にお助けはないのだと仰言る。定散の心では仏になれんのだ。それを捨てるのだ。善いものを持っても行けぬ、悪いものを持っても行けぬ。善いもの悪いものそれらをすっかり捨てて白紙になって、如来の光明の因縁によって助けて貰うのである。だから、そのお助けに対しては、悪も障りにならぬ、善も何の足しにもならない。定散の善もあてにならず、逆悪も邪魔にならない。逆悪の心を持って行くのでない、定散の心を持ってゆくのでない。それらの心をみんな捨てる、そうした心がすっかり投げ出されたところに、南無阿弥陀仏の光明のお助けがある、とおっしゃるのである。

衿哀したまふとは、かわいそうだと憐んで下さるのである。助かる道は光明の名号の因縁より外にない、光明の縁に催されて、他力信心の眼覚めが出来ると、已れを忘れて南無阿弥陀仏と仏のお徳を讃歎して、仏をお慕い申す心が発って来るのだ。外から光で育てられ、内から御名号が出て、内と外から手を引かれてゆくのだということを、丁寧におっしゃったのである。

親鸞聖人が善導大師を御讃歎になる御和讃の中に、

善導大師証をこひ
定散二心をひるがへし
貪瞋二河の譬喩をとき
弘願の信心守護せしむ

とある。これが善導大師が『観経』の講釈を書かれたお相を述べられたものです。「証をこひ」とは、先も話したように仏の証明を願われたことです。仏の証明を得て『観経』の心を書かれたのです。定散二心をひるがえして浄土へ往くについては、二河白道のお譬えを説いて、弘願の信心を守って下さる。定善で心を静める、散善で心を改める、そういうところに成仏はない。なかなか定散の二心をひるがえすということは容易でない。善を好むというところに善のくられがある。普通に悪いことを止め、善いことをせよという。ところが善導大師は、その善いことも捨てられるのです。普通ならば、三十年も帯を解かなかったり、女を見なかったり、欲を離れられたり、或はお経を十万巻写されたりされたというところを見ると、堅苦しい人のように見えるが、善導大師は、定散の二心をひるがえすのがよい、そういうことを捨てにゃ仏になれんとおっしゃった。

我々は何か一つすると、善いことをしたというてよい気になっておるが、それを静かに観察すると、邪見憍慢の角を振り立てておるのだということがわかる。善導様は、善いことをしようと思うことすら駄目だとおっしゃるのである。自分で計算を立てて、自分の手柄で参ろうとするから駄目である。この自分の手が出んようになって、自分の細工が出んようになって、いよいよ駄目だと投げ出されるようになると、はじめてそこに南無阿弥陀仏が現われ出て下さるのである。だから、光明のお手廻しには、そういう定散の二心は役に立たん、と善いことの間に合わんことを知らせられるのだ。それがわかると「南無阿弥陀仏」と仏を呼び、仏にすがる心が出るのです。そこには明るい光があるばかりである。そこに出たら、ただ光明の因縁にひかれて我々は浄土へまいることが出来るのだということが味わえるのであります。

第三十八講

昼は「定散と逆悪とを矜哀して　光明名号の因縁を顕はしたまふ」というところまでお話ししました。矜哀とは哀れむ可哀そうだという意味です。逆悪の者、五逆十悪の悪い者を可哀そうだとおっしゃるのなら当然である。ところが、定善・散善の者も可哀そうだとおっしゃる。定善の人とは、心を静かに落ちつけておる人、散善の人とは、世の中に生活しておって、善根功徳を積む人である。皆善いことをする人である。その定善散善の人でも、五逆十悪の人と同じように気の毒の者とおっしゃるのだ。悪人が気の毒なら善人も気の毒だ。なぜだろうか。悪人は悪のために仏になれず、善人は自分のした善のために縛られて仏になれない。だから両方共気の毒だ。悪人が仏になっても、善人は仏になれない。凡夫は助かっても二乗地は助からん。二乗地とは声聞・縁覚のことです。そこいうと悪人はまだ仏縁がある。少善根少福徳の因縁で、真面目でありながら、却ってそういう仏に近いところが遠いのだ。

私共が久しく仏様の道を話して廻りますうちに、いろいろの学者達も側へ寄って来られます。医学博士、工学博士、法学博士などが側へ来られる。一番縁が遠いのは文学博士、それから仏教の学者です。これはどういうわけだろうか。医学・法学、或は経済・工学というような方の学問をした人は話がわかる。極く近い哲学や宗教の学問をしておる人は、これは仏教だ、これは宗教だ、これが信心だと自分のおもわくを持っておる。だから人の話が落着かんのです。蓮如上人の法語に、仏教は知りそうもない者が心得ておるものだ、とおっしゃってある。学問をして、むずかしい道理を究めておる者がわからんで、一文不知の尼入道が却ってわかることがある。わしらが話をしておっても、立派な学者に信心がわからず、何も知らん田舎の婆さんでよくわかる人がある。わしの話を聞いて「あなたの話は田舎の人はわかりますまいね」と言うた人があったので、そんなことはない。信心の話は、学問がなくても、真剣に聞こうと思う者がわかる、大学者のわからんことを無智愚痴の者がわかるということを話したことがあった。少し善いことをする者は、仏様に却って遠い。

『歎異鈔』の第三節に、

善人なをもて往生をとぐ、いはんや悪人をや。

とあります。善人さえ往生する。悪人はなお往生する。定散の者は悪人のまだあとだ。少しばかりものが出来たり、つとまったりすることが邪魔になる。むずとすがらんのだ。少善根があると彼の国に生まれられない。それで善導様は、定散の機と逆悪の機とを一つにまとめて気の毒なとおっしゃるのである。

「光明名号の因縁を顕はしたまふ」光明の縁と、名号の因、この因縁によって、われらが無上の信心を発起せしめたまうのである。「但《ただ》信心を求念《ぐねん》せしむ」というお言葉がある。縁とは、外からの育てのことです。因とは、内の種である。外からと、内からとの因縁が私にせまって、そして信心が生まれ出て来るのだ。その光明名号の因縁によって、信心がいただかれるということを、善導大師は委しう教えられた。その事を、親鸞聖人は、光明名号の因縁を顕わすとおっしゃるのである。ここまでは昼のお座でお話ししました。

本願《ほんがん》の大智海《だいちかい》に開入《かいにゅう》すれば

開入とは、開き入れる。本願は、阿弥陀仏の本願。大智海とは、大きな智慧の海。阿弥陀仏の本願を、本願海ともいう。阿弥陀仏の本願は、大きな智慧の海だ。その智慧の海に開き入れられる。阿弥陀仏の本願はなぜ智慧なのか。善導大師は、本願を慈悲というより、むしろ智慧と味わわれたのである。勿論智慧の相が慈悲である。慈悲の本体が智慧である。仏様が明るい智慧をもって、暗い我々を照らして下さる。それによって、私の胸に明るい心が生まれ、うれしい心が生まれて来るのだ。そうするとこの智慧が、慈悲の正体だ。ただ可愛いと言うておっては助からん。いくら、あれは可愛い者だ、いとしい者だ、気の毒な者だ、と思うておっても、それでは助からん。かわいい心が実際になって、助けることが出来るというのは、智慧だ。

仏は何で衆生を助けられるのか、智慧である。愚痴でなやんでおる者をお助け下さるのは、智慧のお蔭だ。暗闇の者が助かるというのは、明るいところへ出さして貰うことだ。明るいところは智慧だ。本願を海に譬えたのは、海は広い、いろいろの水が流れ込んでも、一つの潮水に溶かし込む。それで海に譬えて、大きな智慧の海というのである。光明名号の因縁を顕わして、そして、本願の智慧の海にはいってゆくのだ。

行者《ぎょうじゃ》正《まさ》しく金剛心《こんごうしん》を受《う》け

智慧の海へはいって行くときに、行者は正しく金剛の心を受ける。金剛とは、水にも溺れず、火にも焼かれないというところで、金剛という。堅固な心だ。

　信心すなはち一心なり
　一心すなはち金剛心
　金剛心は菩提心
　この心すなはち他力なり

と御和讃にあるように、堅い心だ。本願の大智の海にはいると、その時に行者は正しく金剛心を受ける。味わいの深い言葉である。受けるとは、貰うことである。お受けすること、お受けの信である。お受けの信は、正受だ。わしらにはしっかりした堅い心がない。その堅い心はどこから出て来るのか。本願の大智海にはいると、わしらの胸に堅い信のお受けが出来る。授けられるのだ。たしかに自分に響いて来るのだ。この智慧から金剛心が出て来るのだ。

弥陀智願の広海に
凡夫善悪の心水も
帰入しぬればすなはちに
大悲心とぞ転ずなる

ここには、金剛心を正受するとある。正しく受けるとある。信心は開発するのと、受けるのと両面にある。ここを読むと私にはこういう味わいがある。大智海の中へはいると、阿弥陀仏の本願の中の水が、我々の心の中へすっと入り満ちて下さる。その相が金剛心を正受するのだ、受けとるのだ。外から入り満つということを、我々の手前からいうと、お受けする、いただくのだ。自分で堅いことを決めたのなら壊れることがある。が決めたのじゃなしに、仏の心が我々の方にしみついて下さって、ここにたしかな信心が受けられるのだ。だから崩れようがない。その味わいを「行者正受金剛心」というのです。

慶喜《きようき》一念相応《ねんそうおう》の後《のち》

この金剛心がいただかれると、おのずから喜びが出て来る。慶喜はよろこびである。相応とは相叶う。慶喜の一念が相応ずる心だ。堅固な心がいただかれると、喜びが湧いて来るのである。

韋提《いだい》と等《ひと》しく三忍《にん》を獲《え》

三忍とは、喜忍・悟忍・信忍のこと、韋提とは、韋提希夫人のことです。韋提希夫人は、釈尊の御説法を聞いて喜忍・悟忍・信忍の三つの心を得られた。忍とは心の据りである。喜忍とは、阿弥陀仏を念じて歓喜の心を生ずること、悟忍とは、阿弥陀仏を念じて悟りを開くこと、信忍とは、阿弥陀仏を念じて正しい信心を得ることである。韋提希夫人はこの三つの喜びを得られたのである。この『正信偈』の御文では「慶喜一念相応後」とある。喜びの一念がきざしてくると、そこに韋提希と同じ心を獲る。喜・悟・信の三忍をいただくのである。韋提希は、一人の子供阿闍世が提婆という悪友に唆かされたために、夫は牢屋で死なれ、自分も牢屋に入れられたと、愚痴無智の頂上におられた。苦しい絶頂にはいっておられた。その心がお釈迦様の教えによって助かった。そしてそこに喜・悟・信の三忍を得られた。

この悟忍というのは、今日も御和讃を読んでおって思ったのだが、真宗は悟りの宗旨でないと、よく聞きもし、言いもするが、親鸞聖人の御和讃に、悟りといわれたのがある。信心とはやはり悟ることだ。喜忍も悟忍も信忍も一つの味わいだ。喜びと悟りと信とが一つになる。信の上に喜びがあると、ものにこだわらんでいろんなことをさっさと流してやれる。だから悟りだ。事の真相がわかる。だから信心の一つの相は悟りを開くことである。聖道門は悟りを開いて仏になる道だが、信忍のように心が開くなら愚鈍でなくなる。たしかな心が出来るとそこらが明るく照らされる。それが悟りだ。その証りが韋提希と同じ証りである。

即《すなわ》ち法性之常楽《ほっしょうのじょうらく》を証《しょう》せしむ

法性とは、法の本性である。法は宇宙の真実の道理、天地の間の大道理が法だ。大道理そのままを仏がお説きになったものが法だ。仏のお説きになるものは法だ。その法の性質、法の本性はどんなものであるか。常楽だ。常《じょう》は常《つね》、楽は楽しみで、天地の大法は本来楽しいのだ。我々がこの世に生まれて、朗らかに楽しい日暮しをするのは当り前だ。苦のないようになっておるのだ。心配せんでもよいようになっておるのだ。それを苦に病み、心配してまごまごしておるのは、何かそこに曇りがあり、無理があるのだ。手造りの道理理屈をはさんでおるのだ。髄えもの、それが雑行雑修自力の心だ。我々が自力の心を当てごうておる。それによって闇が出て来る。それによって痛みが出て来る。そういうものを皆払い去られ、捨て去られると、そこに法の性がそのままに出て来るのだ。法の性は楽しいのだ。何かに妨げられておるから苦しいのだ。妨げを取ってみれば、天地の大法それ自身が楽しめるのだ。「法性之常楽を証せしむ」とはそういうのである。

ずっと御信心の利益を順序を追うて挙げられる。堅い信心が喜びを生み、喜びから悟りが生まれる、その一念は仏の本願に相応する。それは皆一つになったのだ。それは何から出て来るのか。光明名号の因縁によって、本願の大智海に流れ込んで、そして信心をいただくと喜びが出る。その喜びは韋提希と同じ信心の喜びである。信心の人は韋提希と互角だ。愚痴無智の韋提希が、阿弥陀仏の光明に照らされて信心を得て悟りを得たように、我々は同じ信心によって、喜・悟・信の三忍を得て、法性の常楽を証るのだということを、善導大師が教えられたのであります。親鸞聖人は、その善導大師の思召しを受けられたのであります。

善導大師という方は、朝から晩までお念仏ばかり称えておいでになった方、最も念仏を盛んに称えられた方なんです。ところが聖人は、善導大師のお心を受けられておりながら、ここにお念仏を称えるということは一言もいうてない。信心の喜びを証る、それだけを説いてある。だから親鸞聖人は、善導大師を崇められるときは、南無阿弥陀仏を称えたり、万巻のお経の書写をされたり、或は目をあげて女人を見ずということや、いつも托鉢されたという形の上には思いをかけず、善導大師の中心を聞こうとせられた。そして信に心をかけ、証りの道を開かれた善導大師に憧れを持たれるのであります。善導大師の中心はどこか、信心の証りだ。信心を悟るのだ。仏の心に打融けるとものにこだわらん、外のものにくくられん、それが悟りである。悟りはありのまま、法性のそのままを得ることである。宇宙の本性がありのままに我がものに証られる。そこには楽しみがある、喜びがある。仏は、豊かなそして明るい性を持っておいでになるということを教えられたのであります。

第三十九講

源信章

源信広く一代の教を開きて　偏に安養に帰して一切を勧む
専雑の執心浅深を判じ　報化二土正しく弁立したまふ
極重の悪人は唯仏を称すべし　我も亦彼の摂取の中に在り
煩悩眼を障へて見ずと雖も　大悲倦きこと無くして常に我を照したまふ

今日は七高僧の第六番目、源信僧都の御生涯と御教えによって呼び起された聖人の御信心を味わうようになりました。

源信僧都は、今から九百年程前大和の国当麻《たいま》の郷にお生まれになった。小さい時から人並勝れて利巧なお方であった。七つの年にお父さんが亡くなられました。お父さんは亡くなられる時に、どうかお前は大きくなったら仏道にはいって、出離生死の一大事を明らかにするように、と、くれぐれも遺言して逝かれました。兄弟もなくただ一人の子である。お母さんは大変賢明な方であった。私は源信僧都のお母さんといえば、孟子のお母さんのことをすぐ思い出します。源信僧都はまだ七、八つの幼少の時から、ちょっと遊ぶにも、土をつくねて塔の真似をしたりなさったということである。僧都は子供ながらにもお父さんの遺言を忘れられなかった。折には近くの高尾寺にお詣りして、出家のことを念ぜられた。

　或る時の夢に、高尾寺にお詣りして経蔵の中へはいって見るとたくさんの鏡がある。大きいのやら小さいのやら、きれいに澄んだのやら曇ったのやら、いろいろある。そこへ一人のお坊さんが来て、小さい曇った鏡を下された。それでもっと大きい澄んだのがほしいと言うと、そのお坊さんは、これを持って帰って、横川にいって磨きなさいとおっしゃった。そして夢が覚めた。このことをお母さんに話されると、お母さんは、鏡は智慧です。曇りのない鏡は磨くことはいらん。お前はまだ子供で智慧が浅いから、比叡山の横川へ行って智慧を磨きなさいということなのでしょうとおっしゃった。それを聞いて大へん喜ばれた。この時僧都は九つであった。

　同じく幼い頃のこと、近所の子供と一緒に近くの小川で小石を拾うて遊んでおられた。そこには小川が二つあって、一つの流れは水が澄み、一つは濁った水が流れておった。一人の出家がここを通りかかって、汚い川で鉄鉢を洗うておられた。僧都はこれを見て、「どうせ洗うなら汚い水で洗わんで、きれいな川で洗ったらよい」と言うた。坊さんは、「浄穢不二だ」と言うた。すると僧都は「汚いもきれいもないなら洗わんでもよい」と言うて、又石を数えて遊んでおった。お坊さんは、面白い子供だと思うたので、「一つから九つまでみなおしまいにつがついておるのに、十にはついておらんのはどういうわけだ」と聞いた。すると「五つに二つつがつくから、十につかんのだ」と答えた。坊さんはこれは賢い子供だと思うた。それで、「お前はどこの子じゃ」と聞いたら、「あそこじゃ」と言う。父母のことを聞けばお母さん一人だと言う。「わしをお前の家へ連れてゆかないか」と僧が言うた。僧都は、家は貧乏だから、普通のお客様なら出来んが、お坊さんだからよかろうと思うて案内した。お坊さんはお母さんに逢うて、「なかなか感心な子だ、坊さんにしたらよいでしょう」と出家を勧めた。

当時比叡山には、良源という名高い坊さんが座主をしておられた。この方は後に慈慧僧正、或は元三座主という方である。叡山中興の祖といわれ、学徳の勝れた方であった。先の坊さんは、この方の弟子にしたらどうかとお母さんに相談した。お母さんは、誰かよいお師匠がないものかと思うておった矢先だったので、非常に喜ばれた。それでは山の御師匠に話して迎えに来ますと言うて、その出家は帰られた。昔から高僧知識というような方は、子供の時から、どこか違うておる。

こうして諸国を歩く坊さんは、勝れた子供を見ると、御師匠様に案内をし、お迎えにまで行って、連れて帰られた。そこに法の大切なこと、法を伝える器を求めるということに熱心であったことを味わうのであります。若しその坊さんがこのことをそこで見付け出さず、また、比叡山から迎えにも来られなかったら、ああした大徳が日本に出られなかったかもしれない。それを思うと古の人は、こういう方面にも心をかけておられたことを有難く思います。我々の師匠清沢先生は、もと在家の方であった。「先生はどうして坊さんになられましたか」と聞くと、「わしは始めから坊主になるつもりはなかったが、東本願寺の坊さんになると、学問をさせて貰えるという。わしは学資金がなかったので、学問させて貰うために坊さんになった」と言うておいでになった。

丁度その頃は石川舜台さんが執事をしておられた。何でも仏教を繁昌させるには、坊さんに学問させなければいかん。寺の子供だけでなく、日本中の頭のよい子供を集めて教育したらよかろうということであった。当時名古屋の徳永満之という子供は、十三で西洋人の通訳をしておる、よほど勝れておる、あの子供に学問させたらよかろうという。親に相談したら、学資金はないが皆が承知ならよい、と言うので、先生は本山から勉強をさせて貰われた。そこで明治仏教の中心人物が出来たのです。石川舜台さんは本山におっていろいろ事をなされたが、清沢先生を抜擢されたことが一番の偉いことであった。どんな尊いことでも、その器がなければ伝わって行かぬ。古の坊さんは器を選んだ。彫刻師がよい材料を選ぶように、良源僧正が法を伝える材をあまねく求めておられた時に丁度見つかったのが、源信僧都である。

そういう工合で比叡山に登られることになった。お母さんは新しい着物をこしらえて着せられた。又お父さんのかたみの錦の袋、それにはいつもお父さんが大切にしておられた『阿弥陀経』一巻が納めてあった。それを与えて、「よく勉強して、立派なお坊さんになって下さい。いいかげんのお坊さんになるなら、私はもう逢いません。これが一生のお別れです」と言うて、山からのお迎えの人と共に家を送り出された。

或る時宮中で仏教の講筵が開かれた。その時僧都は十五歳であったが選ばれて天皇の御前でお経の講釈をされました。非常に立派な御講釈が出来たので、陛下の御機嫌斜めならず、絹を下された。偉いというてもまだ子供です。非常に喜ばれた。お母さんに、喜んで下さいという手紙を添えてその絹を送られました。お母さんは天皇から賜わった絹を見、手紙を見られた。親だから喜ばれないはずはない。けれどもお母さんは、あの子が今からこういうことを喜んで有頂天になっては駄目だ、名聞坊主になってはいかん、今の間に戒めておかにゃならん、と思われ、長い手紙を僧都の許へ送られました。その手紙は今でも残っております。源信僧都は一生その手紙を出して見ておられたようです。

その手紙には、「私がお前を山へやったのは、天子様の御前で講義をして引出物をいただいて喜ぶような、名聞坊主にしようというつもりではなかった。お前はまだ若い。そういうことでどうする。そういうことがうれしいと、あっちでも講釈してくれ、こっちでも講釈してくれ、と日本中の者から講釈を頼まれて、それで一生がすむぞ。それではお父さんの御遺言にも違うわけでしょう。この絹は返す」ということが書いてあった。偉いお母さんです。この事が源信僧都の心にしみこんでおるものと見え、晩年に及んでも御自分のお居間に自ら名利という二字を大書して壁に貼っておかれた。名利とは名聞利養のことです。人が不思議がって、どうしたわけかと聞いたら、「わしの心は、ちょっと油断するとすぐに名聞利養に走る。だからいつもこれをじっとながめておる。ながめておると自分の心のことがわかって来る。だからこれはわしの戒めです」と言われたそうです。十五の年に、お母さんからこんこんと戒められたことが、一生頭にはいっておるのです。

大和の国の当麻の郷は比叡山からそう遠いところではない。僧都はお母さんのところへ行きたくて行きたくて、お目にかかりたい、とお母さんのところへ手紙を上げると、お母さんは、「まだ来てはいかん。私は我が子の源信に逢いたくない。お前が本当に証られたら私を済度に来てくれ、それまで私は逢いたくない」と言うてお逢いにならぬ。たった一人の母と子である。それが、来るな、とおっしゃる。そうおっしゃるお母さんの心にも切ないものがある、が、そこが偉いところです。子供を持った親達は源信僧都のお母さんの心を味わわなければならん。世の中の親は、休みに来た子供に、もう一晩おってゆけ、団子を食うて行け、餅食うて行け、洗濯物は洗うてやる、縫うてやる、と言う。そんなに可愛がるから、遂に子供は駄目になる。そういう可愛がり方は駄目じゃ。源信僧都のお母さんは、来るなと言われる。近江聖人といわれた中江藤樹にもこれとよく似た話があります。

源信僧都が四十一になられた時、自分の道も明るくなった。この頃はわけてお母さんのことが気にかかってたまらん。今度は叱られても、どうしてもお母さんに逢わねばならんと思い、お母さんに逢いに出掛けられた。丁度道でお母さんからのお召しのお使いに逢うた。その使いの持った手紙を見ると、お前も大変修行が積んで、結構なみ法を持つようになった、喜ばしいことである、お母さんは今しばらくの命だ、お母さんの臨終をみてくれ、ということが書いてあった。虫の知らせであったのか。その手紙を見て、お母さんに逢えるよろこびやら御病気の心配やらで急いで行った。病気は重い。お母さんは十ばかりの時山へやってから今はじめて逢うのだ。が、今度は我が子でない、御師匠さんだ。非常に尊まれる。善知識に対するような態度である。どうかこの悪人女人の助かる道を教えて下さい、と、最後の教えを乞われた。僧都は直ぐにこまごまとお念仏のおいわれを説いてお聞かせになった。お母さんは非常に喜ばれて、私もお前の母となった甲斐があった。これでこそお前のお父さんにも言い訳が立つと言うて、念仏しながら安らかに往生を遂げられた。お母さんも本望だったと思うし、僧都も亦非常に嬉しかったろうと思う。

こういう場合にも、普通の親だとやはり我が子だと思い、なんぞげに思う。ところが源信僧都のお母さんにとっては、僧都は子であって子でない。自分の善知識だ。今まで寄せつけなかったお母さん、天子様からの引出物を送っても送り返すようなお母さんが、今度は自分の善知識としてその前に跪づいて死んで行かれた。非常に尊いことです。こういうお母さんの子として生まれ育った僧都が、立派な知識になられることは偶然でない。当時外の坊さんの多くは、学問が出来てもそれは単な理屈を究めるための学問であった。そして位が上がるということを目的にしておられたが、源信僧都は偏えにじっと生死の一大事を求めておられた。有名な『往生要集』という三冊のお聖教は、僧都がこの念仏の道を明らかにせられたお聖教であります。

当時の比叡山には、この慈慧僧正の許にたくさんの方がおいでになったが、その中で最も勝れた方がこの源信僧都であった。いま一人有名な方で、源信僧都と肩を並べる覚運という方があった。叡山の檀那院におられたので、この方の流れを檀那流といい、源信僧都は同じ山の慧心院におられたので、慧心流という。比叡山にはこの二つの流れがあった。それほどに慈慧僧正の高弟であった。が、一生僧都で座主にもならず、それを望みもせず、比叡山の山奥の横川にお住まいであった。そして常に念仏を称え、お聖教を学んでおられた。

源信僧都は御自分のお作りになった『往生要集』を支那の宋の周文徳という方に贈られたことがあった。この方はこれを天台宗の国清寺に寄附された。国清寺ではこれを経蔵に納めた。その経蔵というのは三段に分れておって、上の段には仏経、中の段には菩薩の論、下の段には高僧達の作られた本を置いてあった。源信僧都の『往生要集』は下の段におかれた。ところが、いつの間にやら一番上の段へ上がっておる。見とがめてこれを下の段へ下ろして置くと又上の段に上がっておる。それで、これは仏の本意の現われておるお聖教だからこうなるのだろうというて、それからはそのままにして置かれたということである。

又、宋の太宗皇帝は、この『往生要集』を読まれて感心し、日本にもこういう高徳な方があるか、是非肖像がほしいというて、当時日本から支那へ行っておった寂照というお坊さんに頼まれた。寂照は源信僧都のお弟子である。日本へ帰ってから、僧都に太宗皇帝の所望を話されると、僧都はすぐに人に画かせて宋の皇帝に贈られた。太宗皇帝はこれを見て、これは目付きが悪いが本当のお顔ではなかろう、本当の肖像がほしいものだと言われたので、今度は僧都自身で画いて贈られたら、これこそ本当の源信僧都の肖像であろうと言うて、お寺を建て、この肖像と『往生要集』とを安置して、いつも拝まれたということである。

源信僧都は絵や彫刻もよくせられた。有名な十界の絵の屏風というのがある。この絵は、円融天皇のお后藤原詮子という方が、『往生要集』を御覧になって、十界を絵に画いてほしいとお頼みになった。それで僧都は三昧の境にはいって十界の相を観て、その有様を当時の絵書きに書かせられたものである。それに源信僧都や、慈慧僧正・覚運上人・覚超上人などという方が讃を書かれて、皇后に奉られた。その絵は実に真にせまったものである。天皇も皇后も非常にお喜びになって、これを紫宸殿に安置しておかれた。ところが夜になるとは不思議な声がする。地獄道や餓鬼道や畜生道に落ちたものの苦しみの声である。それを聞いて宮中では女官達が恐ろしがって騒がれた。それでその絵をまた源信僧都にお返しになった。その屏風が今滋賀県の坂本の来迎寺にあって国宝になっておる。

仏像などでも源信僧都の御作というて、阿弥陀像でも、来迎三尊の像でも、今あっちこっちに残っておる。昔から源信僧都の御作の絵像でも、お木像でも飾って置くと寺が貧乏すると言うた。それは源信僧都は名聞利養を嫌うておられた。その心から仏を刻まれた。そのお徳によって、いたずらに寺がぜいたく出来んということで、なくなるのだ。又寺が富み栄えるということは、寺の堕落だ。富を皆捨ててこそ、寺や坊さんの価値がある。そういうことを思うと、源信僧都の御作の像をかざると貧乏するということは、ないことでないと思う。名聞利養を離れた心で刻まれるから、名利の心がなくなるという言い伝えがあったのだろうと思う。どんなに貧乏しても、不義な富がなく、清貧であったら、真実な心が養われるということを言い伝えたものだろうと思います。

源信僧都と同じ時代に、六波羅蜜寺に空也上人がおいでになった。この方は有徳な方で、行脚《あんぎや》することが好きであった。そしてその道に、橋が壊れておれば直したり架けたり、道普請をしたり、廃れた寺を再興したり、溝を掘ったり、日本中そういうことをして廻って歩いた方である。この空也上人によって念仏の宗旨が開けた。それを融通念仏宗という。念仏宗は法然上人が初めてのように思うが、まだその先に空也上人によって既に融通念仏宗が開かれ、念仏が称えられておったのだ。それが宮中にでも民間にでも力があったのだ。一人の高僧が出られる時には、きっとその時代のうちに同じ空気が流れておるものである。源信僧都もこの空也上人を訪うて、自らの往生の要を聞かれたこともあった。

『往生要集』は、初めに十界の事を委しく書き、後に極楽往生について十楽があげてある。中でも地獄のことが大へん委しく書いてある。地獄のことを委しく書いたお経には、『正法念処経』『雑阿含経』『増一阿含経』がある。『往生要集』に地獄を書かれたということは、やはり源信僧都が地獄を味わわれたのだ。地獄を見ながら、念仏せられたのだ。かつて私の友人佐々木月樵君が、源信僧都の『往生要集』と、イタリーのダンテという詩人の時いた『地獄篇』とを比較研究して発表したことがあります。私共でもその似よりを思います。単なるお経の上から拾うて来た記録でなく、源信僧都それ自身の世界相の上に生きた地獄を味わわれたのだ。だから生きた仏の相を見て、仏像や仏画をお書きになることが出来たのだ。また、地獄を画かれたのだ。

切実に人生を見ると、地獄は死んだあとの世でない。今の世に地獄が見えるのだ。ダンテはイタリーのフロレンスという町におったが、あれは地獄へ行ってきた詩人だというのだ。源信僧都は、地獄へ行ってきた、地獄廻りをしてきた坊主だ。外形から見れば幼少の時山へおはいりになって、道徳堅固の方である。何らの苦しみがなかったようだが、その中で一生心の悩みがあったようです。その心の悩みをお経の上に読み出される、それが源信僧都の地獄の絵です。それがはっきり味わわれるから、心《しん》から仏を仰いで南無阿弥陀仏が相続出来るのです。外界を見ると、善導大師は、「自身は現に是れ罪悪生死の凡夫」とおっしゃったのが不思議に思うように、又、源信僧都が地獄を見てござるということは不思議なように思う。しかし、やはりああした方も人間であります。我々と同じ人であります。だから人が持つ罪の悩みは皆味おうておいでになります。

罪障功徳の体となる
こほりとみづのごとくにて
こほりおほきにみづおほし
さはりおほきに徳おほし

この世の悩みを感ずる者は一層深く仏の道の広大な喜びを感ぜられるのであります。この世を浅々と、その場その場を渡っておる者は、深い悩みはない代りに、本当に仏の心に値うた喜びをうることも出来んのです。真に自分を省み、世の中をみつめる時に、どうしてもそこに恐ろしい地獄の影を見出さずにはおられんのであります。毎日地獄が見える。その中に自分の落ちておる相が見える。わしら毎日いろんな本を読んでおっても、そして仏の側に暮しておりながら、やはり自分の心の中に、地獄の相がありありと見える。自分の心の闇から地獄へ行って悩む。が、地獄へ落ちておると、すぐに落ちておるぞということを知らして貰う、お照らしに値うことが出来る。戴いておる者の仕合せはそれです。そしてお照らしを受けるから自分の心の地獄がはっきりわかる。人の心の醜さより、自分の心のあさましさが明らかにわかる。源信僧都の地獄の絵は、単にお経の絵でなく、僧都自らの心から湧き出たものと思うと、一層なつかしく拝まれます。それがわかるものだから、有名な『横川法語』がすっかり味わわれる。

まづ三悪道を離れて人間に生るゝことおほきなるよろこびなり。

自分の根性を見ると、地獄・餓鬼・畜生の根性を持っておる。そういう根性を持っておる者が、今日の日暮しを見ると、炎の中にもおらぬ、餓鬼のような責めも受けておらない。それを思うと、先ず人間の生を受けたことを喜ばんならん。根性だけは三悪道であって、身体は人間の生を受けさせて貰うておる。その上に、仏の道を聞かせて貰うておる。それは言うに言えんよろこびである。そういうことは、切実に内省されたお方でなければ気のつかんことだ。七高僧いずれの方を見ても勝り劣りはない。その人その人でそれぞれ私を導いて下さる。が、源信僧都の御一生のことを承り、聖人のお書きになった物を拝見しますと、毎日の日暮しの上に、いかにこまかな注意を払い、深い内省をもって自分を批判しておいでになったかということが味わわれるのでありますす。自分を批判して、自分をあまり許さないで、仮借なく残すところなく、自分を批判して、そこから広大な道に歩み出ておいでになった相を拝むのであります。この深い内省と、沈痛な批判があって、はじめて源信僧都のお念仏のお味わいを味わうことを思います。そこにおいてこそ他力易行の念仏を、日夜のお称名の上に味わわれたことをお察し申すことが出来るのであります。

第四十講

源信《げんしん》広《ひろ》く一代《だい》の教《おしえ》を開《ひら》きて
偏《ひとえ》に安養《あんよう》に帰《き》して一切《さい》を勧《すす》む

一切経を究められるうちに、自分の行くべき道は、安養の浄土に定められて、その上に、一切の人もこの道を来いとお誘いになった。

専雑《せんぞう》の執心浅深《しゅうしんせんじん》を判《はん》じ

善導大師は、正行と雑行ということを分ち、また専修と雑修ということをお味わいになった。それを受け伝えて、源信僧都は、雑修の執心《しゅうしん》は浅い、専修の執心は深いということを判釈《はんじゃく》なされた。御和讃には、

こゝろはひとつにあらねども
雑行雑修これにたり
浄土の行にあらぬをば
ひとへに雑行となづけたり

とある。この正行には五つある。読誦・観察・礼拝・称名・讃嘆供養の五つである。浄土の教えを読誦するのは読誦正行、浄土のことを観察するのは観察正行、阿弥陀仏を礼拝するのは礼拝正

行、阿弥陀仏の御名を称えるのは称名正行、阿弥陀仏を讃嘆するのは讃嘆供養正行である。これに対して、三部経以外のお経を読むのを読誦雑行、浄土でないところを観察するのを観察雑行、阿弥陀仏の外の仏を礼拝するのを礼拝雑行、阿弥陀仏の外の名を称えるのを称名雑行、阿弥陀仏以外の仏を讃嘆供養するのが讃嘆供養雑行である。ところが、正行の中、始めの三つと、後の一つを助業という。四番目の称名を正業という。信の中心は阿弥陀仏の名を称えることである。香華燈明してお経を読んだり、浄土を観察したり、仏像の礼拝をしたりする、これは助業である。

阿弥陀仏を信ずる、その信心はどうして現われてくるか。その信心の正しく現われたのが念仏の正業である。その外のことは助業である。信心は一つである。弥陀を信じておるなら、外の仏のことを書いたお経を読んだり、外の仏の名を呼んだり、外の仏を讃嘆供養したりしない。それは雑行である。なぜか。中心の信心に合わんからである。薬師如来を信じておる者は薬師如来を称えれば正行である。阿弥陀仏を信じておるところへ、我《が》がはさまるから正行に雑行が出て来る。その正行の中に定散二心はない。ところが正行と雑行とを交ぜてやる。これが「正雑兼行」で雑修の心が交るのだ。それから助業と正業とがごっちゃになる。これは「助正兼行」といい、やはり雑修の相である。南無阿弥陀仏を称える心がいろいろのところへ行く。又たとえ一心に称名念仏しても現世を祈るのは、やはり雑修をつとめる心である。雑りの心である。

本当に心が阿弥陀仏に開けて信がはっきりしておれば、あっちこっち飛び廻らんでもよい。ところが心がはっきりしておらんから、あっちこっち心が廻ってあるく、ふらふらする。その一筋な専修専念ということになると、弥陀一仏に帰して、弥陀の名を専ら称える。これが専修専念である。この心は至心で深い。雑行雑修の心は浅い。それはそうだ。一筋にゆく心は深い。だから定散二善の雑行雑修の心は浅い。だからふらふらする。その専修専念と、雑行雑修の浅い深いを分けられたのは、源信僧都のお骨折りである。

報化《ほうけ》二土《どまさ》正しく弁立《べんりゅう》したまふ

阿弥陀仏の極楽浄土に二通りある。報土と化土である。お浄土参りに二通りあるということは、初めて道綽禅師がおっしゃった。真実の浄土は報土、方便の浄土は化土である。方便というのはまだ真実に報土へ往かれんけれど、そこへ往く導きに、仮りにおいてある国のことである。真実は本正覚、化土は仮正覚である。方便は真実信心でない。南無阿弥陀仏を称えておるが、本当に仏に依りかかる心でない。だからまだ浅い。そういう人はお浄土へまいられるかまいれんか、という案じがある。雑行雑修の人でもお浄土へ往ける。しかし、そのお浄土は方便化土だ。そこへともかくも連れて行って、それから真実の道へ導き入れるのである。それで親鸞聖人は、その雑行雑修の道は要門、信心にはいる要《かなめ》の門と言われた。要門の浄土に仏を味わわれたのが、報土化土二つの味わいである。報土というと、因果応報で、信心の徳でお浄土が開ける。化土は、信心で開けた浄土でなく、何か不思議の力で浄土の蓮台に乗られるという信心である。

化土には辺地・懈慢・疑城・胎宮がある。『無量寿経』の中に、疑惑をもって浄土に生まれるものが往くと書いてある。本当に融けん者は、お浄土へ往くまで方便化土におるのである。ここにお話を聞きに来ておる者も、本当に聞こうと思うて来る者、或は半分疑うておる者も来ておる。方便の浄土はそんな者が往く。本当に阿弥陀仏に任せられん者が往く。半分うさうさとした者が往く。そういう人はお浄土におっても、三宝の慈悲に離れて、蓮の台の中におるようなものである。御和讃には、金の鎖でつながれて牢屋にはいるようなものであると書いてある。浄土に往っても本当に仏に融けられん。だからそこは牢屋だ。世の中の善根功徳を積んでおる人は、地獄へは行かぬ。仏の側近くへ行けるが、まだ真実仏に融けない。融けないから悪いことに縛られておると同じように、善いことにも縛られておって、やはり牢屋にはいっておるようなものだ。けれどもその中にお慈悲にだんだん暖められて、華が開けて真実の報土に往生する。

曼陀羅に書いてあるようなのは多く化土の有様である。人間の形をした相を書いてある。真実報土はああいう蓮台に乗っているのとは違う。真実の報土は無上仏の証りを開く。その区別を源信僧都がはっきりして下さった。それが「報化二土正しく弁立したまふ」である。

極重《ごくじゅう》の悪人《あくにん》は唯仏《ただほとけ》を称《しょう》すべし

自分のようなこの極重悪人は、他に助かる道はない、唯弥陀の名を称える一つの道があるばかりだ。この道一つが開いておる。一代の教えにはいろいろの教えが説かれてある、又その教えに粗末な教えはないけれど、いよいよ自分が歩んでゆく道ということになると、弥陀の名を称える道一つしかない。心のきれいな人なら、それぞれに道が開けるが、自分のような極重の悪人、助かる縁手がかりのないこの悪人に、唯一つ与えられた道は、この道一つだ。

我《われ》も亦彼《またか》の摂取《せっしゅ》の中《うち》に在《あ》り

これは御名を称える、その称える心持を述べられたのである。わしもまたこの摂取の光明の中におる。仏の光明の中に入れられておる。極重悪人なら、仏の慈悲の外に漏れるかと思われるが、そうでない。極重悪人であるわしも亦この摂取の光明の中におるのだ、というのです。「されば阿弥陀の三字をば、をさめ・たすけ・すくふとよめるいはれあるがゆへなり」と蓮如上人がおっしゃった。摂め取って助ける、逃げるなら逃げ、わしは逃がさん、離れるなら離れ、わしは離さん、と逃げる者を先廻りして摂め取って下さる阿弥陀仏である。だからどんな悪を作っても仏の外におるのではない。どんないたずらをしても仏の光明の内住まいなのだ。丁度子供がいくら尿《し》々《し》をしても親の懐におるようなものだ。

この極重悪人が、広い光明の心に催されて、心の中から南無阿弥陀仏が現われて下さる。摂取の光明に心が融かされたから御名が出て来るのだ。なかなか、人の名を呼ぶということは融けにゃ出来んことである。ものを言う前に名が出て来る。融けた心から南無阿弥陀仏が出る。そこに光明が到りとどいて下さる。私達のように生まれてから何かなし南無阿弥陀仏を称えておる者は、わけがわからんで称えておるのだろう。ところが南無阿弥陀仏を称えたこともない者が、自分の心を考え、だんだん内省してゆくうちに、いつの間にやら明るい光に照らされ、自分の本当の相がわかって来る。そうなると、称えよと言われん先に南無阿弥陀仏を称えずにはおられないようになる。それは大悲の光明に催されて有難い心が湧いて来るのです。称える念仏は自然の催しである。それは他力廻向である。わしは心から南無阿弥陀仏と手を合わすような者でなかったが、あなたの先手の心が到りとどいて下さったのだ。南無阿弥陀仏を称えて仏のところへ行くと思うたのは、仏の心によって、南無阿弥陀仏を称えさせていただくのであった。

今迄は私を救うて下さいと頼んだ。ところが、我々はいくら願掛けをしてみても助からなかった、三世の諸仏に見捨てられた、というて一人で泣いていた。それが仏のお照らしに値うて仏の前に手を合わすようになった。理屈や計らいを離れて、何かしらんが暖かいものにふれる。何かしらんが尊いものにふれる。明るいものにふれて南無阿弥陀仏を称えさせて貰う。「極重の悪人は唯仏を称すべし　我も亦彼の摂取の中に在り」ここにして南無阿弥陀仏が称えられるのです。

煩悩眼《ぼんのうまなこ》を障《さ》へて見《み》ずと雖《いえど》も
大悲倦《だいひもの》きこと無《な》くして常《つね》に我《われ》を照《てら》したまふ

ここまで追いつめられてもう逃げようがない。『正信偈』の初めの方に「貪愛瞋憎の雲霧　常に真実信心の天を覆へり　譬へば日光の雲霧に覆はるれども　雲霧の下明かにして闇無きが如し」とあったように、いつも雲霧の中におってもお照らしの如来がある、というのと同じ味わいである。煩悩に眼が障られると、深いお慈悲の中に包まれておることがわからぬ。貪欲・瞋恚・愚痴の三毒の煩悩に追い廻されて、冷たい暗い窮屈な世界のように思うておる。摂取の光明の暖かい光明に照らされて、お慈悲に包まれておることを知らん、しかし、知らんけれど、「大悲倦きこと無くして常に我を照したまふ」わしが知らん間でも、大慈悲の仏の心は倦むことなく、常に私を照らしづめにしておられる。

これをただ理屈に聞けば、我は仏を喜ばんでおるに、いつも思うて下さる、とこういうあっさりしたのになるが、もっと深い味わいがある。だんだん御教えによって、いろいろのお育てによって、ほのかに自分の心に明るい流れが見つけ出され、進むべき道が見出されると、これは私の力で見つかったのじゃない。仏の光で見つかったのだ。ここまで出るには、長い間仏に御心配をかけ次第相承の善知識様の骨折りによって、この心を気づけさせて貰うた。ただ事でない。如来のお手廻しによって、はじめてこの気をつけさせて貰うた。我がかしこくて信ずるにあらず、仏の方より信ぜしめて下さるのだ。わしが何にも知らん間から、仏はわしを思いづめにして下さる。知ったのは今だが、知ってみれば知らん昔から長世《ながせ》の間御苦労をかけた、どんなにもどかしかったろうと思われます。晴れた心の人が、晴れん心の人を思えば、可愛いと思えば思うほどもどかしいのであります。

この頃秋田から来ておる娘が、どうしてもわからん、いろんなことで苦しんでおる。ここにおってそんな苦しいなら、家へ行って休んだ方がよいと言うのだが、どうしてもちょっとしたことでひっかかって、わしの言うことがはいらん。聞かして貰いたいと言いながら、自分の料簡だけで苦しんでおる。そういう根性でどこへ行っても苦しいぞ、と言うてもなかなか晴れん。晴れんからこっちの言うことがはいらん。お慈悲がすっかり聞かれて、晴れるということはむずかしい。話を聞いただけで晴れんもんだ。何かひっかかって穴へはいって出れんのだ。可愛そうだ。丁度うろの中におる魚を追い出すように、いろいろにして追い出さにゃ出られん。

子供が死ぬ、連合いが死ぬ、大病になる、大きな損をする、そういうようなことによって、うろにおる者を追い出して貰うのだ。そして、ここはよいところと思うておったうろにおられぬようになって、うろから飛んで出る。そしてお慈悲の網にかかる。救い出す者からいうたら、うろから突き出す。そして漸く網にかかる。どうしておっても明るい身にさせて貰うのだ。その時はひどいことだと思うが、いよいよ出てみると、今まで怨んだこと、はかなんだこと、これがなければここへ来れなかったとわかる。例えば、あの人が俺をいじめにゃここへ出られなかったと、或は子供が死んで苦しんだ、つれあいが死んで苦しんだ、この苦しみがなければ私はここへ出れなかったとわかる。

ほしい可愛いという穴にはいって惰眠をむさぼっておる者が、そこにかがめんようになって躍り出る。じっとしておれんようになると、そこに広い世界が開ける。そこまで出さして貰う広大な骨折りを思うと、自然と口から南無阿弥陀仏が出る。尽十方の前に頭を下げないではおられない。摂取の心光は常に我が身を照らす。そのことに気づき味わわれると、その信の相続の上に持前の貪・瞋・痴の心も何とも思わんように、心が落着いて来る。あさましいことが出て来てもその中からあかりがさして、あ、またお慈悲を離れておったと気をつけさせて貰うのだ。その喜びが、常に煩悩に眼を障えられておるけれど、大悲は倦むことなく我を照らして下さるというお味わいである。このお味わいを、源信僧都の『往生要集』によって聖人が深く味わわれたのであります。

第四十一講

源空章

本師源空は佛教に明かにして　善悪の凡夫人を憐愍し
真宗の教証を片州に興し　選択本願を悪世に弘めたまふ
生死輪転の家に還来することは　決するに疑情を以て所止と為す
速に寂静無為の楽《みやこ》に入ることは　必ず信心を以て能入と為す

本年の一月から『正信偈』を味おうて来ました。お彼岸になってからは、七高僧のお一人ずつ毎日お話ししてきました。今日はお彼岸の御満座であり、そして又、『正信偈』の講話の満座であります。今日は七高僧の第七番目の法然上人の御生涯と御教えについて、親鸞聖人の御自督を述べられた一段をお味わいします。今読んだ中の「必ず信心を以て能入と為す」までが法然上人のお徳の讃歎で、後は『正信偈』全体の結文になるのです。先ず法然上人の御生涯についてざっと申します。

法然上人は、今から約八百年程前にお出ましになった方である。源信僧都から約百年程後れて、山陽道の美作《みまさか》の国久米の南条稲岡というところにお生まれになった。岡山駅から津山線に汽車を乗りかえて行くと誕生寺という駅がある。そこが法然上人の御誕生になったところというので、そういう名がつけられたのです。そこの駅で降りてゆくと、間もなく大きなお寺がある。そのお寺は法然上人のお生まれになった屋敷跡に建ったものと伝えられておる。私は久しい前から参詣したいと思うておったが、昨年の十二月漸く暇をこしらえて参詣さして貰いました。十二月の始めに岡山で講話をしたら、誕生寺の御住職が参詣された。この御住職は有名な方で、わしは学生の頃からその方の本を読んで名前だけは知っておった。十二月の二十一日に誕生寺に参詣さして貰う約束をした。その日は広島・呉・倉敷・岡山の方等七人程一緒にお詣りした。その時法然上人の念持仏であったという御本尊も拝んで来た。そこには法然上人の御両親のお墓もある。

上人が叡山へお上りになってから一度もお帰りにならなかった。それで後に木像を造り、蓮生坊が木像のお供をしてここに三年程おったということである。それが今の誕生寺である。いろいろの宝物なども拝んで来た。上人の御誕生になったお家は余程立派な家であったろうと思います。なかなか屋敷は大きい。お城のようです。上人はそこの一人子です。源信僧都もたった一粒種、法然上人もたった一粒種です。源信僧都も早くお父さんに別れられた。法然上人も早くお父さんに別れられた。そこに何か似通うたところがあります。

法然上人のお父さんはその辺の豪士で、今でいうと郡長さんのようなものである。漆間時国《うるまときくに》というた。お母さんは秦氏の出であった。秦氏というに、朝鮮あたりから来た人の流れである。この御夫婦の間に子供がない。一人ほしいというので、程遠からぬ菩提寺の観世音に祈願を籠められた。お母さんは一夜剃刀を飲むと夢みられた。そして懐胎せられた。お生まれになったのが男の子であった。勢至丸という名をつけた。仏からの授かり子だというので、大事に育てられた。後に法然頭という言葉が出来たように頭ががくんとしておったそうである。又眼は烱々としてものを射るようであったという。子供の時から違うておった。ものの覚えがよい。両親は喜んで育てた。

九つになられた時に、お父さんの時国は、友達の源内定明《げんないさだあきら》という人から何か怨みを受けて闇討に遇われた。時国は防がれたが、不意を打たれたので叶わぬ。勢至丸は母と一緒に難をさけて藪の中にかくれられた。そして勢至丸は手に持っておった玩具の竹の弓に矢をつがえて射た。それが丁度敵の眼に中った。その目を川で洗うた、その川が今でもある。その川の魚は皆めっこであるということである。定明が血の目を洗うたからという因縁でなったのかどうかしらんが、その辺での伝説である。

お父さんは傷ついて倒れておられる傍へ勢至丸を呼んで、苦しい中から「これでもうお別れだ。普通なら敵を津々浦々までもさがし出して仇を討ってくれというのが当り前であるが、お前が向うを敵として討つ時は、向うの人は又お前を敵として討つだろう。そうすれば又お前の子は向うの人を敵として討たねばならんようになる。そんなにしておれば無量永劫敵討が止まん。だからお前はどうか仏道にはいって、敵も味方も共に助かる道を開いてくれ」と言うて息を引きとられた。

私はこのお父さんの遺言を有難いと思うておる。大抵の者は人が自分の悪口を言うたのを聞いても腹を立てる。そして、一つこの怨みを晴らさにゃ、仕返しをせにゃと思うておる。これは人間の持った性分です。法然上人のお父さんも、そういう心も起っただろう。その心が起りながら、はてなと起きかえられた。そこが仏法のお照らしだ。はて、そうしてどうなるかということを考えると、自分の怨みは、又向うの怨みを生む、仇を討ち合うてどこまでゆくか、これはあさましい、わしが怨みに思うのはあさましい心だ、と思うて自分の子供に、敵も味方も共に助かる道を歩んでゆくようにという遺言をしてゆかれた。

昨日は源信僧都のお母さんの話をしたのですが、あのお母さんのことを見ても、この法然上人のお父さんのことを聞いても、いかに当時は仏法の教えが津々浦々まで行き届いておったかということが思われるのであります。法然上人のお父さんは深い仏法信者であったのです。

法然上人は、九つの年から菩提寺の住職観覚という人から学問を受けられた。あまり非凡な子供であったので、観覚は都へ上らせて勉強させたらよかろうと思い、お母さんに相談して「わしは奈良の方で学んだのだが、比叡山の方へ上げた方がよろしかろう」と言うた。お母さんは始めは躊躇されたが、却って勢至丸に諫められて比叡山へ上げることに決心をされた。勢至丸は山の西塔の源光という方の許にゆかれることになった。この時上人は十五歳であった。十五の子供が馬に乗って三人のお供を連れて、はるばる京に上られた。山へ上られる途中で、九条関白忠通公の行列に行き遇われた。道端でよけておられると、関白公は見つけて、普通の子供とは様子が違うておるので、どこの者かと尋ねられた。勢至丸は「私は美作の者で、小さい時お父さんに別れました。今比叡山に上って出家し、父母の菩提を弔おうと思うて国を出て来ました」と申された。その姿を見ると変っておる。頭が平たくてとがっておる。目は黄色に光っておる。関白は、きっと立派な坊さんになるだろうと思うて励しの言葉を残して去られたが、館へ帰られてからその子兼実に「今日はこういう子供に途で逢うた。十五歳だというておったがあの子はきっと後には偉い出家になるだろう。が自分はそれまで命はない。お前はあの出家の化導を受けたらよかろう」とおっしゃった。後に関白月輪兼実公が道を聞かれるようになったのは、このお父さんのお言葉によるとも或る伝記には書いてあります。ともかく上人は小さい時から普通の人とは違っておったそうです。当時の人々は智慧第一の法然坊と言うておった。

勢至丸はお供の人と一緒に源光阿闍梨の坊に案内を乞うた。そして菩提寺の院主観覚からの手紙を差出した。その手紙の中には、「正身の大聖文珠の聖客を一体贈る」ということが書いてあった。源光阿闍梨は文珠の聖客を贈ると書いてあるが何にもない。そして異様な子供が一人おる。その子供の様子を見て、ああこれのことを言うたのだなと思うた。そして、いろんなことを聞いてみた。が何を聞いてもみな知っておる。驚いた。この子供はとても自分の弟子には出来んと思うて、当時山でも名高かった皇円阿闍梨の弟子とされた。勢至丸はここで得度された。歳は十五です。

或る伝記にはこんなことも書いてあります。初めて源光阿闍梨の許を訪ねられた時、源光阿闍梨は印度・支那の本の名を挙げて聞くと、大方読んだと言う。『倶舎論』はと聞くとまだ読まぬと言う。では事初めに六百行の偈文を教えよう、と思うて一遍通り読んだ。そしてこれを明日の朝までに覚えておきなさいと言うてやすまれた。勢至丸もそのまま床につかれた。旅のつかれでぐっすり寝込んでしまわれた。夜が明けたので源光阿闍梨は、昨夜の倶舎の偈文は覚えられましたかと聞かれた。源光は、自分が一遍読んで聞かせただけで、あれから読み返すこともせんで寝たのだから、いくら文珠だってそうも覚えられまいと思うておった。ところが、六百行の偈文を一字も残さず誦せられた。こんな伝もあります。こういう方は万人に一人だ。聖徳太子はお小さい時に、十人の人の話を同時に聞き分けられたということである。それで豊聡耳尊というお名前がある。法然上人は六百行の偈文を一遍聴いて覚えておられた。後には智慧第一の法然坊という た。ともかくも、上人は比叡山で一生懸命に勉強せられた。

法然上人の出家は、名聞利養のための出家とは違う。お父さんは臨終の時、敵も味方も共に助かる道を求めよ、とおっしゃった。これは大問題です。我々の心には敵味方がある。負けまい、勝ちたい。それが出て来る。同じ坊さんになっておっても、坊さんの中で、やはり名聞利養もあるし、争いも出て来る。殊に比叡山の教えは主に『法華経』それにつづいて『観無量寿経』である。後に横川の源信僧都がお出ましになってから、念仏の教えが弘まった。『法華経』の教えは何か。敵も味方も共に助かる道である。提婆も仏になる、八歳の龍女も仏になる、草木国土も共に仏になる。そういう広い教えが説いてあるお経である。敵味方のない、一切を抱きしめてゆくという教えである。『観無量寿経』は、五逆十悪の悪い者でも、臨終に教えを聞いて南無阿弥陀仏を十声称えれば助かる、悪人凡夫も助かるという広いみ法が説いてある。だから、『法華経』や『観無量寿経』の教えから見ても、当時の比叡山の教えは敵味方のない広い教えであるということがわかる。勿論仏教といえば、どのお経も皆大きな仏の心が書いてある。

ところが、こうしたことは理屈の上でわかるけれど、いよいよ実際になると直ぐに敵味方が出来る。敵がないというと又敵があるということが問題になる。だから、敵のない南無妙法蓮華経を称えておる人も外の者と喧嘩する。だから当時の坊さんは、僧都になった座主になったというて坊さん同士の争いがあった。又、俗世間のことに立ち入って、源氏じゃ平家じゃというて争うておった。法然上人はそういう仲間にはいってはおられぬ。源信僧都もそういう仲間にはいってはおらぬ。源信僧都は横川の楞厳院に籠っておられた。法然上人は黒谷に遁れておられた。上人はその頃の偉い知識方にも逢われたが、本当に敵味方を超えた人に出逢われぬ。仕方なく黒谷に籠って一切経を読まれた。五遍も繰り返し読まれた。五遍目に善導大師の『散善義』の「深心」の講釈にお遇いになった。

> 一心に専ら弥陀の名号を念じて行往坐臥《ぎょうじゅうざが》に時節の久近《ごん》を問はず、念々に捨てざればこれを正定の業と名《なづ》く、彼の仏願に順ずるが故に。

とある、「彼の仏願に順ずるが故に」という御言葉に教えを戴かれたのである。なぜ念仏を称えるのか。それは仏の願いに順うが故である。仏の願力に順うからである。これではじめて法然上人は自分の行く道がわかった。その時上人は四十三歳であった。十五の時に出家せられて、四十三になるまで、随分長い間の御苦労だ。いろんな人の教えを受けられたばかりでなく、一切経を五遍も読まれた。随分の御苦労だ。これを見ても御信心をいただくということは、なかなか容易じゃない。源信僧都が自分の道を得てお母さんを訪ねられたときは四十一歳であった。随分の骨折りである。なかなか道は分らんです。

一代諸教の信よりも
弘願の信楽なほかたし
難中之難とときたまひ
無過斯難とのべたまふ

と御和讃にある。極難信ともいう。むずかしいのです。訳はわかる。『法華経』の味わいは、敵味方のない大きな仏の心だ。『観無量寿経』の味わいは、一切を救うという仏の御心だ。それはわかる。わかるがいよいよ自分がそれに融け込むというときは、なかなか容易じゃない。そこへ出られぬ。信心の中へはいるということはなかなかむずかしい。法然上人も四十三の歳までその境地へ出ることが出来なかったのだ。四十三ではじめて親の遺言を成就されたのだ。敵味方の共に助かる道だ。

法然上人の生まれられた頃は、源平が鎬を削って争うておる戦の真っ最中である。昔、聖徳太子の御出生の頃は、蘇我家と物部家とが争うておった。法然上人の時は叡山の坊さんは、平家方になったり、源氏方になったりして争うておった。天皇も、平家方であったり源氏方であったりであった。こういうように、天下を挙げて争うた。そういう時に当って、法然上人はどういう道を行かれたか。源氏・平家という娑婆事のどっちへもはいられなかった。この娑婆を去って、安養の浄土に向われた。仏の方に向われた。

そういう点から、念仏は娑婆を要らんものにするということになる。要らんものにするというより、むしろ娑婆は何にもならんということに気がつくのだ。我々の娑婆は浅ましい。この浅ましい娑婆を上下にいくらまぜ返してもどうにもならん。いくら肥桶をまぜ返してもきれいにならん。今度はそういうことのまぜ返しでなく、そういうところを遁れて仏の道へ行く。そうすると娑婆はどうなるのか。それで娑婆が助かるのだ。喧嘩で助からん者が、喧嘩を超えてゆくところで助かるのだ。

法然上人の広い心は一天四海に響き渡った。上は天皇から大臣へ皆踵を接して、黒谷の法然上人の許へ通われた。久しう娑婆のことに悩んでおった人、苦しんでおった人が皆集まった。ここに、世は争いで真っ暗になっておったところに一道の光が生まれた。それが法然上人の念仏宗である。

法然上人の『選択集』の一番はじめに、「往生の業には念仏を本と為す」と書いてある。その念仏はどういう念仏か。信心を得た上の念仏だ。上人の念仏には敵味方がない、広々した国だ。世の中は、どっちか一方へはいったら和がないものだ。今日でも党派があるが、あのどっちかへはいっておったら世の中は和がない。あの争いのどっちへもはいらんものが現われた時、争いがなくなる。人の喧嘩でも、どっちへもつかんでおれば、自然に納る。ところがあっちこっちへ味方するものがある。だから世を挙げて争いになる。世を挙げて戦いになる。法然上人はそれを遁れて南無阿弥陀仏の大きな心にはいって行かれた。源氏・平家ということのないところ、ここに本当の日本がある。

世の中を捨てた者が本当に世の中を助ける涙がある。世の中をあんばいしておる者は、却って世の中に傷を残す。そういうところに手を触れずして、真実の一道をゆくところに、本当に助かる道がある。一軒の家でも本当に助ける者は家を捨てる。家にこびりついておる者は益々家を壊す。家を超えておる者にしてはじめて家を統理してゆく。法然上人の道には争いがない。だから法然上人の吉水の草庵へ人が集まった。今の東大谷と知恩院の真ん中あたりに庵を結んでおられた。昔は山の中であった。そこへ人が集まった。お側におる者でも三百人程もあったということである。お話を聞きに行く人は数えられん程である。

そうすると奈良や叡山では嫉妬心から法然上人を邪魔にした。またそうした団体的な反対でなしに、例えば、笠置の解脱上人や栂尾の明恵上人のような真面目な方も法然上人に反対せられた。法然上人は、どんな悪人でも凡夫でも念仏一つで助かると言われる。それが明恵上人や解脱上人の気に入らんのである。なぜか。人間は悪いものだ、善いことをせよと教えておいてさえ悪いことをする。それに悪い人間でも念仏すれば助かる、そんなことを言えば世の中に害毒を流すことになる。こんな教えは邪教だ、というのである。今日でいえば危険思想というわけである。それまでも念仏の教えは奈良でも比叡でも説かれておった。が、それは厳粛な戒律のもとに説かれておったのです。

法然上人は精進潔斎の方であった。が、お弟子の中には妻を持ち魚を食う者がおった。だから問題になった。そうした人の中には真面目な人もあったが、又時には堕落した者もあった。で問題の起った時などは、朝廷に対してはそういう堕落した者はないという弁護をされた。又、上人のお膝元へよって来る人々に対しては、行いを正しくするようにお戒めになった。ところが、摂政やら関白やら大臣やら来られるようになって一大勢力が出来ると、いい加減のものも交って来る。余計人の来ない間は真面目な人が来るが、人が集まるようになると、わかりもせん者が来ていろんな事を起す。

お釈迦様は、仏法を亡ぼすものは外道ではなくて、坊主だとおっしゃった。獅子は、外の獣にはめったに負けんが、自分の身体の中に湧く蛆に殺されるという。仏教も外道には亡ぼされんが、仏教の中に湧く虫に亡ぼされる。支那の『書経』に、「天の作《な》せる孽《わざはひ》は猶違《さ》くべし。自ら作《な》せる逭《わざはひ》は逭《のが》るべからず」という言葉があります。外から来た災い、天災地変は避ける方法もあるけれど、自分の招いた禍いは遁れる途がない、ということである。

法然上人の教団にも名聞利養の道具にしようとする者が多く出たのだ。そしていろいろの所作をやる。今まで世間からきた非難が、単なる非難でなく内側から出て来たのである。そしていろいろの誤解があって吉水の僧団は解散せねばならぬようになった。御歳八十になっておられる法然上人は、遠い土佐の国へ御流罪となった。多くのお弟子の中にも殺された方もあり、あっちこっち御流罪に遇われた方もあった。もとはといえば一番念仏が悪いのだ、というので念仏停止ということになった。念仏は源信僧都も空也上人も称えられた。が、法然上人の時ほど弘まらなかったのである。

法然上人は御流罪になって土佐の国へ向けて京をお発ちになった。京の道々大きな声で念仏を称え称えお歩きになった。有阿弥というお弟子がお側へ行って、「お師匠様、大きなお声で念仏を称えて下さいますな。念仏停止の高札が出ております。今若しお師匠様の御身に若しやのことがあっては、私共は丁度目が見えないのに杖を失うたようなものでございます。あなたのお身体は大事なお身体でございます」と申し上げた。上人は、「何をお前は言うのか。お前らの念仏は、今称えよと言うて称えられたり、称えるなと言うて止められる念仏か。わしの念仏は一声々々仏からのお与えだから、勝手に大きくしたり小さくしたり出来ぬのだ。大きく称えたのが悪ければわしは罪に問われよう。念仏したのが悪ければ念仏して殺されよう」とおっしゃったということである。仏が称えさせて下さるというここに他力信心がある。そこに法然上人の命がけのところがある。他所事でない。

上人は、「世の中の住むべき様は、念仏の申されむやうに住むべし。魚食うて念仏すべくんば、魚食うて念仏すべし。魚食はずして念仏すべくんば、魚食はずして念仏すべし。妻持つて念仏すべくんば、妻持つて念仏すべし。妻持たずして念仏すべくんば、妻持たずして念仏すべし」とおっしゃった。これは人間生活の中心を教えて下さったのです。我々の今日の日暮しの中心をどこにおくか。念仏である。妻を持つ、魚を食う。そういうことはどうでもよい。世間のこの行儀作法は右でも左でもよい。その場のものは、その時代で変ってゆく。だから、それはどっちでもよい。心の中心は念仏だ、ということである。

法然上人の教えを受けた人はたくさんあったが、多くは法然上人の言葉にとらえられ、真実の教えに触れる者が少かった。上人の教えは、往生の業は念仏を本とするという事で自分も盛んに念仏を称えられた。お側へ集まった者は、浄土へ参るということが直ぐ目につく。往生の業は念仏が先なら、南無阿弥陀仏を称えて極楽へやって貰おう。こういう人が出た。今日でもそういう人がたくさんある。極楽へ行く道は南無阿弥陀仏だ。地獄を遁れて極楽へ行きたい。その道は南無阿弥陀仏を称えることだ。だから南無阿弥陀仏を称えて極楽へやって貰おう。そういう心で南無阿弥陀仏を称えておる。こういう人は南無阿弥陀仏を往生の目当と思うておる。念仏は極楽往生の方便土台と思うておる。だからこれでよかろうか。たくさん称えれば参られるのかしらん、称えにゃ参られんかしらん。そういうことを思う。それはまだ本当に念仏がわからんのだ。

法然上人は『選択集』という書物をお著わしになったが、側におる人にはその心がわからぬ。そういうところから有名な信不退の座と行不退の座に分けられるというようなことも出て来たのであります。そうしたことを思うと、沢山のお弟子の中でも本当に信で助かるということを味わうておる者が少かったのです。

今日、キリスト教といえば世界中弘まっておる。そのキリスト教の御開山のキリストが、二千年前パレスタインで殺された。キリストにはいつも十二人の主な弟子がついて歩いておった。その中の一人がキリストを時の役人に訴えた。役人がキリストを捕えて、その弟子たちにキリストを知っておるかと聞いた。いよいよキリストが罪人となると、お前は知っておるかと聞かれると、知らん知らんと言う。誰も知っておると言う者がない。その時ただ一人のマグダラのマリヤという女が「私は知っております」と言うた。キリストがどう罪になっても私は知っております、と言う。これはどういう女か。或る時キリストが道を通った。向うの方に若い女が殴られておる。「お前らは何をしておるのか」とキリストは聞いた。「この女は姦通をしたので皆でこらしめておるのです」「そうか。お前らのうちで悪いことをしたことのない者は打て」キリストにそう言われて誰もその女を打たなかった。女はひどい目に逢うていたのが助かった。それからずっとキリストの教えを受けた。この女だけが命がけにキリストのことを思うておった。自分が殺されても知らんとは言わぬ。外の弟子は皆知らんと言うた。キリストは淋しかったろうと思う。「我笛吹けども人踊らず」とキリストは歎息をもらした。

法然上人の時、信の座についたものはたった四人しかなかった。勿論お弟子の皆が集まったわけでもないが、少いものだ。大抵はその結果を見て、結果に雷同するものが多い。しまいには勢力があると、たくさんの方につけば、間違いがなかろうということになる。昔から長いものに巻かれろという。

いつか一ッ屋の浄秀寺の門徒が、「鉄乗君は異安心じゃから離縁してくれ」と言うたから、「わしは親代りだが、どこが異安心だ」と聞いたら、「どこやらわからん」「どこやらわからんてどうしたのだ」「うちの御院さんは外の人と違う。外の人は御正意だ」「何で外の御坊さんは御正意なのか」「外の御坊さんの方がたんとだ。うちの御院さんのようなのは少ない」「昔鼻かけ猿がたんとおった。そうするとたんとの鼻かけの方があたりまえでよいのだと思うた。わしからいえばその辺の御坊さんが皆違うておる」「それでも御本山の方と違う」「そんなら本山の方から鉄乗君を咎めんのはどうしたのだ」こっちから逆に聞き返すと何にも言えんのだ。何でも多数決で決めようとする。信心だなんどいうておるが、本当に信心で融け合うておるものは少い。

悪人凡夫が助かると聴いておって、悪人凡夫の地金が出ると、あれは駄目ということになる。本当に融けておれば盗みをしようが、人殺しをしようが一緒に行く。あの人のしたことなら、何をしてもよかろう、という程に融けておるものはないものだ。いい者になっていいところへ行こうというのだ。そういう中に真宗の本当でないことを歎かれるのである。法然上人を信ずる者には、根本は念仏に違いないが、一番大切なところは信だ。

『正信偈』に「本師源空は仏教に明かにして」とある。そして何を勧められたか。「生死輪転の家に還来することは　決するに疑情を以て所止と為す」信心が本だ。南無阿弥陀仏を称えることはもとでない。信ずることがもとだ。それはどこにあるか。法然上人が善導大師の「散善義」の御文をお読みになって、「一心に専ら弥陀の名号を念じて行住坐臥に時節の久近を問はず、念々に捨てざればこれを正定の業と名く。彼の仏願に順ずるが故に」とあるのを発見せられた。ただ称えるのじゃない。本願に順ずるが故にだ。それがもとだ。阿弥陀様の本願にぴったり合うからだ。称えてどうして貰おうという念仏でない。助けられた、ありがたや、うれしやの念仏である。ひとりでに出て来る念仏だから往生の業だ。ただこしらえて出るものは往生の業ではない。真実の信から出てくるのだ。

疑へば華開かず、信心清浄なれば華開いて佛をみたてまつる。

という この『華厳経』の教えは、法然上人の教えにぴったり合う。法然上人の念仏はただ口先の念仏でない。心が阿弥陀仏といっしょになって、ただ恋しく慕わしく、南無阿弥陀仏と出るのだ。

親鸞聖人は、本当に法然上人を信じ抜いておられた。だから「たとひ法然聖人にすかされまゐらせて、念仏して地獄におちたりとも、さらに後悔すべからず候」とおっしゃった。こういう強い信に生きた人は稀れだ。だから親鸞聖人は、法然上人を生きた阿弥陀様とおっしゃった。それが信の目覚めである。法然上人は、善導大師の教えによって、善導大師を生きた阿弥陀様として仰いでおられるのである。阿弥陀仏は遠い極楽におられる、だから善知識によって、阿弥陀様が来いと呼んで下さるのだ、とこういうように聞いておると言う人がある。それは善知識を使いに思うておる人である。それはいかん。善知識にぴったり合わにゃいかん。使いに聞いておる間は袖に包んだ喜びだ。いよいよ本人に遇うた時に身にあまる喜びが出る。阿弥陀様に本当にふれ、阿弥陀様の声を聞く。そうすると阿弥陀様がこれに乗りうつって下さる。そうなってこそ、「源空が信心も善信房の信心もさらにかはるべからず、ただ一つなり」という味わいが出るのである。命がけの信心だ。それが念仏の信心だ。

第四十二講

本師源空《ほんじげんくう》は仏教《ぶっきょう》に明《あきら》かにして

七高僧のお話をだんだん受けて来たのですが、今第七番目の高僧法然上人には、本師という肩書をおつけになり、「本師源空は仏教に明かにして」と言われた。親鸞聖人は、この三国の七高僧のどなたも勝り劣りはないけれども、殊更大切なのは、自分に眼のあたりみ法を授けて下された法然上人が大事である。法然上人がおいでなければ、三国の高僧方、又お釈迦様、阿弥陀様の本願、その何れにもお出遇いすることは出来ないのだ。たくさんの宝は法然上人という一つの壺から流れ込んで下さるのだ。丁度乳呑児がいろいろの栄養物を母の乳房から飲みこむように、面授口決《めんじゅくけつ》の知識があって、ここにはじめて先ず信の法門をいただくことが出来るのであります。それで先ず法を目のあたり受けられた源空上人、即ち法然上人に対しては、本師という肩書をつけられた。

本師は、根本の師匠、一番大事な御師匠様である。龍樹・天親・曇鸞・道綽・善導・源信といろいろ御讃歎になってあるが、法然上人のところへ来ると、本師と申される。最も親しく、そして最も大切にあそばす心が本という字に現われておる。本師源空ということは、御和讃にも、しばしばおっしゃってある。本師源空は仏様の教えを明らかにして下さる。そうでしょう、親鸞聖人は、九つの歳に仏門におはいりになってから、二十九の歳まで仏教を研究あそばしたけれど、自分の胸に明らかにならなかった。随って仏教はわからなかった。二十九歳の時に法然上人にお出遇いになって、はじめて自分の心が明らかになった。自分の心が明らかになるのと、仏法が明らかになるのと同時です。親鸞聖人は、法然上人に出遇われるまでは仏教には暗かった。法然上人によって仏教が明らかになった。だからこの言葉は実に実感の言葉である。

善悪《ぜんあく》の凡夫人《ぼんぶにん》を憐愍《れんみん》し

善悪の凡夫とは、普通人、平並のつまらん人間ということである。その中には、善人も悪人もある。こういう人達を憐んで、

真宗《しんしゅう》の教証《きょうしょう》を片州《へんしゅう》に興《おこ》し

真宗とはまことの宗旨、つぶさには、浄土真宗である。今日では、真宗といえば親鸞の親鸞宗をいうておるけれども、もし親鸞聖人に、あなたは浄土真宗を開かれましたか、と尋ねたとしたら、いや、それは法然上人だ。わしは宗旨は開かん、わしは師匠の法然上人によって、信心をいただいて念仏するだけだ。浄土真宗は法然上人がお開きになったのだ、と仰言るであろう。親鸞聖人は五十二歳の時に、『教行信証』を御製作になった。その第一に、「謹んで浄土真宗を按ずるに二種の廻向有り」とお述べになった。その浄土真宗は誰がお開きになったか。御和讃の中には法然上人がお開きになったとしてある。わしは浄土真宗の流れを汲んでおるものだ、法然上人の

仰せをそのまま受けておるのだ、と仰せられる。

この親鸞聖人のお心持は非常に尊いものである。聖人の流れを汲むものは、常にこの謙虚なお心を戴いてゆかなければならんと思います。ところが聖人を崇めるあまりに、いや親鸞聖人が浄土真宗の御開山だ、真宗をお開きなさったのだ、と言う。我々は親鸞聖人を仰ぐのに、法然上人のお徳を共に仰いでこそ、聖人は喜ばれるのである。やはり真宗の開祖は法然上人だと思わねばならん。近来は法然上人をそっちのけにして、親鸞聖人を言うようになったのは、宗教の一つの堕落だ。西山派や鎮西派へ行くと、証空上人や聖光上人よりも法然上人を主としておかざりをしてある。あの方が本当の心でなかろうか。そこいうと、私達真宗の者は、もっと法然上人を崇めることが、本当の意味で真宗を崇めることである。

親鸞聖人は、法然上人を本師とおっしゃって崇められた。善導大師を本師とはおっしゃらん。そうすると、親鸞聖人に目のあたり教えを受けた親鸞聖人の弟子は、聖人を本師として崇めるのがあたりまえだ。親鸞聖人をお祀りして、その奥へと七高僧を尋ねてゆく。そして有縁の知識を尋ねて、それを通して昔まで遡って教えの源を見ることが出来る。こういう態度は、聖人のお心の上に教えていただくのです。

「真宗の教証を片州に興し」とある。教証ということは、つぶさには教・行・信・証のことである。片州とは日本のこと、御和讃の中に「粟散片州に誕生して」というお言葉がある。御和讃の言葉や、『正信偈』のお言葉を見ると、親鸞聖人ほどのお方でも、やはり時代の影響を受けられることはやむをえないかなと思う。支那の人は自らの国を中国という。そして外国を夷狄、えびすという。そして、日本を東夷・倭国というた。それで日本を片州というのはこの支那人の考えです。ところが親鸞聖人は、支那人の言うことをうけつたえて自分の国を粟散片州と言われた。粟粒のように散らかっておる、散在しておる国という意味である。この点で大日本というお考えがなかったように思う。

聖徳太子は、推古天皇の摂政をあそばしておいでになるうちに、初めて支那と対等の交わりを結ばれた。その時小野妹子を使いとして、「日出る処の天子、書を日没る処の天子に致す、恙なきや」という国書を支那の天子に上げられた。今まで支那は日本を自分の国の属国のように思うておった。そこへこんな国書を持って来たものだから驚いた。「日の出づるように日本は盛んな国、日の入るように支那は没落の国」と言うて来た、そんな無礼な国の使いには逢わんと言うて非常に怒った。妹子は支那の大官に逢うて諒解を求め、天子に逢うて帰ってきた。その時、支那の天子は日本視察のために大使を妹子といっしょに日本に寄こした。そして聖徳太子のお骨折りによる日本の文化の程度を見て感心して帰って行った。その時又妹子は連れだって支那に行った。この時も、堂々たる国書を持って行った。その国書は、「東天皇敬んで西皇帝に白す」というような偉大なお言葉にはじまっておる。ここにはじめて日本と支那と互角対当になった。これは聖徳太子のお骨折りである。そういう点で、聖人が御和讃の中に「粟散片州」とおっしゃったのはどういうお心持でおっしゃったのか。或は多くの経典ではやはり支那が主になっておるから、こんなお言葉をお使いになったのかもしれん。或は又、片州ということは、支那に対するの日本ではなく、田舎というようなおつもりかもしれん。ともかく法然上人が真宗の教えを日本の国に興されたといわれるのであります。

選択本願《せんじゃくほんがん》を悪世《あくせ》に弘《ひろ》めたまふ

その真宗の教証というものは、何を根本とするか。『教行信証』の基づくところは皆本願だ。親鸞聖人の御本書御製作の御趣意はそうだ。この法然上人の御讃歎の下を読むと、親鸞聖人の『教行信証』の大意が出ておる。『教行信証』は何のために書かれたか。『選択本願念仏集』のお心を和らげるためと思われる。ここに選択の根本を現わされ、教・行・信・証の大意を、現わされたのである。教・行・信・証の四法は皆仏の本願から出ておる。この選択の本願が悪世に弘まったのは、ひとえに法然上人のお骨折りによるのである。悪世とは、今の曲った世の中である。

生死輪転《しょうじりんでん》の家《いえ》に還来《げんらい》することは決《けっ》するに疑情《ぎじょう》を以《もっ》て所止《しょし》と為《な》す

『選択集』には、「生死の家には疑を以て所止とし、涅槃の家には信を以て能入とす」と書いてある。『選択集』は、善導大師の『散善義』に依って、正・雑二行を説いた「二行章」に始まり、次の「本願章」と、第八番目の「三心章」の信に竟っておる。法然上人が、この『選択集』をお作りになると、栂尾の明恵上人はこれを読んで、この『選択集』には菩提心がない、これは仏教の本でない、と非難をされた。栂尾の明恵上人は、北条康頼の為に仏教を伝えた真面目な方である。こうした人たちの論難に対する聖人のお骨折りが『教行信証』の述作となった。そしてその中に、浄土の菩提心は願作仏心である、この願作仏心は即ち度衆生心である。法然上人は特別に菩提心とは言われんが、「三心章」の中に信心を説かれた。信心は即ち願作仏心である。だからここに菩提心がある。ここに仏教がある。と説かれたのである。

だから法然上人の念仏は単なる口先のものでない。一番大事なのは信心だというので、その心を明らかにするために書かれたのが『教行信証』である。ここに信の尊さを現わされたのである。法然上人の教えは、信心一つだ。信心為本だ。『選択集』は長いが、要するに「生死の家には疑を以て所止とし、涅槃の家には信を以て能入とす」と言われたのである。何故我々は迷いの世界に止まっておるのか、疑いがあるからだ。疑い晴れて信を得たら浄土へまいる。これだけに法然上人の 腸《はらわた》 を解されたのだ。親鸞聖人はそこを見抜かれたのだ。

親鸞聖人の仰がれる法然上人は、信心為本だ。単なる念仏でない。信心のある者は助かる。信心のない者は助からん、という教えが法然上人の教えの要めである。その思召しのあるところを、上人の歿後において明らかにせられたのである。『華厳経』には「仏法の大海には信を以つて能入とする」と説いてある。仏教の根本はこの信だ。だから『華厳経』の中に、「十信」ということを一番先に書いてある。「信心をもて本とせられ候」とは、親鸞聖人が仏教を明らかにするために信心の道を開かれたことを言われたのである。

「生死輪転の家」の輪は廻る、転は転ぶ、猫の目のように行き還りする迷いである。そういうように流転輪廻するのは、「決するに疑情を以て所止と為す」疑いの情があるからそれで生死輪転の家に止まるのである。

速《すみやか》に寂静無為《じゃくじょうむい》の楽《みやこ》に入《い》ることは必《かなら》ず信心《しんじん》を以《もっ》て能入《のうにゅう》と為《な》す

寂静無為の楽《みやこ》とは極楽のことである。寂は寂《しず》か、又寂《さび》ともいうて、非常に静かな、森閑として、しかもそこに奥深い豊かな清らかな感がある。静もしずかである。無為は有為に対する言葉である。有為はそうぞうしい細工がある、無為は細工がないのです。信心があって寂静無為の楽しみにはいることが出来る。これは我々の生活でも、人を疑うといらいらするものです。誰に対しても、自分の子供に対しても、或は親に対しても、つれあいに対しても、友達に対しても、いずれの点か一点の疑いがあると一挙一動不安です。その人の言うことすること、総べてが不安です。従って、その人に対して言うことすることも、やはり不安です。落着きがない。そして何かに脅迫される。疑いは恐ろしいものです。疑いは地獄を作るのです。

　あなた方の毎日の日暮しを考えてみて下さい。いろんな悩みが起るでしょう。子に対して、親に対して、妻に対して、何か一種不安なものが起るでしょう。そして何か向うの人のすること、言うことにびくびくすることがある。そしてすぐに、あれが、と言う。併しそれは自分の心の中に疑いがあるからです。しっくり融けんのだ。どこかに少しでも融けんものがあると、それが心全体を襲うて来る。夕立の雲のようなものである。そこを法然上人は、「生死輪転の家に還来す

ることは　決するに疑情を以て所止と為す」とおっしゃったのである。私は自分の心にそういうことを見ると、またやったわいと思います。わしは毎日それを見る。ただ光に照らされて、またやったな、罰あたりじゃなと思う。そして心の疑いを払うて叱るのです。そこに涅槃のみやこの楽しみが出て来る。法然上人はそれを実験されたのです。「生死輪転の家に還来することは　決するに疑情を以て所止と為す　速に寂静無為の楽に入ることは　必ず信心を以て能入と為す」だから極楽・地獄というが、それは信心があるかないかで決まる。心がしっくり打融けるか融けんかによって、助かるか助からんかが分れる。法然上人の教えはこれだけであります。ただ信をお勧め下さるのであります。

こうして七高僧の御讃歎をずっと通じて読んでみると、七高僧の中心の思想を明らかにしようと聖人が努力しておいでになることがわかります。そして七高僧のお一人お一人がどういう歩みをおとりになったかということがわかる。又この『正信偈』を読んだだけで、親鸞聖人の『教行信証』は、法然上人の何をお伝えなさったのかというと、法然上人の信心をはっきりお伝えになったのであるということが分ります。

ここまでが七高僧の御讃歎であります。

結勧

弘経《ぐきょう》の大士《だいじ》宗師《しゅうし》等《とう》

これからが『正信偈』の総結である。弘経とは弘いお経で、これは釈尊の御教えである。大士は龍樹菩薩・天親菩薩、宗師は曇鸞大師・道綽禅師・善導大師である。

無辺《むへん》の極濁悪《ごくじょくあく》を拯済《じょうさい》したまふ

辺りないほどの濁ったものをお救いになる。

道俗《どうぞく》時衆共《じしゅうとも》に同心《どうしん》に

道俗は、道は出家の人、俗は在家の人のことである。時衆は、時の衆と書いて、総べての一切の衆生という意味になる。共にというのはたくさん。同じは一つ。今の世のたくさんの人達が一つの心になってというのです。

唯斯《ただこ》の高僧《こうそう》の説《せつ》を信《しん》ず可《べ》し

最後のここに、唯という字がある。この唯という字は、『正信偈』を長々と書いて来たが、私共は在家も僧も一つの心になって唯この七高僧の説を信ずる一つだというのであります。善導大師の『玄義分』には、

　道俗《どうぞく》の時衆等《じしゅうとう》、各《おのおの》無上《むじょう》の心《こころ》を発《おこ》せ。生死甚《しょうじはなは》だ厭《いと》ひ難《がた》く、仏法《ぶっぽう》また欣《よろこ》び難《がた》し。共《とも》に金剛《こんごう》の

　志《こころざし》を発《おこ》して、横《よこ》に四流《しる》を超断《ちょうだん》すべし。願《がん》じて弥陀界《みだかい》に入《い》つて、帰依《きえ》し合掌《がっしょう》し礼《らい》したてまつれ。

とあります。印度の龍樹・天親、支那の曇鸞・道綽・善導、日本の源信・法然、これらのお方々の御教えは、他のことを骨折って下さるのじゃない。この極悪の者を助けて下さるのだ。だから今日の極濁悪におる我々一切の時衆は、ただ心を一つにして、ただこの高僧方の説を信ずべきであると言われるのであります。

『正信偈』の一番始めに「無量寿如来に帰命したてまつる　不可思議光に南無したてまつる」と、自督を述べられた。そして、その信心の相をお述べになり、七高僧の御化導をお述べになった。最後に、「唯斯の高僧の説を信ず可し」とおっしゃった。この「帰命無量寿如来」というお言葉と、「唯可信斯高僧説」というお言葉と比べると、帰命無量寿如来は、自ら帰命するのである。その心は誰から伝わったかというと、七高僧方のお骨折りで我々に伝わったのである。我々の帰命無量寿如来の信心は、この七高僧方が濁悪の我々を憐れんで下さった、その尊い御教えが到りとどいて下さっただけだ、その高僧の説が信ぜられただけだ、と言われるのであります。

「唯斯の高僧の説を信ずべし」というと、何か人に対して命令せられたようだが、これは自らのお領解を申されたのであります。帰命無量寿如来というこの信心は、三国のこの高僧方の説を真受けにしたより外はないのだ。教えをいただいて、はじめて無量寿如来に帰命したてまつるのだ。我々の信心は、わがかしこくて得たのでない。如来の教えが我々に現われて下さったのだ。

三国の高僧の御教えが我々に応え現われて下さったのだ。我々に帰命無量寿如来と現われて下さるのだ。だから、帰命無量寿如来の御信心を与えて下さった、遠くは阿弥陀仏、下ってはお釈迦様、七高僧方のお骨折りがずっと伝わって、それが我々の胸に現われて下さるのだ。この我々の信心は、三国の伝統の尊いお心が現われ出て下さるより他に何にもないのだ。その心が「唯可信斯高僧説」である。

我々の信心には遠い源がある。それがここまで到りとどいて下さったのだ。阿弥陀如来の教えが、今我々に目のあたりとどいて下さった。その信心の相、帰命無量寿如来のお味わいと知らしていただいたのだ。これが『正信偈』が始めと終りと相応する尊いお心であります。

ここにかかっておる「無量寿」という額は、今支那へ行っておる西本法龍君から、わざわざ支那から送ってきたものである。不思議な因縁と思うて、今度はじめて『正信偈』の講義をした記念に、額にしてここに上げた。この額の下で、帰命無量寿如来の御信心にあやからしていただいたことを喜びます。

今日でお彼岸も滞りなく満座になった。春から味おうてきた『正信偈』も、無事に味わわしていただいて大変うれしいです。皆さんも忙しい中を、この寒い中を、根気よく集まられたことを喜びます。

あとがき

本書『正信偈の講話』は、昭和六年、暁烏敏五十四歳の時のものである。正月から春の彼岸会まで、自坊の行事や村のお講など折にふれて語られた法話の記録である。「正信偈」の一句一句が順に説き明かされながら、敏の講話の常として、必ずしも学問的にこだわることはなく、しかし決して俗な話に流されることはない。文の奥へ奥へと分け入りながら、村のお年寄りに分かり易いような譬え話あり、時事もあり、自らの思い出もある。その、臨機応変の中で必ず何か与えられる深さと魅力は、今に至るまでおそらく何人も比肩し得ないものではなかろうか。

この不可思議な力と同じように、明治、大正、昭和に渡る敏の生涯もまた、容易には言い表わし難いものであった。厖大な著作は今も多くの人々の心の糧となっているにも拘わらず、また、生涯の記録などよく保存されている割に、正面から論じられる事が少ないのは、その求道の情熱が量り難いまでに大きかったからであろう。

その足跡を、ここで敢えて簡略に述べるならば、明治期は「自覚」の時期であったと言えよう。師清沢満之と出会い「歎異抄」を知った敏は、絶対他力の信心に目覚めると共に、仏教改革の情熱に燃えた。その代表的な著作は『歎異抄講話』である。大正に入り自坊に帰った敏は、危機と「独立」の時期を迎える。僧として人間として様々な矛盾に引き裂かれ、更に最愛の妻、房子を亡くした敏は、深刻な信仰上の危機に陥った。その中から、『更生の前後』『独立者の宣言』などの赤裸々な告白を通して、人間の煩悩とそれを照らし出す如来の慈悲の世界に、立ち上がったのである。続く昭和の時期は何と名付けるべきであろうか。インド仏跡巡拝をはじめ世界各地を講演旅行して見聞を広めた敏は、一方、日本古来の伝統的な精神にも目を開く。今や已一人のことでなく、民衆と共にいよいよ如来の本願に生きる敏の足跡は、晩年の「皆当往生」の思想に繋がって行くのである。そして、この昭和の初め頃から、数々の聖典研究が精力的になされて行くのであるが、その代表的なものが、この『正信偈の講話』である。

「正信偈」は正しくは「正信念仏偈」と云い、『教行信証』行の巻の末巻に記された百二十行の偈文である。真宗の聖典中の聖典であり、また在家の人達にも日常最もよく知られているものである。布教の旅に明け暮れる中、正月を自坊で迎えた敏は、自分の村の人達を相手にこの親しい聖典を味わうことにしたのであろう。

本文中にあるように、「正信」と「念仏」とは、一つの心の「信」と「念」である。「信ずるということは向こうの心がこちらの胸の扉を開くこと、向こうの思いでこちらの心が開けることである。ところが念ずるということはこちらが、向こうの扉を開いた心に入ることであります。だから、信は受けることで、念は向うことであります。……ところが、もう一つその底に入って考えますと、信という心の働きの底に何物かがある。信の力を味わいますと信の心の底に念がなければならぬのであります。というのは、或る人のまことをすっかり真受けにする、その時、もうその人と自分との間には何らのへだたりもない、その心の状態が信心である。そうなると、こちらの心の全体が向こうの人の方に行って抱かれておることになるのであります。」

これらの言葉の中にも敏の法話の真髄が表われているのではなかろうか。それは言葉通り、「南無阿弥陀仏」の念仏と共に如来の本願に抱かれている敏自身の心であると共に、そこに集う人達がいつの間にか照らされている光でもあった。その聖典がここで、如来の御徳を喜び讃嘆する「正信偈」であることは、それ故いっそう意義深いのである。

本文は「暁烏敏全集」(全二十七巻・涼風学舎刊)第八巻を基としたものである。仮名使いを法蔵館の方で新仮名に直して頂いた以外は、方言などを含めて全く原文通りである。

暁烏照夫

講義年月日・場所一覧（昭和六年一月〜三月）

第一講	一月二日	明達寺
第二講	一月三日	明達寺
第三講	一月六日	北安田・北川勝忍家
第四講	一月十日昼	明達寺
第五講	一月十日夜	明達寺
第六講	一月十六日	
第七講	一月十八日夜	矢木又三家
第八講	一月二十日昼	明達寺
第九講	一月二十三日	明達寺
第十講	一月二十七日	明達寺
第十一講	一月二十八日	明達寺
第十二講	一月二十九日	明達寺（大慈院御命日）
第十三講	二月四日夜	北安田・伊藤吉二家
第十四講	二月六日	北安田・吉村木六家
第十五講	二月七日夜	北安田・松田利勝家
第十六講	二月十八日夜	安田徳三郎家
第十七講	二月二十日	北安田・西家
第十八講	二月二十一日	明達寺（浄華院命日）
第十九講	二月二十四日	北安田・米永嘉之作家
第二十講	三月三日	北安田・吉村木六家
第二十一講	三月四日	北安田・北川孫太郎家
第二十二講	三月五日	北安田・喜多宇兵衛家
第二十三講	三月六日	明達寺
第二十四講	三月十日	明達寺（十日講）
第二十五講	三月十一日	北安田・浅川家
第二十六講	三月十二日	北安田・田村家
第二十七講	三月十六日	北安田・中川家
第二十八講	三月十七日	北安田・喜多家
第二十九講	三月十八日	明達寺（彼岸会・逮夜）
第三十講	三月十八日	明達寺（彼岸会・初夜）
第三十一講	三月十九日	明達寺（彼岸会・逮夜）
第三十二講	三月十九日	明達寺（彼岸会・初夜）
第三十三講	三月二十日	明達寺（彼岸会・逮夜）
第三十四講	三月二十日	明達寺（彼岸会・初夜）
第三十五講	三月二十一日	明達寺（彼岸会・逮夜）
第三十六講	三月二十一日	明達寺（彼岸会・初夜）
第三十七講	三月二十二日	明達寺（彼岸会・逮夜）
第三十八講	三月二十二日	明達寺（彼岸会・初夜）
第三十九講	三月二十三日	明達寺（彼岸会・逮夜）
第四十講	三月二十三日	明達寺（彼岸会・初夜）
第四十一講	三月二十四日	明達寺（彼岸会・逮夜）
第四十二講	三月二十四日	明達寺（岸彼会・初夜）

著者略歴

暁烏　敏（あけがらす　はや）

明治十年七月十二日生　昭和二十九年八月二十七日没

石川県石川郡出城村字北安田（現松任市北安田町）明達寺に生まれる。明治二十六年京都大谷尋常中学校にて、生涯の師清沢満之に出会う。明治三十三年真宗大学本科第二部（天台科）卒業。東京外国語学校別科露語科に入学するが、間もなく退学。「浩々洞」同人となり、師清沢の下で雑誌『精神界』を発刊。明治三十六年より『歎異抄を読む』を連載。全国各地で講演。大正四年明達寺に帰る。大正十年個人出版「香草舎」創立、『にほひぐさ叢書』刊行開始。大正十五年インド仏蹟巡拝、ヨーロッパ旅行。昭和四年ハワイ・アメリカ講演旅行。昭和六年月刊誌『願慧』の発行部数一万部に達する。昭和十一年大報恩会厳修。昭和二十年頃より生来の近視が悪化し盲目となる。昭和二十五年蔵書五万余を金沢大学へ暁烏文庫として寄贈。昭和二十六年真宗大谷派宗務総長に就任。

著書『歎異抄講話』『仏説無量寿経講話』『触光手記』『更生の前後』『親鸞聖人論』『不可説転の記』『自在人の道』『真実信について』『皆当往生』『清沢先生の信念』他多数。『暁烏敏全集・全二十七巻別巻一』（昭和五十年・涼風学舎）がある。

新装版　正信偈の講話

一九八六年一一月二五日　初　版第一刷発行
二〇一八年　九月二〇日　新装版第一刷発行

著　者　暁烏　敏

発行者　西村明高

発行所　株式会社　法藏館
京都市下京区正面通烏丸東入
郵便番号　六〇〇－八一五三
電話　〇七五－三四三－〇〇三〇（編集）
〇七五－三四三－五六五六（営業）

装幀　山崎　登

印刷・製本　亜細亜印刷株式会社

ISBN 978-4-8318-6560-1 C0015

乱丁・落丁本の場合はお取り替え致します

法蔵菩薩	曽我量深著	本体二、三〇〇円
真宗の眼目	曽我量深著	本体二、三〇〇円
往生と成佛	曽我量深 金子大榮著	本体二、八〇〇円
正像末和讃聞思録	金子大榮著	本体二、〇〇〇円
願心荘厳	安田理深著	本体二、二〇〇円

価格は税別

法藏館